세상을 잃은 세상을 얻는 제자도

그레그 옥던 • 박규태 옮김

국제제자훈련원은 건강한 교회를 꿈꾸는 목회의 동반자로서
제자 삼는 사역을 중심으로 성경적 목회 모델을 제시함으로 세계 교회를 섬기는 전문 사역 기관입니다.

Copyright ⓒ 2003 by Greg Ogden
Originally published in English under the title
Transforming Discipleship

Published by Inter Varsity Press
P.O. Box 1400, Downers Grove, Illinois a60515, USA
through KCBS Literary Agency, Seoul, Korea.

All rights reserved.
Translated and used by Permission of Inter Varsity Press

Korean Copyright ⓒ 2007 by DMI Press, Seoul, Korea.

본 저작물의 한국어판 저작권은 KCBS Literary Agency를 통하여 Inter Varsity Press사와 독점 계약한 국제제자훈련원에 있습니다. 신저작권법에 의하여 한국 내에서 보호받는 저작물이므로 무단 전재와 무단 복제를 금합니다.

세상을 잃은 세상을 얻는 제자도

초판1쇄 발행 2007년 7월 18일 │ **초판3쇄 발행** 2007년 9월 21일
지은이 그레그 옥던 │ **옮긴이** 박규태
펴낸이 김명호 │ **펴낸곳** 도서출판 국제제자훈련원
기획책임 김건주 │ **편집책임** 장병주 │ **편집담당** 강민영
디자인책임 고경원 │ **표지·내지 디자인** 김유리 │ **마케팅책임** 김석주

등록번호 제22-1240호(1997년 12월 5일)
주소 (137-865) 서울시 서초구 서초1동 1443-26
e-mail dimpress@sarang.org   **홈페이지** www.discipleN.com
전화 편집부(02)3489-4310 영업부(02)3489-4300   **팩스**(02)3489-4309
ISBN 978-89-5731-0 03230

■ 독자의 의견을 기다립니다.   ■ 책값은 뒤표지에 있습니다.

세상을 잃은 세상을 얻는 제자도

그레그 옥던 · 박규태 옮김

국제제자훈련원

[추천의 말]

삶의 변화를 추구하는 제자훈련의 원리

제자훈련 체험학교를 인도하면서 만난 목회자들의 고민은 한결같이 '변화'에 관한 것이었다. 제자훈련을 하고는 있는데 사람들의 삶에 변화가 일어나지 않는다는 것이다. 성도들에게 제자훈련은 거쳐야 할 또 하나의 과정이나 프로그램에 불과한 경우가 많다. 어떻게 해야 훈련생들의 인격과 삶에 구체적인 변화를 경험할 수 있도록 도울 수 있을까. 이러한 고민을 안고 있는 한국의 목회자들에게 그레그 옥던은 자신이 목회현장에서 겪은 경험과 진지한 고민을 통해서 얻은 귀한 통찰을 나눠 준다.

그는 『세상을 잃은 제자도, 세상을 얻는 제자도』의 초반부에서 미국 교회의 현장을 분석하면서 제자도가 상실되었다는 진단을 내린다. 어떻게 보면 너무 비관적이지 않나 싶을 정도로 목회현장에서 나타나는 심각한 증상들을 날카롭게 파헤친다. 이어서 진정한 삶의 변화를 경험하는 제자훈련으로 나아가기 위해서 갖추어야 할 실제적인 것들을 성경적 원리 위에 차례차례 올려놓는다. 목회 인생을 제자훈련에 바친 저자의 오늘날의 제자도에 대한 정확하고 날카로운 비판과 나아가야 할 길에 대한 지혜와 실제적 조언을 경청하다 보면 회개와 소망, 간구의 무릎을 꿇게 된다.

그레그 옥던은 일대일 멘토링이 가지는 여러 약점을 집으면서 세 사람이

한 조를 이루는 삼인조 제자훈련을 모델로 제시한다. 이 모델에는 동반자로서 함께 영향을 주고받는 관계에 초점이 맞추어져 있다. 그러나 그레그 옥던이 제자훈련의 가계도를 소개하는 그림에서도 볼 수 있듯이 그가 주장하는 바가 세 사람이라는 숫자에 매어 있는 것은 아니다. 중요한 것은 투명한 신뢰 위에 하나님의 말씀으로 변화를 일으키는 환경을 만드는 것이다.

그러므로 목회현장에서 제자훈련을 하는데도 아무런 변화가 일어나지 않는다면 한번 점검해 봐야 한다. 우리가 하는 제자훈련이 친밀한 관계만을 강조하는 소그룹의 기능만 남아 있지는 않은지, 제자훈련이 성경적 지식만 전달하는 강의는 아닌지, 아니면 매주 듣는 또 하나의 설교는 아닌지. 그레그 옥던이 제자훈련의 힘이라고 제시하는 친밀함과 진리, 책임감의 세 가지 기능이 살아 있는 제자훈련이라면 우리는 분명히 영적 성장과 변화를 우리의 두 눈으로 보고 경험하게 될 것이다.

아무쪼록 그레그 옥던의 통찰력을 함께 나눔으로 인해 우리의 목회가 다시 한번 새롭게 다듬어지며 부흥하는 은혜가 있기를 바란다.

— 김명호(국제제자훈련원 대표)

"나는 그레그 옥턴의 모든 책을 좋아한다. 그는 교회가 정말 해야 할 일을 우리에게 일깨워 준다. 제자들을 길러 내는 일이 바로 그것이다. 실제로 검증된 과정을 제시하는 이 책은 돈독한 관계와 철저한 성경적 근거를 기초로 한다. 진지한 제자 양육자라면 누구라도 쉽게 접근할 수 있을 것이다."

― 빌 도나휴(윌로크릭 협회 소그룹 사역 전임 책임자)

"그레그 옥턴은 실제로 적용할 수 있는 제자훈련 모델을 제시한다. 우리도 '삼인조 그룹' 속에서 삶을 변화시키는 역동성을 발견했다. 기도와 함께 혹독한 경험에서 우러나온 이 원리들을 적용해 볼 것을 강력히 권한다. 여러분 앞에 변화가 기다리고 있다!"

― 밥 로건(코치네트 국제 사역 대표)

"그레그 옥턴은 자신이 풀러의 목회학 박사 과정에서 많은 목사와 교감을 나눴던 내용과 광범위한 목회 경험을 기초로, 폭넓은 성경 원리와 실제 사역에서 얻은 통찰을 제시하고 있다. 그는 제자가 또다른 제자들을 길러 낼 수 있는 제자훈련 모델의 기초를 수립했다. 이런 모델을 만드는 일은 북미 교회가 널리 안고 있는 절박한 문제다. 이 책이 의미 있는 변화를 일으키도록 도와줄 것이다."

　　　　—에디 깁스(풀러 신학교, 교회성장학 교수, 『Next Church』(교회성장연구소)의 저자)

"사람들은 마지막까지 만들어진다. 그런데 왜 교회는 제도적 성공에 안주하여 제자들의 발전을 추구하지 않는가? 그레그 옥던의 통찰력 있는 제안들은 교회가 그 점수판을 새로 고쳐, 제도의 성공이 아니라 변화된 삶을 찬미하도록 도와 줄 것이다."

　　　　—레지 맥닐(남캐롤라이나침례교연맹 리더십 발전 책임자)

"이 책을 읽은 독자들은 아마 십중팔구는 '그래, 이거야!'라고 소리칠 것이다. 이 주제에 관한 한, 문화 현실과 사역 현장은 앞이 보이지 않는 안개 속이었다. 그레그 옥던은 그 안개 속을 헤치고 이 필수 요소의 우선성과 과정에 관하여 설득력 있는 지침서를 써냈다. 아울러 독자들은 이 책이 '왜'에 관하여 유익한 설명을 제시하는 동시에 '어떻게'의 문제를 해결하도록 도와줄 방안들을 담고 있는 탁월한 실천서임을 인정하게 될 것이다. 그레그는 다음 세대에 예수께서 주신 사명과 말씀을 전하게 될 사람을 길러 낼 때에 무엇보다 철저히 변화에 초점을 맞춰야 한다는 점을 설득력 있게 이야기하고 있다. 여러분도 옥던의 사역에 동참할 수 있다!"

―줄리 고먼(풀러 신학교 교수)

"그레그 옥던은 이 책에서 우리를 자극하는 창조적 방법인 삼인조 모델을 제시하고 있다. 그는 이 모델을 토대로 장차 교회와 사람들을 준비시켜, 변화된 제자의 삶을 살아가도록 만들 방편을 제공한다. 그레그는 신선한 성경적, 실제적 방법을 통해 없어서는 안 될 모델을 하나 조각해 냈다. 이 모델은 단순한 프로그램들을 뛰어넘어 관계들을 발전시키려고 한다. 성령은 이 관계에 능력을 부으셔서 그 관계에 참여하는 사람들이 예수님을 닮은 사람으로 자라가게 하신다."

―마이클 윌킨스(탈보트 신학대학 학부장, 『제자도』(은성)의 저자)

"그레그 옥던은 지역 교회 목사로서 인정받는 사람이다. 이런 점 때문에 사람들은 그를 신뢰한다. 또 그 점 때문에 그는 용기를 내어 대담하고 딱딱한 진리를 부드럽고 명료한 말로 이야기할 수 있다. 예수님은 교회에 '가서 제자를 삼으라'는 소명을 주셨지만, 교회 지도자들은 그 소명을 간과했다. 그레그는 제자를 만들 과정을 인도할 안내도를 만들어 냈다. 이 책은 어디에나 전수될 수 있는 훈련 모델을 제시한다. 예수와 바울의 리더십 적용 방식이나 권한 부여 방식은 각기 독특하면서도 서로 유사한 점이 있다. 예수님과 바울의 모델에 기초한 이 책의 훈련 모델은 너무나 단순해서 오히려 빛을 발한다. 이 책은 예수께서 주신 대위임령을 영화롭게 하고 실제로 구현하고자 하는 모든 교회 지도자들에게 행동에 나서도록 촉구하고 있다."

―수 맬로리(*The Equipping Church*의 저자)

"그레그 옥던은 제자훈련에 푹 빠진 사람이다. 제자훈련이 곧 그의 삶이다. 그가 말하는 것은 온통 제자훈련이다. 그가 쓰는 것도 그렇다. 이 책은 그레그의 마음 그 자체요, 예수님의 마음을 그대로 대변한 것이다. 예수님은 그리스도가 이 땅에 계시지 않은 지금 시대에도 그분의 교회가 제자들을 길러 내길 원하신다. 이 책은 사역 지도자들과 꿈이나 꾸고 있는 이들에게 오늘의 혹독한 현실을 일러 주고 있다. 바야흐로 모든 교회가 예수님의 방식대로 제자를 길러 내는 일을 심각하게 고민할 때다. 이 책은 우리 교회를 변화시켜 예수님의 목표와 사역의 실제를 따라가도록 도와줄 것이다."

— 개릿 아이스노글(*The Biblical Foundations of Small Group Ministry*의 저자)

"옥던은 이 책에서 미국 기독교가 말씀을 단순히 선포하는 것에서 삶으로 보여 주는 것으로 그 강조점을 바꾸어야 한다는 점을 강력하고 분명하게 서술하고 있다. 이 책은 정말 중요한 책이다."

— 밥 버포드(리더십 네트워크 창설자이자 의장, *Halftime*의 저자)

"이 책에는 선하고 유익한 성경적 통찰이 가득한 동시에 포스트모던 시대의 제자도와 연결되는 두 가지 독특한 현상을 담고 있다. 삼인조 제자훈련이라는 개념이 그 하나요, 근대에 제자훈련의 주류를 이루었던 수직적, 권위적 모델들에서 '참가자들이 동반자로서 서로 멘토 역할을 하는 과정인 제자훈련'으로 옮겨 가고 있는 것이 다른 하나다. 이 책은 내가 만났던 책 가운데 가장 성경적이며 가장 설득력 있는 책이다."

— 로버트 웨버(북 침례교 신학대학원, 교수)

"그리스도인들은 왜 그리스도를 더 닮아 가지 않는가? 교회를 비판하는 자들이나 사랑하는 자들이 이구동성으로 하는 말이 있다. 전도 교회 성장과 제자훈련을 위한 프로그램이 이토록 넘쳐나는데도, 변화된 삶은 볼 수가 없다는 것이다. 그레그 옥던은 모든 답을 제시하지 않는다. 그러나 그는 한 가지 중요한 진리를 지적하고 있다. 변화를 일으키는 것은 프로그램이 아니라, 참가자들이 서로 고도의 책임을 지고 격려하며 성령의 인도하심을 따라 형성된 관계가 변화를 일으킨다는 것이다. '제자도의 실종'을 염려하는 모든 사람들에게 이 책은 단지 필독서에 그치는 것이 아니라 읽고 그대로 실천해야 할 책이다!"

— 리튼 포드(리튼 포드 사역 총재)

[들어가는 말]

변화의 이야기

물론 우연한 발견이었지만, 그것은 내 목회 사역에서 가장 놀라운 성과 중 하나가 되었다. 그 발견은 한 실험에서 얻은 결과다. 나는 이미 내가 썼던 제자훈련 교과 과정의 초고를 내 목회학 박사 학위의 마지막 프로젝트에 적용했다.[1] 그 프로젝트의 초점은 지역 교회에서 실행한 교과 과정의 효과를 평가해 보는 데 있었다. 그 시점까지만 해도 나는 제자훈련을 일대일로 이뤄지는 인간관계와 동일시했다. 따지고 보면, 바울과 디모데야말로 제자 양육의 모범이 아니던가? 결국 중요한 것은 또다른 제자를 키워 낼 제자를 길러 내는 것이었다.

박사 과정 중에 있을 때, 지도 교수님은 내가 다양한 정황 속에서 쓴 제자훈련 방법을 실험해 보고 그 관계에 기초한 제자훈련의 역동성을 추적해 보는 것이 좋겠다고 제안했다. 내가 선택한 방안은 그리스도 안에서 장성한 신자로 자라 가는 내 여정에 다른 사람 두 명을 초대하는 것이었다. 그때는 내가 '삼인조 그룹'이라고 부르던 그 모임이 그토록 큰 잠재력을 발휘할 줄은 전혀 상상하지 못했다. 삼인조 그룹은 성령이 사람들을 그리스도의 형상으로 변화시킬 때 사용하시는 수단들에 대한 내 관점을 영원히 바꾸어 놓았다.

에릭의 변화

삼인조 그룹이 갖고 있는 힘을 보여 주려면, 에릭의 변화에 대해 이야기해야 한다. 에릭은 내가 처음으로 이 제자훈련을 실시할 때 나와 함께한 두 사람 가운데 한 명이다. 그는 멘토링 관계에 관심이 있다면서 내게 다가왔다. 당시 에릭의 영혼은 모순투성이였기 때문에, 내가 전심전력을 기울일 만한 최선의 후보는 아니었다. 그는 대학을 졸업한 지 겨우 2년밖에 안 된 젊은 친구였다. 남성복 카탈로그에나 등장하는 패션모델 같은 용모를 지닌 그는 뭇 남성의 질시를 받고 있었다. 조각처럼 잘생긴 외모 덕분에 여자들의 마음을 사로잡기는 식은죽먹기였다. 그는 자신이 꿈꾸던 것보다 더 많은 돈을 벌고 있었다. 새로 들어간 회사에서는 전도양양한 사나이였다. 그 모든 상황이 그를 황홀하게 만들고 있었다.

에릭은 세상의 유혹을 받고 있었지만, 다른 한편으로는 그리스도를 따르고 싶어하는 강렬한 마음을 품고 있었다. 그의 마음을 예수님이 끌어당길 것인가, 아니면 세상이 끌어당길 것인가 하는 것이 문제였다. 나는 에릭에게 내가 이미 제자훈련에 대한 새 교과 과정을 썼으며, 그 과정을 몇몇 사람에게 적용해 보고 싶다는 열망을 피력했다. 일단 이 관계에 뛰어들면 강도 높은 헌신이 필요하다는 점도 확실히 일러 주었다. 이를테면, 주제별 성경 공부와 그 내용을 삶에 적용하기, 성구 암송, 투명한 상호 소통을 나누기가 그 예였다. 어려운 요구들이었지만 에릭은 한번 해 보겠다고 말했다.

나와 에릭의 일터 근처에 있는 식당이 모임 장소가 되었다. 그곳에서 칼이 합류했다. 칼은 당시 엔지니어링 회사의 관리자로 일하고 있었다. 우리는 점심을 먹으면서 성경을 공부했다. 그리고 그 내용에 대한 의견을 나누었다. 나는 우리의 대화 속에서 이루어지는 활력 넘치는 상호 소통에 감명을 받았다. 일대일 관계에 한 사람을 더 추가했더니, 생동감이 넘치는 대화가 오고 갔다. 세 사람 중 나만 목사였지만, 내가 초점 역할을 해야 한다거나 지혜의 근원이 되어 그들에게 지혜를 공급해 주어야 한다는 의무감은 전혀 느끼지 못했다. 우리 관계는 동반자들이 서로를 제자로 양육하는 관계로 바뀌었다. 그 관계 속에서 우리 각자는 성경 말씀을 읽으며 깨달은 통찰과 그것을 삶에 적용한 결과를 정직하게 나눌 수 있었다.

에릭은 갈등하는 자신의 마음을 숨김없이 털어놓았다. 편안한 삶의 매력과 줄줄이 이어지는 여자관계가 그를 유혹하고 있는 것처럼 보였다. 그는 우리에게 로스앤젤레스에서 자동차를 운전하는 동안, 매력적인 여성 운전자와 시선이 마주친 이야기를 들려주었다. 둘은 갓길에 차를 세우고 전화번호를 주고받았다. 칼과 나는 상당히 부러워하며 그 이야기에 귀를 기울였다. 그만큼 흥미진진한 이야기가 어디 흔하겠는가? 그러나 우리는 그 일이 에릭에게 엄청난 성적 유혹이 될 수 있음을 간파했다. 그 사건은 에릭의 마음에 큰 갈등거리를 만들어 놓고 있었다.

하지만 에릭은 자석처럼 자신을 끌어당기는 예수 그리스도의 호소력에서도 벗어날 수 없었다. 예수님의 인격에는 알 수 없는 힘이 있었다. 그분은 에릭이 그분에게서 떨어져 나가는 것을 허락하지 않으셨다. 우리는 두 번째 과에서 예수님이 제자들에게 요구하시는 규범을 살펴보았다. 예수님은 이렇게 말씀하셨다. "아무든지 나를 따라오려거든 자기를 부인하고 날마다 제 십자가를 지고 나를 따를 것이니라 누구든지 제 목숨을 구원하고자 하면 잃을 것이요 누구든지 나를 위하여 제 목숨을 잃으면 구원하리라"(눅 9:23-24). 에릭은 모세의 제안 앞에서 갈림길에 선 이스라엘 백성처럼 선택의 기로에 서 있었다. "보라 내가 오늘 생명과 복과 사망과 화를 네 앞에 두었나니…너와 네 자손이 살기 위하여 생명을 택하고"(신 30:15, 19).

그로부터 몇 주 후 우리가 다시 모였을 때, 에릭은 직장을 그만두고 세상 구경을 하러 떠나겠다고 선언했다. 그는 자유롭게 지구 구석구석을 살펴보며 한 해를 보내고 싶다고 말했다. 그 또래는 젊고 자유로우며 누구의 간섭도 받지 않는 시절이다. 그래서 더 많은 책임이 자신을 짓누르는 훗날에는 할 수 없는 일들을 해 보고 싶어한다. 에릭은 돌아오면 직장이야 얼마든지 구할 수 있지만, 인생에서 이런 시기는 단 한 번뿐이기에 그런 결심을 했다고 말했다. 그러나 에릭의 결심을 들은 우리는 솔직하게 몇 마디 충고를 할 수밖에 없었다. 에릭이 자아도취의 삶으로 빠져들고 있는 게 분명했기 때문이다. 이 자유분방한 청년에게 어떻게 말을 꺼낼까 궁리하던 나는 이렇게 말했다. "에릭, 이번 기회에 적어도 한두 달 어디 가서 선교 활동을 해 보면 어떻겠나? 그렇게 여행하면서 오랫동안 하나님의 일에 한번 파묻혀 보게. 복음 하나 때문에 자신을 내던진 훌륭한 그리스도인들과 함께 부대껴 보는 게 어떻겠어?"

나는 이후에 벌어진 일들을 정확하게 기억하지 못한다. 하지만, 에릭은 마침내 방랑자처럼 여기저기 떠돌아다니려던 자신의 계획을 단념했다. 그 대신 대학생선교회를 따라 헝가리와 폴란드로 여름 선교 여행을 떠나기로 했다. 그때는 동유럽의 공산 정권이 붕괴되기 전이었다. 나는 종종 진리의 말 한 마디, 또는 인생에 던지는 도전의 말 한 마디가 갖는 위력을 반추한다. 만일 우리가 정기적으로 교제하지 않았다면, 여러 달 동안 서로를 향한 신뢰를 쌓지 않았다면, 에릭은 인생 진로를 다른 곳으로 틀어 버릴 수 있는 도전적 말에 넘어갔을지도 모른다.

여름 선교 여행에서 돌아온 에릭은 딴사람이 되어 있었다. 이리저리 갈라져 있던 그의 마음은 주님 되신 예수님 아래서 하나로 통일되어 있었다. 에릭은 헝가리의 호숫가에서 현지인에게 복음을 전한 이야기와 폴란드에 잠입한 이야기로 우리를 즐겁게 해 주었다. 그곳 사람들은 복음에 굶주려 있었다. 에릭은 예수 그리스도가 에릭 자신뿐만 아니라, 다른 사람들의 인생을 붙잡아 인생의 진로를 바꿔 놓으시는 것을 목격했다.

에릭은 선교 여행에서 돌아오자마자, '철의 장막' 안쪽에 있는 사람들의 마음을 활짝 열어 삶을 변화시키는 복음의 역사를 체험하고, 또 사업가들을 동구권에 보낼 목적으로 대학생선교회에 들어갔다. 동시에 그는 열정이 넘치는 예수님의 제자인 고교 시절의 연인과 다시 만나기 시작했다. 불과 몇 달 사이에 그 둘은 약혼을 했다. 에릭의 약혼자 베스티는 대학생선교회의 직원이 되어 에릭의 사역에 합류했다. 그 둘은 그리스도를 섬기는 기쁨과 자신들의 사랑을 발산하여 사무실들을 밝혀 주는 등불이 되었다. 그들은 내게 영광을 하나 안겨 주었다. 그들의 결혼식 집례자로 베스티의 목사님과 나를 초대한 것이다.

결혼식이 있기 몇 주 전, 에릭은 등에서 온몸의 힘이 빠지는 통증을 느꼈다. 그는 그 무렵에 있었던 오토바이 사고 때문일 거라고 짐작했다. 물리치료를 받았지만 차도가 없었다. 토요일로 다가온 결혼식을 앞둔 월요일, 에릭의 척추를 압박하고 있는 종양이 하나 발견되었다. 고환암이 온몸에 퍼진 것이다. 진단 예후는 좋지 않았다. 에릭은 그날 바로 입원했고, 고통스러운 화학요법이 시작되었다.

그러나 에릭과 베스티는 담대했다. 결혼식은 그대로 거행될 예정이었다. 하지만 장소는 급히 바꿔야 했다. 결혼식 장소는 병원 교회로 옮겨졌다. 그곳에는 입석뿐이었다. 그 둘의 혼인식 장면은 흡사 사람들의 감정을 자극하려고 만든 TV 드라마의 한 장면 같았다. 그러나 그것은 실제였다. 에릭의 침상이 병원 교회당 안으로 들어왔다. 에릭은 거의 90도로 침상에 기대앉아 있었다. 상체에는 혼인식에 걸맞게 턱시도를 입고 있었다. 에릭의 신부 베스티는 오른손으로 에릭의 손을 잡고 왼손에는 부케를 든 채 에릭의 침상 옆에 서 있었다. 하객들은 침상 양쪽에 붙어 섰다. 여느 혼인식에서 볼 수 있는 광경이었지만, 하객으로 가득한 교회 내 분위기는 사람들의 목을 메이게 할 정도로 무거웠다. 그때로부터 17년이 흘렀지만, 나는 지금도 목이 메고 눈물에 젖어서 내가 쓴 주례사조차 제대로 알아보지 못했던 그때의 일을 생생히 기억한다.

몇 달이 지나면서 화학요법은 이 멋진 친구의 몸을 사정없이 갉아먹었다. 조금 차도가 있자, 에릭은 여행을 할 수 있게 되었다. 나는 지금도 내가 시무하던 교회 안으로 걸어 들어오던 에릭의 모습을 생생하게 기억한다. 화학요법 때문에 머리털이 다 빠져 버린 머리에 털모자를 푹 눌러쓴 그는 무척 쇠약해 보였다. 하지만 그의 영혼은 담대했다. 그는 자신 안에 예수 그리스도가 거하고 계시다는 것을 그대로 보여 주고 있었다. 나는 에릭이 사도 바울이 말하던 바로 그 사람이라는 것을 알았다. "그러므로 우리가 낙심하지 아니하노니 우리의 겉사람은 낡아지나 우리의 속사람은 날로 새로워지도다"(고후 4:16).

에릭은 치료를 더 받으러 병원으로 돌아가야 했다. 나는 오리건으로 날아가 그를 방문했다. 에릭의 병실에 당도했을 때, 마침 에릭의 고등학교 동창 몇 사람이 문병을 마치고 나오는 중이었다. 무엇이나 가볍게 받아들이는 이 젊은 친구들은 그날 따라 유난히 퉁명스런 표정을 짓고 있었다. 그들은 내게 이렇게 말했다. "에릭이 뭐라고 했는지 아세요? 암이 자기 인생 최고의 사건이랍니다. 믿어지십니까?" 에릭은 분명 다른 길로 갈 수도 있었다. 그러나 그는 자신의 모든 소망을 예수 그리스도께 두었다. 그가 사랑하는 주님도 그를 버리지 않으셨다.

에릭은 자신이 깨달은 것을 이렇게 말했다. "하나님은 늘 제가 그분께 더 가까이 갈 수 있도록 도와주십니다. 암 덕분에 저는 제가 의지하는 분이 누구인지 깨달았습니다. 저는 이 체험을 통하여 제가 하나님을 부르면 그분이 저를 도와주신다는 것을 알았습니다. 그분이 제 고통을 덜어 주신다거나 지금 당장 제 암을 고쳐 주실 거라는 말이 아닙니다. 이제 저에겐 죽느냐 사느냐는 아무런 의미가 없습니다. 중요한 것은 제가 늘 그분을 바라보고 있다는 것입니다.

어느 날 아침, 제가 베스티와 함께 있을 때 의사가 와서 이렇게 말하더군요. '엑스레이를 찍어 보니, 경과가 매우 좋지 않습니다. 주변을 정리하고 치료 중단을 고려한다고 하셔도 막을 명분이 없군요.' 그때 처음으로 '아, 나도 죽을 수 있구나. 암 때문에 죽을 수 있겠구나' 하는 생각을 했습니다.

그러나 그 말 때문에 저는 진정으로 제가 무엇을 믿고 있는지 다시 생각하게 되었습니다. '나는 의사와 약을 믿고 있는가, 아니면 하나님을 믿고 있는가?' 만일 제가 하나님을 믿고 있다면, 그분은 저를 이 상황에서 구해 주실 거라는 확신이 들었습니다. 그분이 암을 고쳐 주셔서 제가 살아날 것이라는 말이 아닙니다. 중요한 것은 그게 아닙니다. 제가 그분을 응시하고 있다는 사실이 중요한 것입니다."

베스티와 결혼한 지 일곱 달이 흐른 뒤인 1986년 4월 25일, 에릭은 스물다섯 살의 나이로 하나님의 부르심을 받았다. 세상과 하나님 사이에서 갈등하던 이 남자는 짧은 시간 동안에 전심으로 예수 그리스도를 따르며 그분께 헌신하는 제자로 바뀌었다.

변화의 여정

나는 이 책을 에릭의 이야기로 시작했다. 에릭에게 일어난 그 변화가 이 책이 말하려는 진수다. 이 책은 그리스도의 형상으로 변화하기 위한 과정과 정황을 다루고 있다. 에릭과 칼과 함께, 그리스도의 형상을 닮아 가기 위한 조건들을 창출하는 데 필요한 최적의 정황과 요소들을 찾아 가는 내 탐구의 여정은 시작되었다. 이 경험 이후로 나는 삼인조 그룹의 힘을 거듭 목격했다. 삼인조 그룹은 그리스도 안에서 변화하거나 장성하기까지 필요한 요소들을 한데 모을 수 있는 무대를 제공한다. 내가 이 무대에서 목격한 것은 다음과 같다.

- 제자의 배가(音加) 또는 재생산: 제자들이 다른 제자들을 길러 낼 수 있는 힘을 부여하는 것
- 친밀한 관계: 사람을 변화시키는 토양이 될 깊은 신뢰를 발전시키는 것
- 책임감: 사랑하는 마음으로 다른 사람에게 진리를 들려주는 것
- 성경 말씀을 삶에 구현함: 성경의 주제를 잇달아 다룸으로써 그리스도인의 삶을 거룩하게 함
- 영적 훈련: 그리스도와 친밀해지고 다른 이들을 섬기는 습관을 기름

이 책은 여러분에게 제자훈련이라는 공장에서 잃어버린 도구를 찾아 줄 것이다. 이 도구는 에릭처럼 삶이 변하는 체험을 하게 해 줄 것이다. 거의 20년 동안, 나는 하나 이상의 삼인조 훈련을 주간 일정에서 빼놓지 않았다. 내가 목사로서의 자부심을 가장 강하게 느낄 때는 바로 그리스도 안에서 성장하고자 하는 다른 두 사람과 삶을 나눌 때다. 이 제자훈련의 파트너들이 권능을 받아 다른 사람들을 제자로 길러 내고, 그렇게 함으로써 여러 세대가 지나는 동안 그리스도인들이 든든히 뿌리를 내리고 제자들이 길러지는 장면을 상상해 보라!

나는 여러분이 앞으로 발견할 것들을 생각하면 가슴이 떨린다. 여러분은 간단하면서도 제자의 재생산이 이루어지는 제자훈련 방법을 배우게 될 것이다. 이 방법은 성경에 있는 예수님과 바울의 모델에 근거를 두고 있다. 예수님과 바울은 목적을 품고 자신들을 따르는 이들을 제자이자 제자 양육자들로 길러 냈다.

1장과 2장에서 우리는 이 문제의 절박성을 살펴볼 것이다. 빌 헐은 예언자처럼 이런 글을 남겼다. "교회의 핵심에 도사리고 있는 위기는 바로 생산의 위기에 있다."[2] 제자 양육, 제자도, 제자훈련은 오늘날 뜨거운 관심거리다. 우리 교회들이 이 초점을 매우 심각하게 필요로 하고 있음을 보고 있기 때문이다. 나는 최근 "제자를 양육하는 회중 길러 내기"라는 제목이 붙은 목회학 박사 프로그램의 첫 과정을 공동으로 강의했다. 새 강의가 인기를 얻으려면 시간이 좀 걸리는 게 보통이다. 새 강의의 발전에 기여하는 실험용 쥐가 되고 싶어하는 학생은 없기 때문이다. 그들은 다른 사람들에게서 그 강의가 어땠는지 들을 때까지 기다린다. 그러나 이 강의는 그렇지 않았다. 내가 이 프로그램의 책임자로 있는 동안, 우리는 가장 큰 강의실을 사용했다. 왜 그랬을까? 우리 교회와 사역 현장에서 분명 제자도가 실종되었기 때문이다. 우리는 제자도의 실종 문제를 다루어야 한다는 점을 잘 알고 있지만, 어떻게 다루어야 할지 그 방법은 확실히 모르고 있다.

1장에서는 제자도가 실종되면서 나타난 증상들을 살펴볼 것이다. 2

장에서는 이런 증상들이 나타난 근본 원인들을 파헤쳐 볼 것이다. 냉기가 감돈다 싶을 정도의 논의로 시작할 텐데, 그 목적은 교회의 치부를 드러내거나 교회의 지도자들을 비방하려는 것이 아니다. 자아비판을 하지 못해 안달인 사람이 어디 있겠는가? 그러나 예수님은 교회에 "가서 제자를 삼으라"는 사명을 주셨다. 이 사명을 회복하려면, 그 첫 조치로 자아비판의 필요성을 평가해 볼 필요가 있다. 예수께서 말씀하신 목적과 우리의 실천 사이에 존재하는 간극을 냉정히 평가해 보면, 예수께서 주신 과업을 완수하는 데 필요한 비용을 산정할 수 있을 것이다. 1장과 2장은 여러분이 여러분의 교회나 사역 현장에서 제자도가 실종된 증상과 원인을 평가하는 데 필요한 도구를 제공할 것이다.

3장부터 5장까지 세 장에 걸쳐서는 우리 제자훈련 방법의 토대가 된 예수님과 바울의 제자 양육 방법을 탐구해 볼 것이다. 예수님과 바울이 제자를 길러 냈던 전략들을 다룬 쉽고 통찰력 있는 책들이 많이 출간되어 있다. 그러나 기독교 지도자들은 이런 책의 내용들을 사역 현장에서 실천으로 옮기지 않는 것 같다. 나는 여러 세미나와 강의를 통해 예수님이 제자를 길러 내신 방식을 가르쳐 왔다. 그러나 아직도 예수님과 바울의 모델을 본받으려는 목사들과 교회의 지도자들은 아주 낮은 비율에 그치고 있음을 느낀다. 그런 점에서, 이런 질문은 다시 할 만한 가치가 있다. "예수님과 바울과 더불어 편중된 사역을 한 사람들에게 일어난 변화는 어떻게 이루어진 것인가?" 예수님은 소수의 사람에게 미래를 맡기는 데 전심전력을 기울이셨다. 우리도 그분과 같은 일을 하고 있는가? 왜 예수님은 열둘만을 택하여 그토록 많은 시간을 함께 보내신 것일까? 만일 우리가 예수님의 이 방법을 따른다면 무슨 일이 벌어질까? 우리는 바울의 사역 기간 동안 바울에게서 훈련을 받고 그와 동역했던 사람들의 이름을 열거할 수 있다. 어떻게 이런 일이 가능한가? 이런 일은 우리의 사역 방식에 대하여 무엇을 시사해 주고 있는가? 성경이 제시하는 모델들과 우리 사역 현장의 실제를 분명하게 연결시킬 수 있다면, 하나님의 백성들은 권능이 넘치는 방식으로 깨달음을 얻게 될 것이다.

성경이 말씀하는 예수님과 바울의 모델이 우리의 신학적 목표를 다시금 새롭게 해 준다면, 우리는 소수의 제자들을 길러 내라는 명령이 교회와 사역 현장에 바탕을 둔 우리의 방법에 꼭 필요한 것임을 알게 될 것이다. 6장부터 8장까지 세 장에서는 그 어떤 제자훈련 전략에서나 반드시 다루어야 할 세 가지 핵심 문제들을 다루도록 하겠다.

첫째, 제자를 길러 내는 것은 상대방에게 전심전력을 기울이는 것이다. 오랜 기간에 걸친 의도적 관계 속에서 소수의 초대받은 동료 여행자와 함께 걸어가는 것이 제자훈련이다. 여러분은 "제자훈련은 프로그램이 아니라 관계다"라는 말을 끊임없이 반복하여 듣게 될 것이다.

둘째, 우리는 제자훈련과 제자의 배가를 동일선상에 놓아야 한다. 그러나 늘 나중의 결과는 처음의 기대에 훨씬 미치지 못한다. 제자훈련 프로그램이 우리에게 먹혔던 것은, 이 사람에서 저 사람으로 세대를 뛰어넘는 전달을 통해 제자들의 배가가 일어날 것이라고 약속했기 때문이다. 그러나 실상을 보면, 우리는 한 세대를 넘어가지 못한다. 그러나 우리가 알아야 할 것이 있다. 그저 한 사람을 성숙한 신자로 자라 가는 것을 도와주었을 뿐 그가 다시 제자들을 길러 내는 장면을 보지 못했다면, 그것은 제자들을 길러 낸 게 아니다. 나도 내가 전심전력을 기울였던 사람들이 계속해서 다른 사람들을 제자로 길러 내는 것을 보지 못할 때는 좌절하기도 했다. 하지만, 다른 한편으로 몇 가지 놀라운 타개책을 발견하기도 했다.

셋째, 제자훈련은 변화해 가는 과정이다. 에릭의 경우에서처럼, 우리는 성령이 삶의 변화를 일으킬 때 사용하시는 핵심 요소들을 확인해 볼 것이다. 에릭의 삶에 변화를 일으키시는 성령의 실험실 속에 놓아 둔 요소들은 무엇이었을까? 우리가 사람을 변화시키기 위하여 만든 모임 안에서 투명한 관계를 이루어 나가고 하나님의 진리를 한데 모은다면, 삶의 변화를 가능케 하시는 성령을 체험하게 될 것이다.

제자가 제자를 길러 내는 삼인조 그룹 모델에서는 관계에 전심전력을 기울이고, 제자가 배가하며, 삶이 변화하는 세 요소가 강력하게 결합한다.

9장에서는 교회나 사역 현장에 근거한 제자훈련 전략들을 살펴볼 것이다. 우리는 다음과 같은 실제적 질문들을 던지게 될 것이다. 실제 상황에 적용할 수 있는 제자훈련 모델은 무엇인가? 어떤 사람을 제자훈련 과정에 초대해야 하는가? 시작은 어떻게 할 것인가? 어떤 방법으로 여러 세대에 걸친 제자 네트워크를 구축할 것인가? 세대가 흘러도 제자 배가의 동기를 계속 유지해 나갈 방도는 무엇인가?

여러분 중에는 교회에서 제자도가 사라진 것을 새삼 확인할 필요가 없거나, 제자 양육 방법에 관하여 성경이 제시하는 그림을 다시 들여다볼 필요가 없는 사람도 있을 것이다. 그런 사람들에게는 제자를 길러 낼 수 있는 실제 전략이 필요하다. 여러분이 이 책의 첫 부분을 제쳐놓고 뒷부분으로 건너뛰어도 개의치 않는다. 제자훈련 전략을 실행하는 데 도움을 줄 목적으로 쓴 내용은 뒷부분에 있기 때문이다.

약 20년 전에 에릭과 칼과 함께한 삼인조 그룹에서 삼인조 제자훈련의 위력을 실감했다. 그 뒤로, 삶을 바꾸는 이 관계 속에서 다른 많은 사람들과 함께하는 특권을 누렸다. 아울러 두 교회에서는 여러 세대에 걸쳐 제자훈련 네트워크가 성장하는 것을 목격하기도 했다. 이 기간 동안 북미와 온 세계 사람들에게서, 제자를 배가하는 삼인조 제자훈련 덕택에 그들의 삶과 사역이 철저하게 바뀌었다는 이야기를 들었다. 교회가 직면하고 있는 거대한 제자도의 위기 속에서 내게 용기를 심어 주는 것은, 제자훈련의 필요성을 설명해 달라는 요청보다 제자훈련의 방법을 설명해 달라는 요청이 더 많다는 점이다. 성경은 소수에게 전심전력을 기울이는 제자훈련 방식을 제시한다. 이런 방식이 제자를 길러 내는 일의 절박함을 더 널리 인식시키면서 실제에 적용 가능한 전략으로 변모할 수 있다면, 우리는 진정 예수님이 주신 "가서 모든 민족을 제자로 삼으라"(마 28:19)는 사명을 완수할 수 있다는 소망을 갖게 될 것이다.

[목차 CONTENTS]

추천의 말 • 4
들어가는 말: 변화의 이야기 • 12

1부: 불완전한 제자도

1장 참 제자를 볼 수 없다 • 32
2장 제자도의 침체 • 60

2부: 주님의 방식으로 이끄는 제자훈련

3장 예수님은 왜 소수의 인원에 전력투구하셨는가? • 92
4장 예수님의 양육 모델 • 118
5장 바울의 양육 모델 • 156

3부: 늘어 가는 제자훈련 그룹

6장 삶에 투자하라 • 188

7장 배가(倍加) • 214

8장 변화 • 242

9장 제자훈련의 실제 • 276

부록: 자주 하는 질문들 • 315

주 • 321

TRANSFORMING DISCIPLESHIP

1부

불완전한 제자도

무엇이 잘못되었는가,
왜 그런 일이 벌어졌는가?

1장

참 제자를 볼 수 없다

그들은 모두 어디로 갔는가?

교회에서 성공을 거둘 수 있는 제자훈련 전략을 만들어 내려면, 먼저 현실과 목표 사이의 거리를 측정해 봐야 한다. 예수님도 이 방법을 권장하셨다. 예수님은 자신을 따르고자 하는 사람들에게 먼저 비용을 계산해 보라고 말씀하셨다. "너희 중의 누가 망대를 세우고자 할진대 자기의 가진 것이 준공하기까지에 족할는지 먼저 앉아 그 비용을 계산하지 아니하겠느냐"(눅 14:28).

맥스 드프리는 예수께서 가르치신 이 지혜를 지도자들의 최우선 덕목으로 널리 가르쳤다. 그는 "지도자가 가장 먼저 해야 할 일은 현실을 정확하게 정의하는 것"[1]이라고 말했다. 현실을 정확하게 정의하는 것이 왜 중요한가? 어딘가를 찾아가려면, 우리는 먼저 우리가 지금 있는 곳과 가려는 곳에 대한 정보를 알아야 한다. 가령, 큰 쇼핑 몰에 있는 어느 가게를 찾아간다고 가정해 보자. 우리는 먼저 각 층에 있는 모든 가게의 위치를 안내해 주는 층별 안내도를 찾아야 할 것이다. 안내도에서 우리의 시선이 가장 먼저 가는 곳은 빨간 점이다. 그곳이 우리가 서 있는 '현재 위치'다. 현재 위치를 알았으니 이제 목적지의 위치를 확인하고 그곳을 어떻게 찾아갈지 궁리할 차례다.

그리스도게 철저히 헌신하는 제자들을 길러 내고, 그 제자가 또 자기처럼 헌신하는 제자들을 길러 내도록 만드는 것이 우리의 목표다. 그러려면 메워야 할 틈이 있다. 이 장에서는 그 틈들을 살펴보도록 하겠다. 다음 장에서는 우리가 어쩌다 이런 현실을 맞게 되었는지 살펴봄으로써, 우리의 실상을 완벽하게 그려 보도록 하겠다. 문제점과 그 원인을 확실하게 진단해야, 비로소 해결책을 제시할 수 있을 것이다.

이 장에서 분석한 내용을 읽어 보면, 여러분의 현실과 여러분이 바라는 목표 사이에 얼마나 큰 간극이 있는지 스스로 평가할 수 있을 것이다. 우리 사역을 냉철히 분석하는 것은 힘든 일이다. 그렇게 하기 위해서는 상당한 용기가 필요하다. 한때, 내가 지도했던 (풀러 신학대학원의) 목회학 박사 과정에서는 모든 입학생들에게 자신의 개인 건강과 사역의 건강 정도를 측정하는 과정을 거치게 했다. 이 평가 프로그램을 실시할 때는 마음 속으로 '이게 잘 될까?' 하는 의구심을 품었다. 만일 기독교 지도자들이 자신의 삶과 사역을 숨김없이 투명하게 성찰하기보다, 그 삶과 사역의 모습 중에 왜곡된 것이나 마음에 드는 거짓된 것만을 좋아한다면 그런 프로그램은 있으나마나한 것이 되기 때문이다. 대체로 보면, 우리 프로그램은 환상 속에 살기보다 현실을 직시하기 원하는 지도자들에게 더 인기를 끌었다. 이 책을 더 읽기 전에 여기서 조용히 멈춰 서라. 그리고 여러분을 자유롭게 해 줄 진리를 받아들일 수 있도록 성령님의 인도를 간구하라.

오늘날 제자도의 실상

만일 누군가 나에게 오늘날의 제자도를 한 마디로 요약하라고 한다면, 나는 '껍데기 제자도'라고 대답하겠다. 예수님을 구주라고 말하는 사람은 많다. 하지만 그를 주로 따른다는 것이 무슨 의미인지 이해하는 사람은 별로 없는 것 같다. 이스트본에서 열린 협의회는 공동성명을 통해서 현 상황의 다급함을 다음과 같이 발표했다. "새 천년을 눈앞에 둔 지금, 우리는 깊이 없는 성장이 현대 교회의 특징임을 인정한다. 우리는 교회의 외연을 넓히는 일에만 열정을 쏟았지, 더 깊은 신앙을 추구하는 것에는 헌신하지 않았다."[2] 존 스토트도 이 문제에 자신의 목소리를 보탰다. "25년여 동안, 사방 곳곳에 교회 성장 학교가 들어섰다. 교회가 성장했다는 통계를 보면 나도 기쁘다. 그러나 우리는 그 성장이 속 빈 강정이었음을 인정해야 한다. 척 콜슨은 사방 5,000킬로미터에 뻗어 있는 교회가 그 깊이는 고작 2.5센티미터에 불과하다고 말했다. 나는 그 말에 동의한다. 많은 그리스도인이 젖먹이들이다."[3]

예수 그리스도를 믿는다고 말하는 사람은 많지만, 정작 그들이 우리 시대의 도덕이나 영적 상태에 끼치는 영향은 전무(全無)하다. 이런 불일치는 껍데기만 제자인 현대인의 신앙을 보여 준다. 바나 리서치 그룹의 책임자인 조지 바나는 1990년부터 1999년까지 10년 동안, 자신을 거듭난 그리스도인이라고 여기는 사람들을 조사했다.[4] 이 10년 동안, 자신을 '거듭난 그리스도인'이라고 말한 성인의 비율은 최저 35퍼센트에서 최고 43퍼센트에 이른다.[5] 바나와 같은 여론조사 전문가이지만 더 넓은 문화 영역을 취급하는 조지 갤럽도 같은 기간 동안 자신을 '거듭난 복음주의 그리스도인'이라고 말하는 사람들의 비율을 조사했다. 그 비율은 놀랍게도 최저 35퍼센트에서 최고 49퍼센트에 이르렀다.[6] 하지만, 이런 통계수치에는 해명이 필요하다. 예수 그리스도와 의미 깊은 만남을 가졌다고 말하는 이들이 그렇게 많은데, 어째서 교회 지도자들은 우리 사회의 도덕이 타락했다고 탄식하는가? 예수님의 이름을 외치는 이 엄청난 수의 사람들이 진정 예수님의 제자라면, 우리는 하나님을 멀리 떠난 이 문명을 손가락질하면서 우리 자신을 부끄러워할 필요가 없지 않은가?

그리스도인으로서 여러 신문에 기고하는 칼럼니스트이자 사회평론가인 칼 토머스는 도덕의 타락에 분개하기 전에 먼저 우리가 참 제자인지 성찰해 볼 것을 요구한다. 그는 이렇게 썼다. "우리 문화의 문젯거리는 낙태찬성론자들이 아니다. 포르노 제작자나 마약 판매자 또는 범죄자들도 아니다. 우리의 진짜 문제는 예수 그리스도의 교회라고 말하면서, 실상은 훈련이나 제자, 순종도 없고, 성경도 모르는 교회다."[7]

제자도의 불완전성은 얼마나 심각한가? 우리가 교회 안에서 목격하는 껍데기 제자도의 증상들에는 어떤 것들이 있는가? 성경이 제시하는 제자도의 기준과 교회와 사역 현장에서 나타나는 제자도의 실체를 비교해 봄으로써, 제자도의 불완전성이 얼마나 심각한지 측정해 볼 수 있다. 성경의 기준과 우리가 몸담고 있는 그리스도인 공동체 사이의 실상 사이에는 어느 정도의 간극이 존재하는가?

이 장에서는 제자도의 일곱 지표를 이야기해 보기로 하겠다. 각 지표에 대한 설명이 끝날 때마다 여러분은 성경이 제시하는 제자도의 기준과 여러분이 사역 현장에서 목격하는 제자도의 실상 사이에 얼마나 큰 간극이 존재하는지 확인할 수 있을 것이다.

성경 속 제자도와 현실속의 제자도

능동적 사역자들

성경이 묘사하는 교회는 능동적 사역자들로 가득하다. 하지만 오늘날 대다수의 교회 지체들은 주는 거나 받으려는 수동적 수용자들뿐이다.

신약 성경이 묘사하는 교회에서는 모든 지체가 사역자였다. '만인제사장'은 종교개혁자들의 구호이자, 성경이 제시한 근본 이상이다. 베드로는 사방으로 흩어져 핍박당하는 그리스도인들에게 편지할 때, 교회 전체를 가리켜 "너희는…왕 같은 제사장들이요…"(벧전 2:9)라고 기록했다. 모든 신자들은 중보자이신 그리스도를 통하여 하나님께 나온다. 아울러 모든 신자들은 함께 그리스도의 몸을 이루고 있는 다른 지체들을 위하여 제사장 역할을 맡는다. 성경이 말하는 사역은 다른 신자들과 분리된 채 그 위에 군림하는 유급 사역자의 사역을 가리키는 것이 아니라 평범한 성도들이 사역자로서 일하는 것을 가리킨다. 사도 바울은 "각 사람에게 성령을 나타내심은 유익하게 하려 하심이라"(고전 12:7)고 말했다. 이 말씀을 기록할 때, 그는 날마다 그리스도인의 본분을 다하며 살아가는 이들을 염두에 두고 있었다. 교회를 그리스도의 몸에 비유한 바울은, 성령이 모든 신자들에게 섬김의 은사를 주셨다는 점에서 각 신자는 몸 전체의 건강에 똑같이 기여하는 지체라고 말한다. 신약은 교회의 모든 지체를 사역자로 세우는 계획을 제시하고 있다. 그 계획은 모든 신자들의 은사가 교회를 세우고 확장하는 데 기여한다는 점에서 그들에게 존귀한 가치를 부여한다.

이제 성경이 기준으로 제시하는 1세기 교회에서 눈을 돌려 오늘날 교회의 실상을 보자. 주일 예배만 드리는 차원을 넘어 회중의 삶 속으로 들어가 그들을 섬기고 사역하는 이들은 비교적 낮은 비율에 그치고 있다. 80/20 법칙은 넘어설 수 없는 요지부동의 법칙처럼 보인다. 80/20 법칙은 회중의 20퍼센트가 교회 수입의 80퍼센트를 부담한다는 것을 일컫는 말이다. 사역 실태를 살펴봐도 거의 항상 20퍼센트의 지체들이 80퍼센트의 지체들을 섬기고 있음을 알 수 있다. 이 80퍼센트의 지체들은 사역자들의 수고를 소비하는 소비자들일 뿐이다.

이것은 바꾸어 말하면, 엄청난 비율의 구경꾼들이 교회의 장의자에 앉아 있음을 의미한다. 목사인 나는 사람들이 관람객의 심정으로 예배에 참석하고 있다는 것을 너무나 잘 알고 있다. 예배 참석자들은 뭔가 의미심장하면서도 흥겨운 매력 만점의 쇼를 제공하는 것이, 강단이라는 무대 위에 선 사람들이 해야 할 일이라고 생각한다. 반면, 이 참석자들이 자신들의 임무라고 생각하는 것은 예배가 끝난 뒤 자신들을 배웅하는 사역자들에게 그날 예배에 관하여 촌평 한 마디를 던져 주는 것이다. 하지만 생각해 보라. 살아 계신 하나님께 예배했다는 사람들이 "목사님, 오늘 설교 좋았어요"나 "오늘 예배 즐거웠습니다"와 같은 촌평이나 늘어놓는 것은 얼마나 기괴한 일인가? 그러나 나도 주일 아침 설교를 하고 난 뒤 찬양대석을 흘끔 쳐다보는 경우가 많았다. 그날 설교를 들은 찬양대원들이 10점 만점에 9.9, 9.4 등의 점수판을 들어올려 주기를 고대한 것이다.

우리가 받은 신령한 은사들의 청지기 역할을 하는 것이 사역이라고 생각해 보라. 우리 앞에 있는 과업이 두렵지 않은가. 85퍼센트의 신자들이 신령한 은사에 대하여 들어 본 적이 있음을 밝혀 낸 바나의 조사 결과는 좋은 소식이다. 하지만 그 사람들 가운데 절반은 자신들이 어떤 은사를 갖고 있는지 모르거나, 하나님이 은사를 배분하는 과정에서 자신들을 그냥 지나치셨다고 믿었다. 그들 가운데 4분의 1은 자신들의 은사가 무엇인지 알고 있다고 생각했다. 그러나 그들이 자신의 은사라고 말한 것들은 성경이 제시한 은사와는 아무 상관이 없는 것들이었다. 자신의 은사를 말해 보라고 했더니, 그들은 "나는 체리 파이를 잘 만드는 은사를 갖고 있어요"라든지 "나는 말주변이 좋아요"라고 대답했다. 그들 가운데 겨우 4분의 1만이 성경에 근거한 은사를 자신들의 신령한 은사로 알고 있었다.[8]

수동적 수용자를 1점, 능동적 사역자를 5점으로 평가할 때, 여러분의 사역은 몇 점으로 평가할 수 있는가?		
제자도의 실제 증상	점수	비고
수동적 수용자 → 능동적 사역자		

훈련받는 사람들

성경은 예수님의 제자들을 훈련받으며 사는 사람들로 묘사하고 있다. 그러나 오늘날 실상을 보면 낮은 비율의 신자들만이 영혼을 성장케 하는 훈련에 시간과 노력을 투자하고 있다.

경지에 이른 탁월한 운동선수들은 힘들이지 않고 경기한다. 우리는 타이거 우즈의 부드러운 스윙을 골프 황제가 갖추어야 할 당연한 재주처럼 여기고, 마이클 조던이 경기 종료 직전에 역전골을 넣는 것을 으레 그럴 수 있는 일이라고 생각한다. 그러나 그 이면에는 엄청난 양의 반복과 연습 시간이 존재하고 있다는 사실은 보지 못한다. 물론 뛰어난 운동선수들 중에는 천부적 재능의 소유자도 있다. 하지만 그들이 그렇게 위대한 선수가 될 수 있었던 것은 그 누구보다 혹독한 훈련 과정을 거쳤기 때문이다.

신약에서 바울은 그리스도인의 삶을 경주에 비유했다. "이기기를 다투는 자마다 모든 일에 절제하나니 그들은 썩을 승리자의 관을 얻고자 하되 우리는 썩지 아니할 것을 얻고자 하노라"(고전 9:25). 바울은 이렇게 비유하면서 그리스도인들을 향한 기대치를 높인다. 운동선수도 그렇게 혹독한 절제의 터널을 통과해야 '썩을 승리자의 관'을 얻을 수 있는데, 하물며 '썩지 아니할 관'을 목표로 하는 우리 그리스도인들은 더욱더 혹독한 훈련을 받아야 하는 게 당연하지 않은가. 히브리서 기자는 신자들에게 젖이나 먹는 어린아이에 머물지 말고 단단한 음식을 먹을 수 있는 장성한 신자가 되라고 독려한다. "단단한 음식은 장성한 자의 것이니 그들은 지각을 사용함으로 연단을 받아 선악을 분별하는 자들이니라"(히 5:14). 이 말씀은 그리스도인의 삶에는 영혼의 훈련이 필요하다는 인상을 준다. 연습과 훈련이 없으면 그 어떤 것도 이룰 수 없다.

그러나 성경에서 다시 오늘날의 교회로 고개를 돌리면, 우리는 또다시 80/20 법칙을 발견하게 된다. 연구 결과에 따르면, 예배에 참석하는 성인 여섯 명 중 한 명, 즉 17퍼센트만이 신자들의 영혼 성장을 돕고자 마련된 그룹 과정에 참여하고 있었다. 그들 중 월등히 많은 사람들이 선택한 훈련 방법은 소그룹이었다(69퍼센트의 사람들이 이 방법을 선택했다). 그들은 성경을 공부하고 영적 실제를 삶에 적용할 길을 모색하고자 소그룹을 이뤄 활동하고 있었다. 그 다음으로 20퍼센트에 이르는 사람들이 제자도를 훈련하는 방법으로 성인 주일학교를 선택했다. 일대일 양육은 14퍼센트, 특별신앙반은 11퍼센트, 제자도와 연결된 온라인 훈련 또는 온라인을 통한 상호작용은 3퍼센트였다.[9] 바나는 이 연구 결과에 대해 날카로운 평을 내놓았다. "급변하고 복잡한 사회에 사는 사람들은 매순간 선택을 해야 한다. 만일 사람들이 자신들의 신앙에 기초가 되는 요소들에 규칙적이고 집중적으로 접촉하지 않는다면, 성경의 원리들을 견실하게 반추할 수 있는 기회는 최소로 줄어들고 만다."[10]

개인의 삶이 예수 그리스도와 결부될 것을 요구하는 개인 차원의 신앙 훈련에서는 더 이상 희망을 보여 주는 지표를 찾을 수 없다. 바나의 연구 결과에 따르면, 거듭났다고 말하는 성인 신자들 가운데 자신의 영적 발전과 관련하여 명확하고 측정 가능한 목표를 갖고 있는 사람은 다섯 명 중 한 명도 되지 않는다. 바나는 미국 전역에 걸쳐 조사를 시행하면서 수백 명의 사람들을 인터뷰했다. 인터뷰한 사람들 중에는 예배와 교회의 여러 프로그램에 꼬박꼬박 참여하는 목사들과 교회 지도자들도 있었다. 그런데도 바나는 다음과 같은 결론을 내렸다. "우리가 인터뷰한 성인 신자들 가운데 예수 그리스도의 철저한 제자가 되는 것, 또는 온 세계를 그리스도의 제자로 만드는 것, 내가 사는 동네 사람들만이라도 제자로 만드는 것이 자신의 인생 목표라고 말한 사람은 단 한 명도 없었다."[11] 바나가 그들에게 앞으로 이루고 싶은 것이 무엇이냐고 물었을 때, 열 명 중 여덟 명은 가정생활의 성공, 직장에서의 출세, 부자가 되는 것이라고 대답했다. 달라스 윌라드는 이 결과를 보고 다음과 같은 결론을 내렸다. "훈련을 통해서 예수님의 사람들을 순종케 하고 제자들을 길러 내려는 진지하고 희망찬 포부는 사라져 버렸다."[12]

영적 훈련을 전혀 받지 않은 경우는 1점, 영적 훈련을 받은 경우는 5점으로 평가할 때, 여러분의 사역은 몇 점으로 평가할 수 있는가?		
제자도의 실제 증상	점수	비고
영적 훈련을 전혀 받지 않은 경우—영적 훈련을 받은 경우		

삶에 미치는 영향력

성경이 묘사하는 제자도는 삶의 모든 영역에 영향을 미친다. 그러나 현실을 보면, 많은 신자들이 신앙을 개인 차원의 사사로운 영역으로 격하시켜 버렸다.

예수님의 공생애 사역에서 중심 주제가 되었던 것은 하나님 나라의 복음을 선포하는 것이었다. 사람들은 하나님의 통치가 이 땅에서 현실로 이루어지기를 오랫동안 학수고대했다. 사람이 되신 예수 그리스도가 이 땅에 오심으로써 현존하는 이 어둠 속을 뚫고 하나님의 나라가 들어왔다. 회개하고 복음을 믿는 자들(막 1:15)이 어둠의 나라에서 사랑의 아들의 나라로 옮겨진다(골 1:13)고 말씀은 약속한다. 새 권위와 체제가 예수님의 제자들 마음속에 수립되었다. 그 권위는 우리가 행하는 모든 일에 영향을 미친다. '나라'라는 개념은 삶의 모든 영역이 예수님의 권위 아래 있음을 의미한다. 우리는 본디 하나님 나라의 백성이다. 이는 우리 마음과 가정, 직장에서의 태도, 사상, 욕구, 관계, 도덕적 결정, 정치적 신념, 사회적 양심에 이르기까지, 모든 영역에서 예수께서 주님이심을 의미한다. 우리는 우리의 내면생활, 개인 대 개인의 관계, 또는 사회생활의 모든 영역에서 하나님의 마음을 알려고 하고 그분의 뜻대로 살아가려 애쓴다.

그러나 오늘날 우리는 두 갈래로 갈라진 현실 때문에 고통을 겪는다. 이 실존은 약 500년 전에 종교개혁의 기치를 높이 들었던 마르틴 루터가 말한 것과 같은 것이다. 루터는 그가 쓴 *Open Letter to the German Nobility*(독일 귀족에게 보내는 공개서한)에서 '신령한 땅(계급)'과 '속세의 땅'을 구별한 그릇된 이론이 로마 가톨릭의 첫 번째 장벽이라고 말했다.[13] 루터 시대에 신령한 땅은 교회와 교회가 소속된 거룩한 교단의 영역을 가리켰다. 반면, 속세의 땅은 세속 정부와 보통 사람들의 영역을 가리켰다. 이 신령한 땅은 속세의 땅보다 우위를 차지한 채 늘 자신을 속세의 땅보다 윗자리에 두었다. 루터는 성속(聖俗)을 구별하는 이런 장벽을 허물려고 노력하면서, 하나님 나라의 시각으로 보면 모든 것이 거룩하다고 선언했다. 경계선은 성속 사이에 그어져 있는 것이 아니라 하나님 나라와 어둠의 나라 사이에 그어져 있다.

우리는 지금도 종교 영역은 거룩하고 은밀한 영역에 존재한다는 그릇된 생각 때문에 고통을 겪고 있다. 거룩함은 교회와 가정, 또는 각 사람 내면의 헌신과 결부된 문제로만 치부되고 있다. 사생활로 전락한 종교는 삶의 공적 영역에는 거의 영향을 미치지 못하고 있다. 직장과 정치, 경제, 교육, 대중매체 등 사회의 주요 제도들은 종교와 아무런 상관이 없는 것처럼 보인다. 최근에 예수님을 믿게 된 NBC 방송의 부사장은 "당신의 신앙이 NBC의 프로그램을 편성하는 도덕 기준에 영향을 미칠 것인가?" 하는 질문을 받았다. 성속의 두 갈래 길에 선 그는 이렇게 대답했다. "신앙은 내게 마음의 평안을 주지요. 그러나 그것은 철저히 내 사생활에 국한된 것입니다. 프로그램을 짜는 데 신앙이 영향을 줄 것인지 물으셨는데, 천만에요. 신앙 덕분에 내 생각이 더 명쾌해지기는 할 겁니다. 하지만 그것은 내가 프로그램을 편성함에 있어서 이전보다 더 상업성을 염두에 둘 거라는 것을 의미합니다."[14]

우리 가운데 자신이 대부분의 시간을 보내는 곳(직장)에서 하나님의 나라를 대표한다고 생각하는 그리스도인은 거의 없다. 직장 문을 통과하는 순간, 많은 신자들은 아무 생각 없이 그리스도인의 모자를 벗어 버리고 세상 사람의 모자를 눌러쓴다. 거룩한 영역에 살 때는 그곳의 법칙을 따르다가, 세상에 속한 직장에서는 세상의 법을 따르고 있는 셈이다. 이것은 예수께서 말씀하신 하나님의 나라와 엇박자를 놓고 있는 것이다.

신앙을 철저히 개인 차원의 문제로 국한시킨 경우는 1점, 삶의 전 영역에서 제자도를 실천하는 경우에는 5점으로 평가할 때, 여러분의 사역은 몇 점으로 평가할 수 있는가?		
제자도의 실제 증상	점수	비고
신앙을 개인 차원의 문제로 국한시킨 경우— 삶의 전 영역에서 제자도를 실천하는 경우		

문화에 대항하는 세력

성경은 그리스도인의 공동체를 당대의 문화에 맞서는 세력으로 묘사한다. 그러나 우리가 오늘날 실제로 목격하는 그리스도인들은 생활양식이나 가치관에 있어서, 교회에 몸담지 않은 사람들과 거의 다를 바 없는 고립된 개인들뿐이다.

존 스토트는 '철저하게 세상 풍조를 따라가지 않는' 공동체가 주가 뜻하신 교회라고 말한다. '철저하게 세상 풍조를 따라가지 않는'이라는 이 문구는 성경이 교회를 묘사할 때 사용한 몇 가지 은유를 적절하게 요약한 것이다. 성경은 신자들을 이 세상의 이방인과 고향을 떠나 타향살이를 하고 있는 사람, 나그네로 비유한다(벧전 2:11). 옛 찬송가도 이런 정서를 표현하고 있다. "이 세상은 내 고향이 아니네, 나는 다만 지나가는 나그네." 성경이 그려 내는 교회는 한 몸이다. 이 몸은 당대의 문화에 맞서 그 사회를 지배하는 가치들의 대안이 될 공동체 생활양식을 제시하고 있다.

베드로는 희랍-로마 세계에 흩어져 있던 교회에 편지하면서 이 새 실체를 한 마디 말로 그려 내고 있다. 예수님을 믿는 이 신자들은 자신들의 소유라고 주장할 만한 땅 한 쪽도 갖고 있지 않았다. 그런데도 베드로는 그들에게 "너희는 거룩한 나라요"(벧전 2:9)라고 말했다. 이 말은 "너희는 모든 지리적 경계를 초월하여 한 백성이 되었다. 너희는 경계가 없는 한 교회이기 때문이다"라는 뜻이다. 거룩하다는 말은 곧 '따로 떼어 구별한 백성' 또는 '다른 이들과 다른 백성'이라는 뜻이다. 새 나라 백성의 특징 중 하나는 긍휼이 넘치고 가치 있는 섬김의 삶을 산다는 것이다. 베드로는 예수께서 산상설교에서 하신 말씀(마 5:16)을 따라 이렇게 말했다. "너희가 이방인 중에서 행실을 선하게 가져 너희를 악행한다고 비방하는 자들로 하여금 너희 선한 일을 보고 오시는 날에 하나님께 영광을 돌리게 하려 함이라"(벧전 2:12). 교회를 대적하는 사람들은 여러분이 믿는 것을 인정하지 않을 수도 있다. 하지만 그런 그들도 여러분이 살아가는 방식을 헐뜯지는 못한다.

초대교회 당시의 신자들은 하나님 나라의 백성답게 살았다. 오늘날의 그리스도인들은 어떠한가? 교회를 들여다본 많은 사람들이 내린 결론은 오늘날 교회가 이 시대의 문화에 맞서기는커녕 교회 밖의 세상과 별반 다를 게 없다는 것이다. 바나는 다양한 생활양식과 가치들을 관찰한 뒤 이렇게 결론내렸다. "이런(세상 풍조를 따르는) 가치들을 인정하는 그리스도인들의 비율이, 비슷한 가치관을 고수하는 비그리스도인들의 비율과 같다. 이 사실은 자신이 신자라고 말하는 수많은 사람들의 삶에서 기독교가 아무런 의미가 없다는 것을 보여 준다."[15] 오직 물질만이 성공의 잣대가 되는 오늘날, 그리스도인 가운데 절반은 필요한 것이나 원하는 것을 살 수 있는 돈을 갖고 있지 않다. 네 명의 그리스도인 가운데 한 명은 많이 갖는 것이 성공이라고 생각한다. 그리고 이것이 현실이다.

오늘날 교회는 개인주의와 물질만능주의라는 질병에서 자유롭지 못하다. 사회학자인 로버트 벨라는 미국의 성격을 규정하는 핵심 특징을 탐구했다. 그는 자신의 기념비적 저서 『미국인의 사고와 관습』(나남, 2001)에서 미국 사회를 구별짓는 특징을 단 한 가지로 규정했다. 자유 개념이 바로 그것이다. 그러나 그 개념의 내면을 더 가까이 들여다보면, 우리는 그 개념이 한쪽으로 치우쳐 있음을 보게 된다. 미국인들은 "내가 하고 싶은 것을 내가 하고 싶을 때 하고 싶다. 달리 더 좋은 것을 내게 말해 주는 사람은 아무도 없다"는 태도를 보인다. 이런 태도는 지속적 관계(혼인 관계처럼)나 뿌리가 깊이 박힌 든든한 공동체를 건설할 바탕이 될 수 없다는 것이 벨라의 결론이다. 오늘날 교회는 시장보는 소비자들처럼 자신에게 필요한 것을 쇼핑하는 개인들의 집합체로 전락해 버렸다. 따라서 우리는 성경이 말하는 공동체를 건설할 그 어떤 기초도 갖지 못한 셈이다. 이렇게 구멍이 숭숭 뚫린 부실 자재로 어떻게 이 시대의 문화에 맞설 공동체를 건설할 수 있겠는가?

이 시대의 문화에 동화되어 버린 경우를 1점, 이 시대의 문화에 맞서 그리스도의 능력을 나타내는 경우를 5점으로 평가할 때, 여러분의 사역은 몇 점으로 평가할 수 있는가?		
제자도의 실제 증상	점수	비교
이 시대의 문화에 동화된 경우—이 시대의 문화에 맞서 그리스도의 능력을 나타내는 경우		

꼭 필요한 유기체, 택함 받은 유기체

성경은 교회를 꼭 필요한 유기체, 택함 받은 유기체로서 그리스도가 거하시는 몸으로 묘사한다. 그러나 오늘날 실상을 보면, 사람들은 교회를 자신의 뜻에 따라 선택할 수 있는 하나의 단체이자, 제자도에는 불필요한 것으로 간주한다.

예수 그리스도의 교회는 이 땅에서 그분의 몸을 대신하는 것이다. 예수님은 그분의 백성들 가운데 거하심으로써 이 땅에 존재하신다. 고인이 된 레이 스테드먼은 그리스도와 교회의 관계를 다음과 같이 간명하게 설명했다. "예수님은 지금도 그분의 백성 가운데 살아 계신다. 그러나 이제는 공간의 제약을 받는 육신이 아니라, 여러 부분으로 이루어진 복합 공동체인 교회의 형체로 살아 계신다."[10] 사도 바울은 교회를 그리스도의 몸에 즐겨 비유했다. 그리스도의 몸은 교회를 비유한 바울의 표현 가운데 가장 중요한 것이기도 하다. 바울이 표현한 '그리스도의 몸'은 뛰어난 은유의 차원을 넘어 훨씬 더 큰 의미를 지닌다. 바울은 교회를 가리켜 "그리스도의 몸과 닮았다"가 아니라, 말 그대로 "그리스도의 몸이다"라고 말했다. 교회는 그리스도가 사시는 곳이다.

교회는 그리스도를 자신의 주라고 일컫는 사람들이 선택할 수 있는 것이 아니다. 교회는 하나님의 구원 계획의 핵심이다. 하나님은 사람들을 구원하셔서 새 인류의 전위대가 될 공동체를 이루게 하셨다. 그리스도께 부르심을 받았다는 것은 그분의 백성으로 뽑혔다는 뜻이다. 오늘날 "예수님은 좋지만 교회는 싫어요" 하고 말하는 사람들이 많다. 그렇게 말하는 것은 하나님의 웅대한 구원 경륜 속에서 교회가 차지하고 있는 위치를 철저히 오해하고 있는 것이다. 그리스도의 제자가 된다는 것은 더 이상 유아독존식의 제자도(solo discipleship)는 존재하지 않는다는 것을 깨닫는 것이다.

이렇게 교회를 선택할 수 있는 것으로 보는 태도의 밑바탕에는, 우리 문제는 우리가 알아서 한다는 식의 개인주의 문화가 깔려 있다. 그런 태도는 어떻게 등장한 것일까?

그런 태도를 대변하는 것 중 하나가 교회에 들어가는 것이 그리스도인의 삶에 꼭 필요한 것은 아니라는 주장이다. 아내와 나는 부활절 다음 주일에 캘리포니아에 있는 어느 유명한 교회를 방문했다. 그날 말씀은 부활절 예배 때 그리스도를 영접하기로 결심했던 2,100명의 사람들을 염두에 둔 것이었다. 그날 아침 예배 설교자는 예배에 참여한 이들에게 이런 질문을 던졌다. "그리스도인이 되려면 반드시 교회에 나가거나 교회의 지체가 되어야 합니까?" 그 설교자는 뭐라고 대답했을까? "아니오, 반드시 그래야 하는 것은 아닙니다." 나는 하마터면 자리에서 뛰쳐나가 "여러분이 그리스도인이라면 반드시 교회의 지체가 되어야 합니다"라고 소리칠 뻔했다. 나는 그렇게 하지 않으려고 무진 애를 썼다. 더 많이, 더 잘 알고 있는 사람들의 입장에서 보면 그렇게 소리치는 것은 현명한 일이 아니다.

기독교 지도자들은, 헌신하려는 마음이 거의 없는 사람들의 공동체를 섬기며 긴장 속에 살아간다. 만일 그런 사람들이 여러분에게 나아온다면, 여러분은 그런 사람들을 어떻게 제자훈련의 장으로 불러들일 것인가? 신자와 (그리스도의 몸인) 공동체의 관계가 언약 관계임을 전혀 이해하지 못하는 사람이 그리스도를 닮은 제자가 될 수 있을까?

교회를 선택할 수 있는 것으로 보는 경우를 1점, 꼭 필요한 것으로 보는 경우를 5점으로 평가할 때, 여러분의 사역은 몇 점인가?		
제자도의 실제 증상	점수	비고
교회를 선택할 수 있는 것으로 보는 경우—교회를 꼭 필요한 것으로 보는 경우		

성경을 잘 아는 사람들

성경에는 신자들이 성경을 잘 아는 사람들로 묘사되어 있다. 그들의 삶은 계시된 진리에 기초를 두고 있다. 그러나 우리의 실상을 돌아보자. 대부분의 신자들이 성경을 알지 못한다. 우리의 삶은 성경의 진리가 아닌 것도 적당히 받아들이며 살아가는 혼합물이다.

구약과 신약 성경은 하나님이 인류에게 하나님 자신을 계시하신 내용을 담고 있는 책으로서 진실한 것이다. 이것이 성경의 유일무이성에 대한 그리스도인들의 역사적 고백이다. 예수 그리스도는 육신이 되신 말씀이시다. 성경은 하나님의 영감으로 기록된 말씀으로서, 역사 속에 나타난 하나님의 역사를 신실하게 증언한 것이다. 물론 성경 밖에서도 진리를 발견할 수 있다. 하지만 그것이 진리인지 판가름하는 잣대는 기록된 하나님의 말씀이다. 그 결과, 성경은 회중 교육의 자료, 또는 훈련

중에 경건히 읽어야 할 책, 소그룹들을 모으는 진리가 되었다. 기도와 성경 읽기라는 두 훈련은 신자들이 매일 연습해야 할 경건의 중심이 되는 행위로 권장되었다.

이처럼 우리는 성경의 유일성을 인정한다. 하지만 많은 그리스도인들은 성경의 내용을 잘 모른다. 이들이 확신하는 것들도 성경의 분명하고 중요한 가르침과 반대되는 내용이다. 갤럽은 이런 괴리를 보며 다음과 같이 썼다. "미국인들은 성경을 존중한다. 하지만 거개의 사람들은 그 책을 읽지 않는다."[17] 갤럽의 조사 결과에 따르면, 성경이 '인생의 모든 중요한 문제 또는 대부분의 중요한 문제'에 해답을 제공해 준다고 인정하는 사람이 미국 성인 가운데 65퍼센트나 된다.[18] 바나의 조사 결과를 보더라도, "성경의 모든 가르침은 처음부터 끝까지 정확무오하다"는 말에 수긍하는 사람이 미국의 성인 중 60퍼센트, 자신을 거듭난 사람이라고 말하는 사람들 가운데 85퍼센트나 된다. 성경을 높이 평가하는 사람들이 이렇게 많다. 그런데 무시무시한 사실은 이 많은 사람들이 성경을 모른다는 것이다. 가령, 바나의 조사에 응한 성인 가운데 53퍼센트는 "하나님은 스스로 돕는 자를 돕는다"는 말이 성경에 기록된 진리라고 믿고 있었다.

그러나 어떤 조사 결과보다 더 우리를 당혹하게 만든 사실은 많은 수의 사람들이 성경 말씀과 전혀 다른 것을 믿고 있다는 점이다. 가령, 성령을 살아 있는 실체가 아니라 단지 하나님의 임재와 권능을 상징하는 것으로 믿는 사람들이 전 미국인의 61퍼센트나 되었다. 그런가 하면, 전체 미국인의 58퍼센트는 마귀 또는 사탄이 살아 있는 것이 아니라 단지 악의 상징에 불과하다고 믿었다. 하지만 가장 당혹스러운 조사 결과는 여러 제자훈련에 적극 참여하고 있다는 그리스도인 열 명 가운데 네 명이 절대 진리의 존재를 믿지 않고 있다는 점일 것이다.[19]

불과 한 세대 전, 선지자라 불릴 만한 그리스도인 프랜시스 쉐퍼(Francis Schaeffer)와 엘튼 트루블러드(Elton Trueblood)는, 한 세대만 지나면 우리 문화 속에서 기독교에 대한 기억은 다 사라질 것이라고 예언했다. 이 두 사람은 미국 사회는 '꺾여 버린 꽃'이라고 말했다. 이 말은 우리 문화가 기독교 뿌리와 단절되었다는 것, 나아가 우리는 그저 옛적의 신앙을 기억하면서 살고 있다는 것을 꼬집은 것이었다. 우리는 그들이 신앙의 기억조차 사라져 버릴 것이라고 예견한 그 세대에 살고 있다. 예전에 사람들은 다윗과 골리앗 같은 성경 인물에 대해서 이야기하면 즉시 그들과 관련한 성경 이야기를 떠올렸다. 그러나 이제는 설교자들이나 교사들에게도 더 이상 그런 일을 기대할 수 없다. 사람들이 무언가를 알고 있을 것이라든지, 또는 어떤 것을 믿고 있을 것이라는 생각을 함부로 할 수 없게 되었다.

성경을 모르는 경우를 1점, 잘 알고 있는 경우를 5점으로 평가할 때, 여러분의 사역은 몇 점인가?		
제자도의 실제 증상	점수	비고
성경을 모르는 경우—성경을 잘 알고 있는 경우		

자신의 신앙을 함께 나누는 사람들

성경에는 모든 신자들이 자신들의 신앙 이야기를 다른 사람들과 함께 나눈 이들로 묘사되어 있다. 그러나 오늘날 실상을 보면, 우리는 무언가에 눌려 움츠러든 사람처럼 사람들에게 그리스도를 증언하는 일을 피하고 있다.

우리는 이야기를 전하는 사람들이다. 성경은 제멋대로 떠나간 인류를 찾으시는 하나님의 사랑 이야기를 들려주고 있다. 예수 그리스도께 사로잡힌 사람들은 하나님이 자신들을 추적하사 사랑으로 안아 주셨음을 이야기할 수 있다. 주님은 우리를 자신이 쓰신 웅대한 구원 드라마의 주인공들로 삼아 주셨다. 하나님은 자신의 이야기를 기록하시는 공간인 역사의 무대에서 우리 각 사람에게 수행원 역할을 맡기셨다. 바로 이 이야기가 지금 여기에 우리가 존재하는 이유를 알려 준다. 예수님은 우리에게 "너희는 내 증인이 될 것"(행 1:8)이라고 말씀하셨다. 우리 각자에게는 전해야 할 이야기가 두 가지 있다. 바로 우리 이야기와 '그분'의 이야기(곧, 하나님의 사랑 이야기)다. 우리가 이 두 이야기를 함께 전해야 하는 것은, 다른 사람들이 이 두 이야기를 함께 들어야 자신들의 이름도 이 구원의 드라마 속에 기록되어 있음을 알게 되기 때문이다. 바울은 우리가 누리는 이런 특권을 두고 "이 복음은 모든 믿는 자에게 구원을 주시는 하나님의 능력"(롬 1:16)이라고 기록했다. 아마 이보다 더 명쾌한 표현은 없을 것이다. 하나님은 그분이 이 땅에 찾아오신 이야기를 우리에게 맡기시면서, 그 이야기가 사람들의 마음을 녹이고자 사용하신 수단임을 일러 주셨다.

그렇다면 하나님이 우리를 사랑하신 그 이야기를 전하는 우리의 모습은 어떠한가? 겉만 보면 아주 훌륭하다. 그러나 속내를 꼼꼼히 살펴보면 이내 우울해진다. 조사 결과에 따르면, 거듭났다는 사람들 가운데 그리스도의 제자가 되기를 바라는 마음으로 복음을 누군가에게 전한 적이 있다고 말한 사람은 55퍼센트에 불과하다.[20] 그리스도에게 인도하려고 일부러 사람을 사귄 적이 있느냐는 질문에는 열 명 중 한 명만이 그렇다고 대답했다. "서로 신뢰하고 믿는 가운데 자신의 신앙을 함께 나눌 수 있는 불신자를 알고 있다고 대답한 사람은 다섯 명 중 한 명도 되지 않는다."[21] 이 절박한 현실을 다른 말로 표현한다면, 한 해에 1.67명의 사람을 전도하는 데 회중 100명이 필요하다고 말할 수 있다. 이를 보면, 복음을 증언하는 일에 적극 참여하고 있는 그리스도인이 아주 적다는 것을 알 수 있다.

이처럼 복음 전파가 억제당하게 된 것은 절대 진리를 기피하는 문화 속에 살면서 그 문화에 억눌린 탓이 크다. 자기 개인에게 진리인 것만을 진리로 인정하는 것이 요즘 세상이다. 사람들은 각자 자기 나름의 진리를 갖고 있으며, 어느 누구도 타인에게 진리를 강요할 수 없다고 생각한다. 결국, 모든 사람이 진리라고 주장하는 것들이 동일한 평면 위에 놓이게 되었다. 만일 어떤 신앙만이 '유일한' 진리라고 주장한다면 사람들은 분노할 것이다. 나도 "그러니까, 당신 말은 내가 그리스도를 영접하지 않으면 지옥에 가게 된단 말이요?" 하며 반격해 오는 사람들 때문에 마음을 다잡아야 할 경우가 많았다. 그때마다 나는 꾹 참고 억지춘향 식으로 이렇게 말했다. "하나님은 오직 예수 안에서 자신을 계시하셨습니다. 하나님은 예수님을 통해 우리가 그분과 올바른 관계를 맺을 수 있게 하셨습니다." 관용을 은혜와 동일시하는 시대에 예수님만이 하나님의 유일한 계시라는 식의 주장은 관용의 대상이 될 수 없는 말처럼 보인다.

이렇게 억눌린 분위기 속에서 우리는 무엇을 제시해야 할 것인지 우리 자신에게 물어야 한다. 우리는 진정 우리가 가진 것이 매우 귀중하고 사람들에게 생명을 주는 것이어서 다른 사람들에게도 나누어 주어야 한다고 생각하는가? 다시 말해, 우리는 다른 사람들도 우리처럼 하나님과 풍성한 사귐을 갖게 되기를 바라고 있는가? 빌 하이벨스는 참 진리를 구하는 사람들이 우리 그리스도인들의 삶을 보면서 "만일 내가 그리스도인이 된다면, 내게 이익이 될까 아니면 손해가 될까?" 하고 자문한다고 말했다.[22] 이 질문은 "우리가 체험한 예수님의 사랑과 기쁨이 다른 이들에게도 전할 만한 가치가 있는가?"라는 물음으로 귀결된다. 오늘날 많은 사람들은 그럴 만한 가치가 없다고 대답한다.

타인에게 복음을 전하길 기피하는 경우를 1점, 우리의 신앙을 함께 나누는 경우를 5점으로 평가할 때, 여러분의 사역은 몇 점인가?		
제자도의 실제 증상	점수	비고
타인에게 복음을 증언하길 기피하는 경우—우리의 신앙을 함께 나누는 경우		

불가능한 가능성: 우리는 어디로 가고 있는가?

지금까지 말한 것이 오늘날 제자도의 정확한 실상인가? 혹시 지나치게 어두운 쪽만을 부각시킨 것은 아닌가? 이런 모습이 정말 우리의 실상이란 말인가? 우리는 지금까지 성경이 제시하는 제자도의 기준과 우리 시대의 제자도 사이에 존재하는 간극을 살펴보았다. 이 간극을 설명한 내용이 거의 정확하다면, 이 간극을 좁히는 일에는 엄청난 노력이 필요할 것이다.

우리가 도달해야 할 목표는 무엇인가? 일찍이 조엘 바커는 패러다임의 변화를 주창하며 이런 질문을 던진 바 있다. "여러분의 일(교회 또는 사역)에서 불가능한 것이라도 만일 이뤄질 수만 있다면, 그것을 철저하게 바꿀 의향이 있는가?"[23] 이 질문에 힘입어 우리는 우리 목표에 초점을 맞출 수 있게 되었다. 나는 불가능한 가능성을 표현하는 바커의 질문을 토대로 이런 물음을 제시하고 싶다. "어떻게 해야 예수 그리스도께 철저히 헌신하는 제자들을 길러 내고, 그 제자가 또 자기처럼 헌신하는 제자들을 길러 내도록 만들 수 있을까?"

이 전략적 물음은 예수께서 그분의 몸인 교회에 주신 사명을 어떻게 완수할 것인지 묻는 것이다. 예수께서 우리에게 명령을 내리시며 가서 모든 민족을 제자로 삼으라는 사명을 주신 것은, 모든 교회에 상당한 시간과 노력의 투자를 요구하신 것이다(마 28:19). 예수 그리스도께 철저히 헌신하면서 자기처럼 헌신하는 제자들을 길러 내지 않는 사람은 예수님의 제자라고 말할 수 없다. 억지로 등을 떠밀며 감언이설로 유혹할 필요가 없는 제자들로 가득한 교회를 이룬다는 건 불가능한 꿈처럼 보인다.

이 장에서 나는 불가능한 가능성을 강하게 부각했다. 교회 지도자들은 이 불가능한 가능성에 말을 건네야 한다. 존 코터는 자신의 책 『기업이 원하는 변화의 리더』에서 변화가 일어나지 않는 첫 번째 원인으로 절박한 심정의 결여를 들었다.[24] 진정한 지도자는 절박함을 불러일으킬 줄 안다. 이런 절박함은 현실을 정확히 정의하고, 우리를 향하신 하나님의 의도가 이뤄질 수 있다는 꿈을 하나님의 백성들에게 불러일으킬 때 생겨난다.

현재의 실상을 냉철히 평가해야 비로소 우리는 모든 일이 작정된 그 길로 나아간다는 소망을 가질 수 있다. 우리가 소망을 가져야 하는 이유는 교회의 주인이신 예수께서 그분의 몸인 교회를 통하여 그분이 살아 계심을 드러내고자 흠 없는 신부를 찾고 계시기 때문이다. 바나는 이렇게 썼다. "만일 그리스도인들이 일관된 신앙인으로서의 삶을 산다면, 기독교는 우리 문화에 믿을 수 없을 만큼 큰 영향을 미치게 될 것이다. 대부분의 비그리스도인들은 성경을 읽지 않는다. 때문에, 그들은 그리스도인들의 삶을 보고 기독교를 판단한다. 문제는 그리스도인처럼 살지 않는 그리스도인들이 엄청나게 많다는 것이다. 그들은 자신이 무엇을 믿고 있는지도 모르는 그리스도인들의 무지를 드러낸다. 그 무지 때문에 많은 사람들이 성경이 말씀하는 올바른 가치들을 자신들의 삶에 적용할 수 없다."[25]

어쩌다가 우리의 제자도는 이런 꼴이 되었는가? 지금까지 우리의 실상을 서술했다면, 이제 그런 문제가 벌어지게 된 근본 원인을 밝히는 게 필요하다. 교회의 중심 사명은 예수 그리스도께 철저히 헌신하는 제자들을 길러 내며, 그 제자가 또 자기처럼 주께 헌신하는 제자들을 길러 내도록 만드는 것이다. 다음 장에서는 우리를 이 사명에서 멀어지게 만든 요인들을 살펴봄으로써 우리의 실상을 완전하게 그려 보고자 한다. 우리의 제자도가 형편 없는 수준으로 전락해 버린 원인들을 알고 그 원인을 정면으로 응시할 때, 우리는 비로소 이야기를 시작할 수 있을 것이다.

2장

제자도의 침체

그 근본 원인을 캐다

20퍼센트의 구성원만 일을 하고 나머지 80퍼센트는 조직체의 일에 어느 정도 참여할지 이것저것 따지고 있는 조직체가 있다고 치자. 여러분 같으면 이런 조직체에 생존의 기회를 주겠는가? 여섯 명 중 한 명만이 그 조직체의 사명, 나아가 그 조직체가 사명을 완수하는 데 감당해야 할 역할을 이해하려고 노력한다. 구성원들은 조직체의 훈련 지침서가 자신들을 인도하는 이상이라고 선언한다. 그러나 그 지침서의 내용대로 살고자 시간을 들여 지침서를 읽는 사람은 소수에 불과하다. 그 조직체의 구성원들이 조직체 밖에서 공적 역할을 수행할 때, 그들과 접촉하는 사람들은 대부분 그 조직체가 그 구성원들에게 의미 있다는 인상을 받지 못한다. 구성원들은 세상에 속한 사람들과 뒤섞여 버렸다. 때문에, 이 조직체(교회)와 전혀 관련이 없는 사람들의 눈에는 교회의 구성원들과 세상 사람들 사이에 아무런 구별점이 없어 보인다. 사실, 교회라는 조직체에 참여하는 대다수의 사람들은 교회의 구성원이 되는 것을 자신의 선택 사항으로 여길 뿐, 그 조직체의 이상대로 살아가는 데 꼭 필요한 것은 아니라고 본다.

만일 교회가 단순히 인간의 뜻으로 말미암아 생겨난 것이라면, 우리는 이 조직체에 어떤 미래가 있다는 소망을 품지 못할 것이다. 교회는 세상을 구원하시려는 하나님의 계획 아래 만들어진 것이다. 때문에, 우리는 우리 주님이 이 교회를 회복시키셔서 처음에 교회를 세우실 때 작정하신 목적-모든 민족을 제자로 삼는 것-을 이루게 하실 것으로 온전히 확신한다. 예수님은 그분의 제자들이 세상의 빛이자 온 땅의 소금이 될 것이라고 말씀하셨다.

이 장에서 나는 제자도의 침체 원인들을 이야기할 것이다. 만일 오늘날의 교회를 병원에 데려가 건강 진단을 받게 한다면, 의사는 어떤 진단을 내릴까? 아마도 진단서에는 오늘날 교회가 예수님에게 철저히 헌신하는 제자들을 길러 내며 그 제자가 또 자기처럼 헌신하는 제자들을 길러 내는 일에 실패하게 된 여덟 가지 원인이 들어 있을 것이다.

가장 중요한 소명을 등한시한다

오늘날 제자도가 형편 없는 수준으로 전락한 첫 번째 원인은 목사들이 자신들의 가장 중요한 소명을 등한시한 데 있다. 그 소명은 '성도들을 온전하게 하여 섬김의 일을 하게 하는 것'이다.

신약은 목사들과 장로들이 하나님의 백성 전체를 직접 대면해야 하는 일을 장황하게 제시하지 않는다. 오히려 명료하다. 목사의 일에 가장 가까운 것은 자주 인용되는 에베소서 4장 12절에서 발견할 수 있다.

이 구절은 "성도들을 온전하게 하여 봉사(섬김)의 일을 하게 하는 것"이 교회의 지도자로 세움 받은 이들이 해야 할 일이라고 말씀한다. 나의 책 *Unfinished Business*(마치지 못한 일)[1]을 보면, '온전하게 한다'는 말의 의미가 자세히 설명되어 있다.[2] 교회 지도자들은 성도들이 그리스도의 몸 안에서 섬기는 역할을 감당할 수 있도록 준비시키거나 훈련시켜야 할 과제를 안고 있다. 하나님의 백성은 모두 사역자(섬기는 자)다. 반면, 교회 직원들은 섬기는 자들을 돕는 자다.[3] 달리 말하면, 지도자들은 섬기는 자들을 섬기고 격려하며 훈련시킴으로써, 그들이 사역자로서 일할 수 있게 만들기 위해 존재하는 사람들이다. 만일 목사들과 교사들, 그리고 다른 지도자들이 성경이 명령한 역할을 완수한다면, 자연스럽게 그리스도의 몸이 세워지고, 하나님의 아들을 아는 지식에 근거하여 신앙이 하나가 될 것이다. 그리하여 교회가 장성한 분량에 이르는 긍정적 결과가 따라오게 될 것이다. 결국 그렇게 되면, 온 교회가 안팎이 모두 장성하여 그리스도처럼 충만한 삶을 살게 될 것이다(엡 4:12-13).

만일 내가 사탄이라면, 제자들이 장성한 분량으로 자라는 것을 철저히 훼방하기 위해 어떤 일을 할까? 나 같으면 교회의 지도자들이 하나님께 받은 역할, 즉 성도들을 온전하게 하는 일을 하지 못하도록 막을 것 같다. 대신에 교회 지도자들을 꾀어 내 사람들을 장성한 분량까지 자라게 하여 섬기는 일을 감당케 하는 것과 아무런 관련이 없는 일, 그럴싸하고 요란하게 이름이나 낼 만한 다른 일에 몰두케 할 것이다. 그런데 바로 그런 일이 일어났다. 우리는 우리 영혼의 지도자들을 프로그램 개발자와 관리자, 성도들을 보살피는 자로 바꿔 버렸다.

목회자로서 성도들을 돌보는 일은 목사들을 지치게 했다. 돌보는 일을 전문 직업인들(목사들)에게 맡기면서, 장성한 분량의 믿음까지 자라갈 수 있는 사람들의 능력은 재앙에 가까운 피해를 입게 되었다. 목사들은 자신들을 보살펴 달라는 교회 지체들과 구성원들의 요구에 부응하는 것이 자신들의 주된 일임을 너무나 잘 알고 있다. 어떤 사람이 입원하거나 사랑하는 사람의 죽음 때문에 비통에 잠겨 있는 경우, 실직하는 바람에 삶의 퇴보를 경험하는 경우, 부부간의 불화나 말썽부리는 자녀 때문에 고달파하는 경우, 신자들은 목사가 늘 그 현장에 있어 주기를 바란다. 우리가 몸담고 있는 대부분의 교회를 보면, 교인들과 목사 사이에는 이런 정서적 계약 관계가 있다. "목사님, 목사님은 제가 어려움을 헤쳐 나가는 현장에 계셔 줄 것이라고 기대합니다. 만일 목사님이 그 현장에 계시지 않는다면, 목사님은 목사로서 해야 할 일을 하시지 않은 겁니다. 만일 목사님이 저희를 돌봐 주시지 않는다면, 목사님은 실패한 목사님이십니다."

전문 직업인들에게 성도를 돌보는 일을 맡긴 결과, 그들은 성도들의 요구에 답하는 자로 바뀌었다. 나는 이전에 이틀 동안 미국 남부의 어떤 주에서 감리교 목사들을 상대로 세미나를 인도한 적이 있다. 거기에 참가한 목사들은 하나같이 무선호출기와 휴대전화를 갖고 있었다. 그들의 목회 사역의 중심은 교구 사람들이 그들을 필요로 할 때면 만사를 제쳐놓고 그 요구에 응하는 것이었다. 목회자로서 돌보는 일에 큰 매력을 느끼는 것은 그 일이 너무나 고상해 보이기 때문이다. 도와달라고 요청하는 다른 사람을 돌보는 것만큼 예수님의 섬기는 사역을 잘 보여 주는 예가 또 있는가? 그러나 곤고한 처지에 있는 사람들을 돌보는 일이 어떻게 '성도들을 온전하게 하여 봉사(섬김)의 일을 하게 하는 것'이 되겠는가?

좋은 것은 늘 가장 좋은 것의 원수가 된다. 초대교회 시대의 사도들도 이런 유혹에 봉착했다. 예루살렘 교회에 다툼이 일어났다. 희랍어로 말하는 소위 헬라파 과부들이 매일 나누어 주는 양식 배분 대상에서 자신들이 소외당하고 있다고 생각하면서 빚어진 결과였다. 사도들은 당장 이 문제를 해결해야 했다. 사도들에게 이 사건은 자신들이 교회 전체의 참된 종임을 증명하는 동시에, 돌봄의 본보기를 보여 줄 수 있는 호기였다. 그러나 사도들은 '식탁을 섬기는 일'은 자신들의 가장 중요한 소명이 아니라고 결정했다. 양식을 풀어 구제하는 일이 말씀을 전하고 기도하는 그들 본연의 소명을 등한히 여기는 계기가 될 수 있음을 간파한 사도들은 이렇게 말했다. "우리가 하나님의 말씀을 제쳐놓고 접대를 일삼는 것이 마땅하지 아니하니"(행 6:2). 그들이 식탁을 섬기는 사역을 거부한 것은 그들의 명예가 손상되기 때문이 아니라, 그 사역이 하나님이 그들에게 맡기신 소명이 아니었기 때문이다. 사도들은 자신들의 소명이 아닌 것을 떠맡지 아니함으로써 다른 이들이 사역할 수 있는 기회를 넓혀 주었다.

목사들이 그들 본연의 소명이 아닌 것을 떠맡게 되면, 교회 전체에 맡겨진 과업, 즉 지체들이 서로 돌보는 것을 그들이 차지해 버린 셈이 된다. 목회자가 성도들을 돌볼 필요도 있지만, 대부분의 경우에는 교회의 지체들끼리 서로 섬기는 것이 마땅하다. 목사라면 지도자로서 역량을 계발하고, 각 사람을 장성한 분량의 신앙인으로 훈련시키며 그가 부르심을 받은 사역이 무엇인지 분별케 하고, 사람들이 서로 섬기거나 교구 식구들을 직장으로 심방하는 사역 문화를 실현하는 데 전심전력을 기울여야 한다. 하지만 오늘날 목사들은 성도들을 돌보는 의무를 감당하느라 정신 없이 바쁘다. 성도들의 사역 능력이 슬플 정도로 계발되지 못한 이유는, 목사들이 사람들을 장성한 분량의 신앙인으로 길러 그들을 사역 현장에 배치하는 일에만 초점을 맞추고 있기 때문이다.

훈련받지 않은 교회가 이 땅에 넘쳐나는 가장 큰 이유는 교회의 지도자들이 훈련 그 자체에 초점을 맞추지 않기 때문이다.

제자 양육을 프로그램에 의존한다

오늘날 제자도가 형편 없는 수준으로 전락해 버린 두 번째 원인은 프로그램을 통해 제자를 길러 내려고 한 데 있다.

성경을 살펴보면, 제자들은 인격 대 인격의 관계를 통해 길러진다. 예수님은 열두 제자를 불러 곁에 있도록 하셨다. 인격적 교제(연합)가 있어야 제자들의 삶이 바뀌기 때문이다. 스승을 닮아야 제자가 되는 것이다. 사도 바울은 디모데 같은 이들과 동역했고, 그렇게 함으로써 바울이 떠난 자리를 교회 지도자들이 이어받을 수 있었다. "쇠를 날카롭게 만드는 것은 쇠"라는 생각으로 이루어지는 교제 속에서 제자들이 길러진다.

오늘날 교회를 보면, 사람 중심의 양육은 사라지고 제자들을 만들어 내는 수단인 프로그램이 가운데 자리를 차지하고 있다. 여기서 프로그램이란 큰 무리의 사람들을 이끌어 가고자 그룹을 짜서 시스템을 활용하는 것을 말한다. 이를테면, 연령대별 주일 학교, 성인 교육 강좌, 소그룹 사역, 필요에 따라 열리는 세미나나 잘 만들어 놓은 제자훈련 프로그램 같은 것들 말이다.

이 프로그램들은 모두 제자도를 계발하는 데 기여할 수 있다. 하지만 제자도의 핵심 요소를 담고 있지는 않다. 각 제자는 다른 이들과 구별되는 고유한 개인으로, 각기 성장 속도가 다르다. 때문에 제자들 각 사람에게 주목함으로써 그들이 자신에 대하여 죽고 그리스도에 대하여 풍성히 사는 존재가 되도록 각자 나름대로 성장해야 한다는 것을 일러 주어야 한다. 그렇게 하지 않으면 제자는 만들어지지 않는다.

개인별로 한 사람 한 사람에게 투자하는 것에는 비용과 시간이 많이

든다. 그런 이유 때문에 한 사람 한 사람에게 투자하는 대신 프로그램을 도입하는 것이다. 조지 바나는 이렇게 말했다. "많은 사람을 쉽게 관리하고 통제할 수 있는 질서 정연한 과정에 편입시키려고 프로그램을 도입하는 경우가 종종 있다. 우리는 실질적인 것보다 겉모습에 더 많은 관심을 보이고, 사람들에게 영향을 끼치는 것보다 어떤 행동을 했다는 점에 더 마음을 쏟는다. 솔직히 말하자면, 이 모든 것은 우리에게 개인별 성장도를 실제로 측정할 수 있는 방법이 없다는 것을 증언해 주는 것이다."[4] 바꿔 말하면, 프로그램들은 우리가 실제로 제자들을 길러 내고 있는 것처럼 생각하게 할 수 있다. 그러나 그것은 환상이지 실상이 아니다. 우리도 그 점을 알고 있다.

그렇다면, 왜 프로그램은 제자들을 길러 내지 못하는가? 그 이유는 모든 프로그램이 갖고 있는 네 가지 공통점 때문이다.

프로그램은 정보나 지식에 근거를 두는 경향이 있다

사람들은 프로그램에 참여해서 정보를 얻게 되면 그 정보 덕분에 저절로 변화할 것이라고 믿는다. 바로 알면 바로 살게 될 것이라고 가정하는 것이다. 하지만 우리는 엘비스 프레슬리의 사례를 통해서 이 추론이 그릇된 것임을 알 수 있다. 어릴 적에 그는 해마다 350개의 성경 구절을 외운 덕분에 다섯 해 연거푸 교회 여름 수련회에 무료로 참가했다. 그것은 곧 그의 기억 속에 1,750개의 성경 구절이 들어 있음을 의미한다. 그러나 그렇게 많은 성경 구절의 내용도 엘비스 프레슬리가 하나님을 기쁘시게 하는 삶을 살도록 만들지는 못했다.

목사이자 교수였던 나도 지식을 습득하는 것에 반대하지 않는다. 그러나 정보만으로는 사람을 바꿀 수 없다. 우리는 진리를 따라 우리의 사고방식이나 감정, 행동방식을 바꾸지 않으면서도, 진리를 차곡차곡 마음 속에 쌓아 둘 수 있는 존재다. 야고보도 이와 같은 현상을 관찰했기 때문에, 행위 없는 믿음은 죽은 것이라고 말했다. 우리는 우리가 믿는 바를 따라 살지 않으면서도 그 믿음의 내용에 동의할 수 있다. 야고보는 "귀신들도 믿고 떠느니라"(약 2:19)는 말로 정곡을 찔렀다. 우리는 지식으로 가득한 주전자를 든 교사가 그 내용물을 학생들의 빈 컵에 따라 주는 것을 가르치는 과정으로 보았다. 하지만 그것은 단지 정보를 전달하는 과정일 뿐이다. 그리스도를 닮는 것이 우리의 목표라면, 우리는 더 많은 정보가 그 목표를 이룰 것인지 물어야 한다.

프로그램은 많은 사람을 염두에 두고 마련된 것이다

대부분의 프로그램은 한 개인 또는 핵심 역할을 하는 몇몇 사람이 힘든 준비 작업을 거쳐서 만들어 낸 것이다. 그 이외의 사람들은 정도의 차이가 있기는 하지만 만들어진 것을 받아들이는 수동적 수용자일 뿐이다. 이런 프로그램은 그것을 준비한 사람에게는 엄청난 유익을 준다. 그러나 이 프로그램은 결국 미처 소화시키지도 못할 엄청난 양의 정보만을 양산할 뿐이다. 이를 잘 보여 주는 전형적 사례가 바로 설교다. 나는 설교에 확신과 결단을 이끌어 내는 능력이 있음을 믿는다. 그런 점에서, 설교만으로도 제자를 만들어 낼 수 있다고 믿는 나는 순진한 사람인지도 모르겠다. 만일 설교로 제자들을 길러 낼 수 있다면, 제자들을 만들어 내는 일은 다 끝난 셈이다.

나는 신학대학원에서 교수로 일하는 동안 회중석에 앉아 예배한 적이 있다. 그 기회 덕분에, 나는 예배 시간에 어떤 일이 일어나고 어떤 일이 일어나지 않는지 짚어 볼 수 있는 시간을 갖게 되었다. 거기에서, 선포된 말씀에는 그 말씀의 의미를 토론하고 그 말씀이 우리 삶에 던지는 대담한 의미를 들을 수 있는 공동체라는 환경이 필요하다는 결론을 내리게 되었다. 예배가 끝나면 예배 시간에 일어난 일들은 사람들이 교회 안뜰로 자리를 옮겨 대화에 몰두하는 사이에 대부분 사라져 버린다.

프로그램은 획일화 또는 동시성이라는 특징을 갖는다

대부분의 프로그램은 각 개인별 성장 속도를 고려하지 않는 성질을 갖고 있다. 각 개인별 성장 속도를 고려하는 일은 제자들에게 꼭 필요한 일이다. 네 명 이상의 사람들이 모이면, 그 중 한 사람은 모든 사람들이 보조를 맞추어 그 내용을 따라가야 할 하나의 체계를 세워야 한다. 그 결과, 우리는 10주(또는 30주, 기간은 어떻더라도 상관 없다) 과정의 프로그램을 만들어 제자들을 길러 내게 된다. 이런 프로그램에는 사람들이 동일한 내용을 동일한 순서에 따라 동일한 시간에 마쳐야 한다는 생각이 깔려 있다. 그 프로그램을 마치면 제자를 만들어 낸 것으로 생각하고 있는 셈이다.

나는 그런 모습을 보면 현대의 대량 생산 방식이 떠오른다. 우리는 자동차를 만들어 내는 것과 똑같은 방식으로 제자들을 만들어 내려 하고 있다. 제자훈련 과정이 끝나면, 제자라는 제품의 생산 라인 마지막 단계에서 완성된 제자들이 나올 것이라고 생각하는 것이다. 그러나 제자들을 길러 내는 경우에 이런 획일화와 동시성은 오히려 생산성을 떨어뜨린다. 각 사람은 독특하며 모두 다른 존재다. 제자들을 길러 내는 일은 맞춤 양복을 맞추는 경우처럼 생각해야 한다. 예수 그리스도는 철두철미하게 공동체라는 환경 속에서 살아가는 한 개인에게 무언가를 요구하셨다. 각 사람의 지식, 인격의 성장, 사상과 말과 행동으로 순종하는 것, 사역자로서 그 사람만이 갖고 있는 정체성을 분별하는 일 등도 그런 맥락에서 다루어야 한다. 바나는 이런 결론을 내리고 있다. "각 구성원들을 그들의 눈높이에 맞추어 편성한 전략적 학습 과정이나 발전 과정을 통해 인도하려고 하는 교회는 극소수에 불과하다."[5]

프로그램은 대체로 개인을 책임지지 않는다

예수 그리스도께 순종할 책임을 일깨워 줄 사람이 곁에 있는 사람이 우리 가운데 얼마나 될까? 제자도에 대한 프로그램들은 책임지고 제자들을 길러 줄 것 같은 환상을 갖게 한다. 그러나 이 프로그램들을 가까이 들여다보면 사람의 삶을 바꾸는 데 전념하기보다 부여된 커리큘럼을 마치는 데 초점을 맞추고 있다는 것을 알 수 있다. 바나는 이 현상을 다음과 같이 표현했다. "열심히 하고자 하는 교회 지체들의 삶을 측정할 시스템을 갖춘 교회는 거의 없다. 측정 가능한 특정 목표(프로그램)에 도달할 책임이 자신들에게 있다는 점을 일깨워 줄 신실하고 유능한 동반자(목회자)를 확보하고 있는 신자들은 극소수다."[6]

물론 모든 제자 양육법은 조직이나 커리큘럼 같은 프로그램 요소들을 갖고 있다(이를테면, 그것이 성경 공부 프로그램이라 해도 프로그램은 프로그램이다). 그럴지라도, 관계라는 장(場)에서 늘 우위에 있는 것은 각 개인의 성장 과정이다.

그리스도인의 삶을 축소한다

오늘날 제자도가 형편 없는 수준으로 전락한 세 번째 원인은 우리가 예수님의 제자로서 살지 않을 뿐만 아니라 예수님이 주시는 영원한 유익도 축소해 버린 데 있다.

예수님은 믿지 않는 사람들이 대방임령(大放任令, The Great Omission)이라고 냉소하는 대위임령(大委任令, the Great Commission)으로 교회가 감당할 사명을 규정하셨다. 예수님은 모든 교회에, 가서 모든 민족을 제자삼으라는 사명을 주셨다(마 28:19). 예수님은 아버지와 아들과 성령(삼위일체 하나님)의 이름으로 제자들에게 세례를 주고 그들에게 명령하신 모든 것을 가르쳐 지키게 하라고 말씀하셨다. 다시 말하면, 제자는 공동체 속에서 자신을 빚어 가시는 예수님의 영향력 아래 자신을 놓아 두는 사람이다. 그는 (자신을 제자로) 만드시는 능력을 펼치시는 예수님을 추호도 의심하지 않는다.

모름지기 진정한 그리스도인이라면, 그리스도인의 삶은 예수님의 발 앞에 앉아 있는 것임을 이해해야 한다. 달라스 윌라드는 우리가 이런 이해와 너무나 동떨어진 이해를 갖고 있다는 점을 선지자 같은 목소리로 지적했다. 우리는 예수님의 삶을 닮아 가는 것보다 오히려 예수님을 믿음으로써 얻을 수 있는 이익이 무엇이냐에 더 초점을 맞추고 있다.

우리는 예수께 순종할 생각은 내던진 채 풍족함을 누리고 싶어하기만 한다. 윌라드는 이를 '바코드 기독교'라고 꼬집는다. 우리는 그저 영생을 누릴 수 있는 저 하늘의 위대한 스캐너가 우리의 바코드를 읽어 주는가에만 관심을 기울일 뿐이다. 그 스캐너가 우리의 바코드를 읽을 수 있는 것은 무엇 덕택인가? 윌라드는 "그리스도인은 완전하지 않습니다. 다만 용서받았을 뿐입니다"라는 광고 스티커 문구를 보며, 우리가 그리스도인의 삶을 그저 용서나 받는 차원으로 축소해 버렸다고 말한다. 그리스도인은 언제 되는가? 전통에 따르면, 우리가 그리스도인이 되는 때는 영생을 선물로 받을 때다. 우리가 죄인임을 기도로 고백하고, 강단 앞으로 걸어 나가 무릎을 꿇은 다음, 조용히 예수님을 우리 마음에 영접하거나 세례를 받는 그 순간이다. 복음의 요체는, 하나님이 우리 죄를 예수님에게 전가하심으로써 죄 값을 치러야 할 우리의 빚을 면제해 주셨다는 것이다.

윌라드는 오늘날 형편 없는 수준으로 전락해 버린 그리스도인의 삶을 주시하면서 어쩌다 우리가 이 지경이 되었는지 자문해야 한다고 비판한다. "적어도 우리는 (그리스도인이 살아야 할 삶을) 가르쳤음에도 불구하고 이런 비참한 결과가 빚어졌다고 생각할 것이 아니라, 우리가 가르친 바로 그것 때문에 이런 결과가 빚어졌을 수 있다는 점을 고려해 봐야 하지 않겠는가?"[7] 우리는 그리스도인의 삶을 용서의 선물이나 받는 수준으로 격하했다. 일상 속에서 예수께 순종하는 것은 그리스도인의 삶과는 무관한 것이 되어 버렸다. 윌라드는 이런 현상에 대해서 다음과 같이 말했다. "이 시대 그리스도인들의 가장 두드러진 특징은 그리스도의 분명한 가르침을 이해하고 그 가르침을 따라 사는 것이 자신들의 삶에서 생명처럼 소중한 것임을 절박하게 느끼지 않는다는 것이다. 그렇게 사는 것이 꼭 필요하다는 생각도 이 시대의 그리스도인에게는 당연히 존재하지 않는다."[8] 이처럼 현대 그리스도인들은 예수님을 믿는다고 고백하지만, 그들의 제자도는 형편 없다. 이런 괴리를 달리 또 어떻게 설명할 수 있겠는가? 그리스도인이 된다는 것의 의미가 무엇인지 가르쳐 온 우리의 방식에 뭔가 근본부터 잘못된 것이 틀림없다.

그 잘못이란 무엇일까? 우리는 사람들에게 예수님과 '장인-도제'의 관계를 맺으라고 요구하지 않았다. 우리는 예수님을 우리를 훈련시키는 분이요 우리의 교사이시며 우리의 주로 여기지 않는다. 우리는 예수님을 이 땅의 삶 속에서 우리를 훈련시키며 다그치시는 분으로 여기지 않는다. "이제는 예수님의 백성들을 훈련시켜 예수께 순종하는 이로 만들고, 그 백성들의 수를 늘리려는 진지하고 희망찬 포부를 찾아볼 수 없다. 예수께 순종하고 그분의 백성을 늘려 가는 것이 예수께서 우리에게 주신 제자도일 터인데, 오늘날은 그런 제자도를 볼 수 없다."9) 만일 우리가 이런 것이 제자도임을 믿는다면, 우리는 교회에서 "당신에게 침 뱉는 사람을 순수한 심정으로 축복할 수 있는 방법"이나 "정욕이나 탐심에 빠지지 않고 살아가는 법"과 같은 명칭의 강좌들을 더 많이 발견하게 될지도 모른다. 우리가 이런 강좌의 이름을 듣고 기겁하는 것은 애초부터 그리스도의 가르침대로 살고자 하는 마음이 없기 때문이다.

윌라드는 우리가 그리스도인의 삶을 "나를 따르라"고 명령하신 그분과 아무 상관 없는 것으로 만들었다고 꼬집는다. 옳은 말이다. 오히려 우리는 용서의 은혜를, 매사에 긍정의 눈으로 바라보는 내면의 평안한 상태로 받아들였다. 그리스도인의 삶을 점잖은 사람이 된다는 말과 같은 뜻으로 만들어 버렸다.

제자도를 이중적으로 이해한다

오늘날 제자도가 형편 없는 수준으로 전락한 네 번째 원인은 우리가 제자도를 평범한 신자들이 아니라, 초능력을 지닌 그리스도인들에게나 해당하는 말로 만들어 버린 데 있다.

그리스도인이 된다는 것의 의미에는 이중적 이해가 존재한다. 탈보트 신학대학원의 신약 교수이자 학장인 마이클 윌킨스는 제자도에 대하여 말할 때면, 늘 두 가지 질문을 던진다. 우리는 이 질문들에 대한 상반된 대답들을 보면서 사람들이 제자도를 어떻게 이해하고 있는지 통찰을 얻을 수 있다. 그의 첫 번째 질문은 이러하다. "여러분 중에 진정한 확신을 품고 '나는 예수님의 참 제자입니다'라고 말할 수 있는 사람이 있습니까? 손을 한번 들어 보시죠." 윌킨스는 사람들이 이런 질문을 받으면 당황한다고 말한다. 대부분의 사람들은 손을 들지 않는다. 멈칫멈칫하면서 손을 드는 사람이 일부 있지만, 그들도 든 손을 잽싸게 내려 버린다. 이어서 윌킨스는 두 번째 질문을 던진다. "여러분 가운데 진정한 확신을 품고 '나는 참 그리스도인입니다'라고 말할 수 있는 사람이 있습니까? 손을 한번 들어 보시죠." 대부분의 사람들은 이 질문이 끝나기가 무섭게 주저 없이 손을 든다.[10]

사람들은 왜 자신이 진정한 그리스도인이라는 점은 긍정하면서 자신이 예수님의 참 제자임을 인정하는 것에는 주저하는 것일까? 내 추측으로는 자신을 참 그리스도인이라고 여기는 사람들이, 참 그리스도인이 되는 것과 그들이 믿는 기독교의 본질을 별개의 것으로 생각하기 때문인 것 같다. 참 그리스도인들은 구원의 선물을 받은 사람들이요, 그리스도가 은혜의 눈길로 바라보시는 사람들이다. 따라서 참 그리스도인이 되는 것은 자기 자신의 행위로 이루는 것이 아니라, 누군가가 그들에게 해 준 일이다. 반면, 예수님의 참 제자가 되는 것은 사람들이 주라고 시인하는 그분을 얼마나 일관되게, 얼마나 헌신하는 심정으로 따르고 있는지 개인별로 평가하는 말이다.

"아무든지 나를 따라오려거든 자기를 부인하고 날마다 제 십자가를 지고 나를 따를 것이니라"(눅 9:23)는 예수님의 말씀은 이것이 그분을 구주로 부르는 모든 사람에게 적용될 기준임을 말씀하신 것이다. 그러나 우리의 경험에 비추어 보면, 사람들은 분명히 예수님의 이 말씀을 자신들에게 적용할 기준으로 받아들이지 않는다. 오히려 많은 사람들은 그리스도인과 예수님의 참 제자를 분명하게 구분한다. 어떤 이들은 그리스도인과 제자의 차이는 헌신의 수준에 있다고 말한다. 드와이트 펜티코스트는 "그리스도인이 된다는 것과 제자가 된다는 것은 천양지차(天壤之差)"[11]라고 말했다. 그리스도를 믿는다고 고백함으로써 하나님 나라로 미끄러져 들어간 보통 신자들이 있는가 하면, 예수님의 부르심대로 자신을 헌신한 이들이 있다는 것이다. 이와 비슷하게 부르심을 받은 직업에 따라 신자들을 구분하는 이들도 있다. 보통 신자들이 있는가 하면,

우리가 목사, 선교사, 기타 등등으로 부르는 구별된 사람들이 있다는 것이다.

그러나 성경의 제자도를 자세히 살펴보면, 제자들을 평범한 제자와 비범한 제자의 두 계층으로 분류하는 일은 찾아볼 수 없다. 성경이 기대하는 제자의 삶을 살지 못하는 그리스도인들도 여전히 그리스도인으로 불릴 수 있다. 그러나 그렇다고 해서 그들이 제자의 삶을 살아야 할 의무를 벗어나는 건 아니다. 바울은 자라지 않은 그리스도인들을 가리켜 그리스도 안에서 단단한 음식을 먹을 때가 되었는데도 여전히 젖이나 먹고 있는 어린아이들이라고 부른다(고전 3:1-3). 바울이 장성한 분량까지 자라지 못한 신자들을 질책하는 것을 보면, 일류 제자와 이류 제자가 있다는 논리는 우리 신학에 들어설 여지가 없다.

우리는 "아무든지 나를 따라오려거든 자기를 부인하고 날마다 제 십자가를 지고 나를 따를 것이니라"(눅 9:23)는 예수님의 말씀을 보며 성경이 기대하는 것이 무엇인지 다시 한 번 깨달아야 한다. 이 말씀이 예수님 사역의 출발점이었다.

사람들에게 제자의 길을 독려하지 않는다

오늘날 제자도가 형편 없는 수준으로 전락한 다섯 번째 원인은 교회 지도자들이 사람들에게 제자의 길을 독려하기를 꺼려하는 데 있다.

기독교 지도자들은 예수께서 제시하신 제자도의 조건을 그대로 전하기를 꺼려하는 것 같다. 왜 그럴까? 왜냐하면 사람들에게 많은 것을 요구하면 그들이 더 이상 우리 교회에 나오지 않을지도 모른다는 두려움 때문이다. 그들에게 많은 것을 요구하면, 자신들을 즐겁게 해 주는 근처의 다른 교회로 가 버릴지도 모른다고 생각하는 것이다. 때문에, 우리는 낮은 수준에서 출발하여 강도를 점점 더 높여 가면서 헌신을 요구한다. 그렇게 함으로써, 사람들이 눈치채지 못하는 사이에 제자도의 최종 목표 지점까지 도달하기를 바라는 것이다. 기독교가 쇠락해 버린 우리 시대에 참 도를 찾는 사람들을 우리가 전하는 말씀으로 꾀어 들이는 가장 일반적인 방법은, 신앙과 일상의 도전 사이에 존재하는 연관성을 간파하도록 도와주는 것이다. 이것은 보통 자기에 대한 관심, 절박한 필요, 개인적 성취 또는 행복 추구에 호소하는 것을 의미한다. 사람들이 받아들이는 말씀은 온통 나 자신에 대한 것이지, 나를 버리고 예수께 헌신할 때에 비로소 나를 발견하게 된다는 말씀은 아니다.

만일 우리가 고통 없는 복음에서 출발한다면 결국 환상은 깨질 것이다. 고통 없는 복음은 약속된 것을 주지 않을 것이기 때문이다. 나는 고통 없는 약속이 얼마나 공허한 것인지 알고 있다. 나는 하루에 3분만 투자하면 살을 빼고 돌처럼 단단한 몸을 가질 수 있다고 떠들어 대는 운동 기구 광고에 곧잘 속아 넘어간다. 내 아내와 딸은 쓸데없는 기구들이 잔뜩 쌓인 내 운동 기구 공동묘지와 나를 보면서 인정 사정 없이 놀려 댄다. 내가 생각해도 고통 없이 살을 뺄 수 있다는 약속은 어리석다. 제자도의 경우도 마찬가지다. 예수님은 우리가 그분이 말씀하신 조건대로 나아갈 때 비로소 기뻐하신다. 우리가 생명을 얻으려면 예수님을 위하여 우리 생명을 버려야 한다.

결국, 교회 지도자들이 사람들에게 헌신을 요구하지 않는 이유는 인간다운 면모만을 드러내려 하기 때문일 수도 있다. 우리가 사람들에게 예수님의 말씀을 제시하지 않는 것은 어쩌면 우리 자신부터 철저히 헌신하며 살길 주저하기 때문인지도 모른다. 우리는 우리가 섬기는 사람들에게 전하려는 말씀대로 살려는 의지가 있는가? 우리가 전하는 많은 말씀들이 그러하듯이, 제자도도 우리의 가르침보다 우리 모습을 보고 이해되는 경우가 더 많다. 따라서 제자도는 어쩌면 마음이 불편할 수도 있는 일정 수준의 자아 성찰을 요구한다. 우리가 회중에게 높은 수준으로 요구하지 않는 것은 우리 자신 역시 그렇게 높은 수준의 요구에서 벗어나길 바라기 때문이 아닐까? 우리가 사람들에게 더 높은 수준의 제자도를 따르라고 요구한다면, 우리 자신도 기꺼이 모험을 시작할(더 높은 수준의 제자도를 따라갈) 준비가 되어 있어야 한다. 윌라드의 말을 바꿔 표현하면, 우리의 제자도 수준이 이 정도밖에 되지 않는 것은 우리 '리더십에도 불구하고' 벌어진 일이 아니라, 우리 '리더십 때문에' 벌어진 일이 아닌가?

우리는 사람들에게 헌신을 요구하면 그들이 떠날까 봐 두려워한다.

하지만 이상하게도 이런 두려움은 아무런 근거가 없다. 대개 성장하는 교회들은 사람들에게 이 지구 위에서 시작된 가장 위대한 사업, 즉 하나님이 그분의 교회에 주신 구원의 사명에 동참할 것을 촉구하기 위해 이상과 희생정신에 호소했다.

교회관이 건강하지 못하다

오늘날 제자도가 형편 없는 수준으로 전락한 여섯 번째 원인은 우리가 제자도를 구현하는 공동체인 교회를 부적절한 시각으로 바라본다는 데 있다.

1장에서 나는 많은 사람들이 그리스도인으로서 살아가는 것과 관련하여 교회를 꼭 필요한 것이 아니라 임의로 선택할 수 있는 것으로 보고 있다는 점을 언급했다. 교회를 이런 식으로 인식한다는 것은, 하나님의 구원 경륜 속에서 교회가 차지하는 위치를 잘못 이해하고 있다는 증거임이 분명하다. 성경에 따르면, 제자도는 단지 나와 예수님만의 관계 속에서만 이뤄지는 것이 아니다. 교회 자체가 제자도를 구현하는 공동체이기 때문이다.

바울은 고린도 교회에 이런 글을 써서 보냈다. "너희는 그리스도의 몸이요 지체의 각 부분이라"(고전 12:27). 하나님은 각 사람을 구원하실 뿐만 아니라, 구원하신 각 사람들로 한 몸인 백성을 이루신다. 그리스도인이라는 우리의 정체성은 공동체 안에서 발견되고 형성되는 것이다. 바울은 우리와 공동체의 관계가 우리 각 사람의 정체성과 완벽한 균형을 이루고 있음을 설파한다. 우리 각 사람의 고유성은 교회 안에 있을 때도 유지된다. 우리는 그저 큰 바닷물에 떨어져 흔적도 없이 묻혀 버리는 물방울이 아니다. 그렇다고 해서 우리 각 사람의 정체성이 교회와 별개로 존재하는 것은 아니다. 신자로서 우리가 갖는 가치는 우리가 받은 신령한 은사로 교회를 세워 가는 일을 감당함으로써 나타난다. 그리스도인의 삶은 본디 함께하는 삶이다.

우리는 철저히 개인주의가 지배하고 있는 시대에 살고 있다. 이 개인주의는 그리스도인 공동체의 핵심을 갈기갈기 찢어 놓았다. 로버트 푸트남은 자신의 저서 *Bowling Alone: The Collapse and Revival of American Community*(혼자서 볼링치기: 미국 공동체의 몰락과 부흥)에서 경건한 삶이라는 사회 자본이 사생활로 전락해 버린 신앙을 훼손하고 있음을 설득력 있게 논증했다. 지난 세대에 개인 위주의 신앙을 추구하는 풍조가 만연하면서, 공동체로서 교회가 갖는 힘은 약화되었다. 푸트남은 웨이드 클라크 루프와 윌리엄 맥키니의 말을 이렇게 인용하고 있다.

> "수준 높은 교육을 받은 많은 수의 중산층 젊은이들이 지난 1960년대와 1970년대에 교회를 떠났다.…그들 중 일부는 새로운 종교 운동에 합류하기도 하고, 다양한 심령 요법과 훈련을 통하여 개인의 깨달음을 추구하기도 했다. 하지만 대다수 사람

들은 말 그대로 기성 종교에서 '떨어져 나갔다.' 결국, 고도의 개인주의 성향을 띤 종교심리학을 추구하는 경향이 득세하는 대신, 신앙 공동체의 유익들은 사라지고 말았다. 1960년대 후반 들어 이런 움직임에 큰 자극제가 된 것은 더 큰 개인적 성취와 이상적 자아를 향한 추구를 고무하는 움직임이었다.…이렇게 개인주의 풍조가 만연하면서, '사생활 문제'로 변질된 종교는 개인의 영역 속에 더 심하게 고착되는 경향이 있다."12)

교회도 신앙의 사생활화로 나아가는 이런 흐름을 방치했다. 그 결과, 제자들이 자라는 데 꼭 있어야 할 견고한 공동체가 무너졌다. 예수님은 피차 사랑하는 우리의 모습(요 13:34-35)과 한 몸이 된 우리의 모습(요 17:20-23)이, 우리가 그분의 제자이며 예수님 자신이 아버지로부터 오셨음을 보여 주는 표지가 될 것이라고 말씀하셨다. 이런 모습들은 제자를 길러 내는 공동체의 핵심에 자리잡고 있어야 한다. 그러나 우리에게는 언약 공동체에 헌신하는 모습이 없다. 따라서 궁극적 변증(공동체를 이룬 모습을 통해 우리가 예수님의 제자이며, 예수님이 아버지께로부터 오셨음을 증명하는 것)은 단지 희망 사항에 그치고 있다. 나는 국제로터리클럽의 회원이다. 정기 모임에 연속으로 네 번 빠지면 자동으로 회원 자격을 잃는다. 나는 교회의 사명이 로터리클럽의 사명보다 훨씬 더 우월하다고 담대히 말하고 싶다. 우리에게는 교회가 공동체라는 인식이 빈약하다. 그런 우리가 어떻게 다른 이들을 섬길 수 있겠으며, 다른 신자들과 한 몸을 이루고 싫어하겠는가?

길을 분명하게 제시하지 않는다

오늘날 제자도가 형편 없는 수준으로 전락한 일곱 번째 원인은 대부분의 교회들이 누구나 성숙한 믿음으로 나아갈 수 있는 길을 분명하게 제시하지 않는다는 데 있다.

제자들을 길러 내는 것이 교회의 첫 번째 사명이라면, 대부분의 교회들이 누구나 그리스도 안에서 장성한 분량의 믿음에 이를 수 있는 길을 갖추고 있을 것이라고 기대해 봄 직하다. 그러나 예수께 철저히 헌신하면서 제자들을 길러 내는 제자가 되고자 하는 이들이 쉽게 참여할 수 있는 주도면밀한 제자훈련 과정을 갖추고 있는 교회는 드물다. 우리 마음에는 목표 지점이 없다. 목표 지점이 없는 이상, 제자도가 함축하는 의미를 이해하는 사람들이 있다 해도 그들이 걸어갈 수 있는 길 역시 존재하지 않는 게 당연하다.

새들백교회의 릭 워렌 목사는 가장 널리 알려져 있고 가장 많은 교회들이 따라하는 대중적 제자훈련 모델을 개발해 냈다. 그는 이 모델에 '삶의 발전 과정'(the Life Development Process)이라는 이름을 붙였다. 이 과정은 야구장의 다이아몬드(홈-1루-2루-3루-홈으로 이어지는 직선이 그리는 공간을 가리킨다)를 연상하면 쉽게 이해할 수 있다. 많은 교회에서 이 체계를 따라 하고 있다. 1루는 교회의 지체가 되기로 언약하는 것이다. 이를 통해, 언약한 사람은 예수 그리스도께 헌신한다. 2루는 성숙한 신앙인이 되기로 언약하는 것이다. 이를 통해, 언약한 사람은 성장에 필요한 기본 단계의 영적 제자훈련에 전념하게 된다. 3루는 사역자가 되기로 언약하는 것이다. 이를 통해, 언약한 사람은 자신의 영적 은사, 마음, 능력, 개성과 인생 경험(SHAPE: spiritual gifts, heart, abilities, personality, life experience의 머리글자를 따서 만든 말)에 맞는 사역을 발견하고 그 사역에 동참하기로 헌신한다. 홈 플레이트는 선교 사명에 헌신하는 것을 말한다. 이 과정에서는 긍휼의 심정으로 절박한 처지에 있는 이들을 어루만진다. 또다른 이들을 구원의 관계로 인도할 수 있다는 소망을 품고 예수 그리스도를 증거한다. 야구장의 다이아몬드 중심에 있는 투수의 자리에는 이 모든 것의 중심인 교회의 다섯 번째 목적, 곧 하나님을 영화롭게 하는 예배가 자리하고 있다.

이 모델은 지나치게 단순하여 인생의 퇴보가 성숙한 제자가 되는 계기가 될 수도 있다는 점을 간과했다는 비판을 받고 있다. 그렇지만 이 모델을 통해서 진정으로 예수 그리스도를 따라가는 삶이 무엇을 의미하는지는 쉽게 이해할 수 있다. 성장한다는 것이 무엇인지 보여 주기 때문이다. 그게 바로 이 모델의 장점이다. 워렌은 말했다. "프로그램을 통해 교회를 성장시키는 대신에 과정을 통해 사람들을 성장시키는 데 초점을 맞춰야 한다. 우리는 목적을 갖고 나아갈 수 있는 과정이 필요하다. 목적이 하나의 과정으로 구현되지 않으면, 우리에게 남는 것은 그럴싸한 상투어들뿐이다."[13] 워렌은 이어서 교회는 자신의 목적을 분명하게 규정하고, 그 목적들을 중심으로 조직을 짤 필요가 있다고 말했다. 그렇게 해야 신자들의 삶 속에서 그 목적들을 이뤄 가는 연속 과정이 존재할 수 있다는 것이다.

오늘날 대부분의 교회에서는 이렇게 목적을 분명히 규정하고 그 목적을 과정과 연결시키는 것을 찾아볼 수 없다. 바나는 자신의 연구 결과를 통해 이런 결론을 내렸다. "거듭났다는 성인들 가운데 교회가 자신들에게 신앙이 성장할 길을 제시해 주었다고 말한 사람은 소수에 불과하다. 지난 해에 자신이 출석하는 교회가 제시했던 영적 목표, 기준이나 기대치가 무엇인지 기억하는 사람은 절반도 되지 않는다.…자신들의 교회가 영적 성숙을 향한 회중의 헌신 정도를 쉽게 평가할 수 있는 수단을 갖고 있다고 말한 신자는 다섯 명 가운데 겨우 한 사람뿐이었다."[14] 하지만 바나의 조사를 보면, 교회가 신앙의 성숙에 이를 수 있는 길을 제시하면서 그 길을 따라가도록 권면할 경우 그대로 따르겠다는 신자는 열 명 가운데 아홉이나 되었다.

개인 차원의 제자훈련이 없다

오늘날 제자도가 형편 없는 수준으로 전락한 여덟 번째 원인은 대부분의 그리스도인들이 개인 차원의 제자훈련을 받은 적이 없다는 데 있다.

나는 이제 이 책의 핵심 요지로 나아갈 것이다. 이 부분에서 우리는 패러다임 전환의 문제를 다시 다룰 것이다. 우리는 어떻게 해야 그리스도인들을 예수께 철저히 헌신하는 예수 그리스도의 제자로 길러 낼 수 있을까? 가장 좋은 방법은, 서로가 서로에게 고도의 책임을 지고 관계를 형성함으로써 제자도를 함양할 수 있는 서너 명으로 이루어진 제자훈련에 참여하는 것이다.

우리는 앞에서 교회에 존재하는 일곱 가지 틈들을 살펴보았다. 그런 틈들이 존재하게 된 중요한 원인 가운데 하나는 사람들이 개인 차원의 제자훈련을 받은 적이 없다는 것이다. 내가 말하는 제자훈련이란 "신자들을 그리스도 안에서 영적 성숙에 이르게 할 목적으로, 일정 기간 동안 책임 있는 관계 속에서 이루어지는 과정"을 가리킨다.[15] 17년이 넘는 세월 동안 제자도를 주제로 연구 발표를 하면서 수천 명의 신자들에게 이런 질문을 던졌다. "여러분이 그리스도 안에서 장성하도록 도와준 사람과 사제 관계를 맺고 제자로서 훈련을 받은 분이 있습니까?" 평균적으로 10-15퍼센트의 사람들이 그런 훈련을 받았다고 손을 들었다. 이 수치는 아마 어느 교회와 비교해 보더라도 대단히 높은 비율일 것이다. 결국, 제자훈련 세미나에 참석한 사람들은 자신들이 교회 공동체에 속한 20퍼센트 가운데 일부임을 이미 증명해 보인 셈이다.

스스로 예수께 철저히 헌신하면서 자기처럼 헌신할 제자들을 만들어 내는 데 필요한 주요 요소는 오직 개인에게 투자할 때만 나타난다는 것이 내 주장이다. 결국 그런 동기 형성과 훈련은 설교나 강의를 듣고, 친목 단체나 직장의 성경 공부 모임, 소그룹에 참여한다고 해서 이루어지는 것이 아니다. 오히려 고도의 책임을 지고, 관계를 통해 모든 것이 투명하게 드러나며, 진리에 중심을 둔 소규모의 제자훈련 속에서 그런 동기가 형성되고 훈련이 이루어진다. 내 경험에 비추어 보면, 이런 훈련이 변화를 이끌어 낼 수 있는 최적의 상황이다. 만일 모든 신자가 이런 제자훈련에 참여할 기회를 갖는다면, 그들은 내가 이 장 전체에서 개관했던 제자도의 침체 원인들을 오랫동안 궁구(窮究)해 볼 것이다. 바나 역시 이 점에 대해 다음과 같이 말했다. "신령한 삶으로 나아갈 수 있는 길을 안내해 줄 충고에 귀를 기울이는 많은 성인들(전체 성인 중 55퍼센트)은 이렇게 말했다. '만일 교회가 우리에게 영적 멘토나 영적 지도자를 연결해 준다면, 교회가 우리에게 요구하는 변화를 더 열심히 추구할 수도 있다.'"[16]

교회에서 만들어 내는 생산물이 예수께서 우리에게 만들어 내도록 요구하신 그것과 동떨어진 것이라면, 우리는 멈춰 서서 우리가 어디서부터 잘못되었는지 자문해야 한다. 만일 내가 묘사한 모습이 교회의 실상에 가깝다면, 우리는 떨며 울어야 마땅하다. 우리는 우리에게 진군 명령을 내린 그분께 탄원하면서 이렇게 여쭤야 한다. "주여, 어떻게 해야 주께서 우리에게 주신 사명을 좇아 훌륭한 제자들을 키워 낼 수 있습니까?"

앞으로 더 나가기 전에, 잠시 여러분의 현실을 냉철히 살펴보라. 여러분의 사역에서 제자도가 흠집투성이가 되어 버린 이유들을 하나하나 살펴보라. 아래의 항목에 1점부터 5점까지 점수를 매겨 보라. 여러분의 사역 속에 나타난 제자도의 모습이 흠투성이라면 1점, 전혀 그렇지 않다면 5점을 주라.

제자도가 흠투성이가 되어 버린 원인들	점수	비고
가장 중요한 소명을 등한시하다		
프로그램으로 제자를 길러 내려고 하다		
그리스도인의 삶을 축소시켜 버리다		
제자도를 이중적으로 이해하다		
사람들에게 제자의 길을 가도록 독려하기를 꺼려하다		
교회관이 적절하지 못하다		
성숙한 믿음에 이르는 길을 분명하게 제시하지 않는다		
개인 차원의 제자훈련이 없다		

다음 장들에서는 제자가 만들어지는 모습을 묘사한 성경 내용을 살펴보겠다. 거기서 우리는 우리 주 예수와 사도 바울이 보여 준 모범들을 살펴볼 것이다. 우리는 아직 명백한 모범을 간파하지 못했다. 예수

님은 열두 제자를 택하시고 3년의 공생애 기간 동안 그들의 삶에 혼신을 다하심으로써 우리가 어떻게 사람들을 길러 내야 하는지 모범을 보여 주셨다. 바울의 평생 소망은 "모든 이들을 장성한 분량에 이르도록 이끄는 것"이었다. 바울도 한 사람 한 사람에게 헌신했다. 조지 오웰은 한 세대 전에 이렇게 말했다. "우리는 어떤 심연 속에 빠져 버렸다. 그 심연 속에서 지성인들이 해야 할 첫 번째 임무는 명백한 것들을 다시 진술하는 것이다."[17] 우리는 예수님과 바울이 제자들을 길러 내던 수업 현장으로 들어가야 한다. 그럴 때에, 우리 역시 주의 방식으로 주의 일을 해야 한다는 명령을 수행하게 될 것이다. 그것이 곧 나의 바람이기도 하다.

TRANSFORMING DISCIPLESHIP

2부

주님의 방식으로 이끄는 제자훈련

방법은 성경에 있다

3장

예수님은 왜
소수의 인원에
전력투구하셨는가?

나는 그 전화벨 소리를 지금도 생생히 기억한다. 그때만 해도 그 벨 소리가 내 인생을 바꿔 놓을 줄은 생각하지도 못했다. 돈이 건 전화였다. 내가 대학에 다닐 때, 신학생이던 그는 내가 다니던 교회에서 교육 전도사로 일하고 있었다. 돈은 매주 수요일 저녁마다 교회 밖으로 나가 중학생들을 상대로 복음을 전하는 사역을 전개하고 있었다. 그는 그 사역을 '캠퍼스 클럽'이라고 불렀다. '캠퍼스 클럽'은 당초 그가 예상했던 것보다 더 빨리, 더 큰 성공을 거두었다. 열정이 가득한 130명의 소명자들이 체육관과 교제 장소에 나타났다. 돈은 자신처럼 열정이 충만한 대학생 중에서 방방 뛰는 이 중학생들을 한데 거둘 수 있는 사람, 그들을 가르치는 데 혼신의 힘을 다 쏟을 수 있는 사람을 찾느라 혈안이 되어 있었다. 그런 그의 명단에 내 이름이 올랐다. 돈은 내게 전화해서 이렇게 말했다. "그레그, 수요일 저녁마다 중학생 아이들과 함께하는 대학생 팀 사역이 있는데, 너도 그 팀에 들어오지 않을래?" 당시 나에게는 딱히 거절할 이유가 없었다. "좋아, 해 볼게. 그런데, 내가 해야 할 일이 뭐지?"

처음에 돈에게 받은 제의 속에는 보너스 같은 것은 들어 있지 않다.

그러나 나는 결국 보너스를 얻어 냈다. 돈과 나는 정기적으로 만나 일대일로 교제하기로 했다. 우리는 만나면 대부분 곧장 테니스장으로 가서 테니스를 쳤다. 이 만남의 시간은 테니스장 옆에 있는 벤치에 나란히 앉아 긴 대화를 나누는 것으로 끝을 맺었다. 돈은 성경을 펴서 자신의 삶을 향한 하나님의 말씀을 이야기해 주었다. 나는 돈이 참 투명한 사람이라는 인상을 받았다. 그는 성경이 환히 드러내 보여 주는 자기 삶의 어두운 구석이나, 올바른 삶의 변화를 이루어 가기가 어렵다는 점을 내게 숨기지 않았다. 그는 예수님의 제자가 된다는 것이 쉬운 일은 아니지만, 제자가 되기 위해 치러야 할 희생보다는 훨씬 값진 것임을 분명하게 일러 주었다. 나는 마음을 터놓은 이 대화 속에서 무언의 말씀을 전달받았다. '돈이 예수님의 제자가 되기 원한다면, 나도 예수님의 제자가 되고 싶다.'

돈이 사역 방법을 제시하는 어떤 큰 틀에 영향을 받아 나에게 혼신의 힘을 기울인 것인지, 아니면 누군가의 삶을 바꾸려면 그 사람에게 가까이 다가가야 한다는 것을 알고 나에게 투자한 것인지 나는 알지 못한다. 그러나 돈이 알고 그랬든 모르고 그랬든, 그는 예수님의 사역 방식을 그대로 보여 주었다.

한 세대 전에, 나는 캘리포니아에 있는 레이크애비뉴회중교회(Lake Avenue Congregational Church)의 젊은 목사인 찰스 밀러에게서 인상적인 말을 들었다. 그는 성경이 단지 말씀만을 전하는 책이 아니라, 방법을 담고 있는 책이라고 말했다. 말하자면, '무엇' 뿐만 아니라 '어떻게'도 전달하는 책이라는 것이다. 우리는 성경을 단순히 복음의 내용과 적절한 삶의 방식을 담고 있는 책으로 간주한다. 그러나 복음을 다음 세대의 삶에 확실히 전달하기 위한 길잡이와 본보기 역시 복음에 들어 있다. 나는 오늘날 우리가 전하는 말씀의 내용보다 말씀을 전하는 방법이 더 큰 문제라고 생각한다. 성경은 사람들을 그리스도 안에서 장성한 분량까지 자라게 하여 다시 제자들을 길러 낼 수 있는 사람으로 만들어 줄 길을 제시한다. 그런데 우리는 그 성경을 깊이 들여다보지 않았다.

우리는 이 장과 다음 두 장에서 예수님과 바울이 한 세대에서 다음 세대로 믿음을 전할 때 사용했던 전략을 살펴볼 것이다. 우리는 성경의 관점을 마음 속에 분명히 담고 있어야 한다. 성경이 명령하는 대로 행하면, 조그만 제자훈련 속에서 사람들을 믿음으로 자라게 하고 우리 시대를 뒤덮고 있는 껍데기 신앙을 극복할 수 있다. 앞으로 예수님과 바울의 사역을 살펴보면 알겠지만, 그들은 일부러 소수와 관계를 맺고 그들에게 전심전력을 기울임으로써 풍성한 열매를 맺었다. 이것이 바로 제자도를 한 세대에서 다음 세대로 이어지게 하는 보증수표다.

주의 방식으로 주의 일하기

예수님은 공생애 사역을 시작한 지 4-6개월이 지났을 즈음, 자신을 따르던 큰 무리 중에서 장차 사도가 될 제자들을 뽑으신 것 같다. 누가는 그 사건을 다음과 같이 기록했다. "이 때에 예수께서 기도하시러 산으로 가사 밤이 새도록 하나님께 기도하시고 밝으매 그 제자들을 부르사 그 중에서 열둘을 택하여 사도라 칭하셨으니"(눅 6:12-13).

예수께서 제자들을 부르신 장면을 기록한 마가의 글을 보면, 예수님이 제자들을 처음 만나자마자 바로 사도로 칭하신 것 같은 인상을 받을 수도 있다. 예수님은 갈릴리 바닷가를 거니시다가 두 집안의 형제들을 보셨다. 베드로와 안드레, 야고보와 요한이었다. 그들은 생업인 고기잡이에 열중하고 있었다. 예수님은 그들에게 다가가서 곧장 이렇게 말씀하셨다. "나를 따라오라 내가 너희로 사람을 낚는 어부가 되게 하리라"(막 1:17). 그들은 즉시 모든 것을 버려두고 마치 강아지처럼 새 주인을 따라갔다. 예수님의 권능에 매우 큰 감화를 받아서 순식간에 그물을 내려놓은 것이다. 이 부분을 읽을 때면 형형한 눈빛으로 인간이 아닌 것처럼 보이는 지도자를 숭배하는 제자들의 모습이 떠오른다.

복음서를 더 자세히 읽으면 예수님의 제자들이 일정한 단계를 거쳐 구성되었음을 알 수 있다. A. B. 브루스는 자신의 저서 『열두 제자 훈련』에서, 자신을 제자로 택하신 예수님의 부르심에 응답하는 것은 모두 3단계로 이루어진 제자 선택 과정의 마지막 단계에 해당한다고 설명했다.[1]

첫 번째 단계는 요한복음에 기록되어 있다. 대부분의 성경 주석가들은 예수님의 첫 제자들을 소개하는 요한복음 1장을 마태, 마가, 누가복음이 기록하고 있는 사건보다 먼저 일어난 것으로 본다. 요한은 예수님과 제자들의 첫 만남을 탐색 기간의 시작이었다고 말한다. 예수님은 처음으로 제자들을 부르시면서, 자신이 바로 그들이 찾고 있는 메시아인지 알아보라고 말씀하셨다.

안드레와 익명의 제자(요한일 가능성이 아주 높다)가 예수님을 알게 된 것은 세례 요한 때문이었다. 세례 요한의 제자였던 그들은 자신들의 스승이 그 오실 길을 준비하고 있던 메시아를 찾을 준비를 하고 있었다. 세례 요한은 예수님을 보자마자 "보라 하나님의 어린 양이로다"(요 1:36) 하고 외쳤다. 안드레와 요한은 과감하게 예수님을 따라가기로 결심했다. 그 탐색 기간 동안, 예수님은 그들에게 "와서 보라"(요 1:39)고 말씀하셨다. 예수님은 당신이 누구인지 제자들이 자기들 나름대로 알아보도록 독려하신 것이다. 그 탐색 기간 중에 베드로는 안드레에게서 "우리가 메시야를 만났다"(요 1:41)는 말을 전해 듣는다. 그런가 하면, 빌립도 안드레와 똑같은 말을 써서 의심 많은 나다나엘(바돌로매일 가능성이 높다)에게 "그이를 우리가 만났으니"(요 1:45)라고 말했다.

우리는 나중에 열두 사도가 될 사람들이 처음에는 탐색하는 자 또는 메시아를 찾는 자였음을 분명히 알 수 있다. 그들이 예수님을 처음 만났을 때 들은 말은 "나를 따르라"가 아니라 "와서 보라"였다. 물론 조금 뒤면 그들이 예수님을 따를지를 결정해야 할 시간이 다가오게 된다. 하지만 처음에는 이 매력 있는 인물의 진정성과 정체가 완벽하게 드러나지 않았다.

두 번째 단계는 누가복음 6장의 이야기 속에서 발견할 수 있다. 예수님은 한 무리의 제자들을 불러모으신 다음, 그 중에서 핵심이 될 열둘을 선택하셨다. 예수님이 군중들을 모으셨다. 첫 번째 단계에서는 탐색하는 자들이 주도권을 쥐고 있었다. 반면, 두 번째 단계에서는 예수께서 자신과 제자의 관계가 어떤 것인지 그 본질을 규정하셨다. "나를 따르라"(요 1:43; 막 1:20, 2:14; 눅 9:59; 마 8:21, 19:22)는 말씀으로 그분을 따를지 여부를 결정하도록 요구하신 것이 바로 그 증거다. 예수님은 무리들에게 "아무든지 나를 따라오려거든 자기를 부인하고 날마다 제 십자가를 지고 나를 따를 것이니라"(눅 9:23)고 말씀하셨다. 이 두 번째 단계에서, 예수님의 열두 제자는 예수님의 제자가 되라는 부르심에 응답한 더 큰 무리 가운데 일부일 뿐이다. 이 부르심은 특정한 이에게 주어진 것이자, 무리 전체에 주어진 것이다. 예수께서 모으신 이 무리는 나중에 둘씩 짝을 지어 파송하신 일흔 명(눅 10:1-2)과 동일한 사람들일 수도 있다.

세 번째 단계에 이르면, 열두 제자 각 사람은 많은 제자들 중에 한 명이라는 위치에서 예수님의 최측근 핵심으로 옮겨 가 지도자의 역할을 맡게 된다. 다시 말해, 예수님을 따르는 이들은 모두 제자이지만, 이 제자들 가운데 열두 명만이 사도가 되었다. 따라서 모든 사도는 다 제자이지만, 모든 제자가 다 사도인 것은 아니다. 사도직은 선택된 소수에게만 주어질 것이었다. 첫 번째 단계가 "와서 보라"였다면, 두 번째 단계는 "나를 따르라", 세 번째 단계는 "와서 나와 함께 거하라"는 것이라고 말할 수 있겠다.

이런 배경에 비추어 보면, 우리의 관심사는 두 가지로 좁혀진다. 하나는 예수께서 열두 제자를 택하신 일을 전략적 차원에서 수용하는 것이요, 다른 하나는 예수께서 소수에게 초점을 맞추신 것이 우리가 제자들, 나아가 지도자들을 길러 내는 데 어떤 모델을 제시해 줄 수 있는가이다. 열둘을 택하신 사건은 예수님의 사역에서 분명 중요한 순간이었다. 누가는 이 선택의 중요성을 예수께서 온밤을 새워 가며 기도하셨다는 말로 강조한다. 열두 제자를 택하는 그 순간은 예수님의 사역의 미래가 걸린 중차대한 때였다. 때문에 예수님은 열두 제자를 부르시기 전에 먼저 긴 시간 동안 집중하여 홀로 아버지와 함께 계셔야 했다.

그날 밤 예수님의 마음이 어떠하셨을지 우리는 짐작만 할 수 있을 뿐이다. 열다섯 명으로 후보를 압축시켜 놓은 채, 탈락시켜야 할 세 사람을 고르느라 고심하고 계셨을까? 아마 그러시지는 않았을 것이다. 내가 생각하기에, 예수님은 적정한 사람을 낙점하려고 애쓰시기보다, 그들이 모두 적정한 사람이 되기를 기도하셨을 것이다. 어쩌면 예수님은 열두 사람 각자를 심상이라는 화면에 비춰 보시면서, 그들이 그분의 가르침을 받고 어떤 사람이 될지 내다보고 계셨을지도 모른다.

예수께서 보시기에 이 제자들은 아직 볼품 없는 석탄 덩어리였지만, 동시에 사랑으로 그 모양을 바꿔 가시는 예수님의 압력을 받아 장차 다이아몬드로 변할 자들이었다. 예수께서 스스로 고난당하는 메시아의 길을 가시려는 것을 베드로가 경솔히 반대하리라는 것도, 또 베드로가 예수님을 열심히 부인하리라는 것도 예수님은 훤히 알고 계셨다. 그러나 예수님은 그분의 교회가 베드로라는 '반석' 위에 세워지리라는 것을 믿음을 통해 생생히 내다보고 계셨다.

예수님의 제자 양육법에 대한 전략적 질문

예수께서 밤새워 기도하신 일은 열두 제자를 택하신 사건 그 자체뿐만 아니라, 그 열두 제자를 고른 방법의 전략적 중요성을 부각시키고 있다. 누가는 "(예수께서) 그 제자들을 부르사 그 중에서 열둘을 택하여"(눅 6:13)라고 기록해 놓았다. 바꿔 말하면, 예수님은 많은 수의 사람들 중에서 제자들을 택하신 것이다. 이를 보면서 나는 초등학교 다닐 때 운동장에서 했던 놀이 하나를 떠올렸다. 가장 인기 있는 어린이 둘이 각 팀의 리더가 되어 자기 팀의 구성원들을 뽑는 놀이였다. 우리는 두 팀의 리더 주위에 몰려들어 아우성치며 자기 이름을 불러 주기만 기다렸다. 그러다가 자기 이름이 맨 먼저 불리기라도 하면, 왠지 자신이 특별하다는 느낌과 함께 조금은 거만한 기분이 들기도 했다. 그 팀에서 리더 다음 자리를 차지한 사람은 자기 다음 자리를 차지할 사람을 고를 수 있었다. 예수님은 제자 선발 과정을 일종의 공개 행사로 만드셨다. 따라서 그 과정은 역동성을 띠게 되었지만, 선택받은 소수는 특별하다는 느낌을 갖게 된 반면, 선택받지 못한 나머지는 소외감을 느낄 수도 있었다. 예수님은 왜 선택받지 못한 사람들의 시기심과 선택된 사람들의 자만심을 불러일으킬 수 있는 이런 분위기를 만드신 것일까?

내가 소수를 택하여 그들에게 혼신의 힘을 쏟으라고 말하면, 목사들은 그렇게 할 수 없다며 반대한다. 만일 그런 일을 하면, 사람을 차별한다는 비판을 받게 될 것이라는 게 이유다. 목사가 소수의 사람들과 더 많은 시간을 보내면, 목사가 측근을 거느린다는 소문이 온 교회에 퍼진다는 것이다. 회중의 시각에서 보면, 목사는 누구나 다가갈 수 있는 사람이 되어야 한다. 목사가 사람들을 편애한다는 등의 의심은 두 가지 전제에 그 뿌리를 두고 있다. 목사의 첫 번째 소임은 설교요, 그 다음 소임은 성도들을 돌보는 것이라는 게 첫 번째 전제다. 말하자면, 목회를 양떼를 돌보는 일과 동일시하는 것이다. 목자에게 양들은 모두 똑같은 가치를 가져야 한다는 것이다.

목사는 자신의 힘을 남용하지 않도록 적절한 주의를 기울여야 한다는 게 두 번째 전제다. 만일 어느 한 무리가 교회나 사역 현장에서 일어나는 일들을 좌지우지한다면, 회중은 그 무리가 권력을 남용한다고 생각할 수 있다. 그렇게 되면, 교회 구성원들은 자신들을 그저 구경꾼들로 간주하게 될 것이다. 이 구경꾼들은 목사의 측근들을 둘러싼 보이지 않는 장벽을 뚫고 그 안으로 들어가기가 힘들다는 것을 잘 알고 있다. 하지만 목사는 모든 성도와 똑같은 거리에 있어야 한다는 평등 모델은 목사의 역할을 그 근본부터 오해한 데서 비롯된 것이다. 성경에 비추어 보면, 목사는 교회에 주어진 선물이다. 목사는 성도들을 온전케 하여 섬기는 일을 감당케 할 책임을 진 사람들이지, 성도들을 대신하여 섬기는 일을 맡고 있는 사람이 아니다. 바로 그런 이유 때문에, 예수님은 소수의 제자들에게 혼신을 힘을 다 쏟으시는 것이 너무도 중요하다고 생각하시고, 사람들 사이에 시기와 자만이 일어날 수 있는데도 공개리에 제자들을 선택하신 것이다.

소수의 제자만을 측근에 두는 것이 얼마나 중요한 일이었기에 예수님은 자칫 시기심을 불러일으킬 수도 있는 일을 감행하신 걸까? 열두 제자를 택하여 자신의 친밀한 동지들로 삼으신 전략적 이유는 무엇이었을까? 예수께서 소수에 전력을 기울이신 이유는 여러 가지로 생각해 볼 수 있다. 하지만 예수께 철저히 헌신하면서 자기처럼 헌신하는 제자들을 길러 내는 제자들을 길러 내시려는, 예수님의 목적과 직접적으로 연관 있는 이유로는 두 가지를 생각할 수 있을 것 같다. 그것은 예수님의 삶과 사명을 자신의 삶과 사명에 그대로 구현하는 내면화와, 제자들을 늘려 가는 것이다.

내면화

예수님이 흠 많고 믿음도 없는 평범한 사람들을 성숙한 제자들로 길러 내고 자신의 나라를 더 넓힐 수 있는 유일한 길은, 그분의 인격과 사명을 깊이 체득한 핵심 제자들을 갖는 것이었다. 예수님의 삶과 사명은 제자들의 내면에 그대로 구현될[2] 필요가 있었다. 제자들이 스승의 사명

을 자신들의 사명으로 삼으려면, "스승과 동일한 목적을 가져야" 했다.[3]

그러나 우리는 반대 의문을 제기할 수도 있다. 만일 예수께서 가능한 한 많은 사람들에게 다가가고자 하셨다면, 자신과 자신을 따르는 무리에게서 더 많은 인기를 얻어 하나의 대중 운동으로 승화시키실 수도 있지 않았을까? 예수님은 당대의 유명 인사였다. 유대의 종교 지도자들도 사람들이 있는 곳에서는 감히 그분을 체포할 수 없었다. 쇄도하는 군중 때문에 안전이 위태로워지자, 배를 타고 해안으로 나가셔서 해변에 모인 무리들에게 말씀을 전하신 적도 있을 정도였다.

여기에서 우리는 예수께서 대중에 대하여 건전하고 적절한 회의를 품고 계셨음을 간파할 수 있다. 예수님은 군중이 불순한 동기로 자신을 따르고 있다는 사실을 매우 잘 아셨다. 요한은 예수께서 인간의 속성을 꿰뚫고 계셨음을 이렇게 일러 주고 있다. "유월절에 예수께서 예루살렘에 계시니 많은 사람이 그의 행하시는 표적을 보고 그의 이름을 믿었으나 예수는 그의 몸을 그들에게 의탁하지 아니하셨으니 이는 친히 모든 사람을 아심이요 또 사람에 대하여 누구의 증언도 받으실 필요가 없었으니 이는 그가 친히 사람의 속에 있는 것을 아셨음이니라"(요 2:23-25). 요한은 사람들이 그분의 권능을 증명하는 표적을 보고, 특히 그 권능에서 뭔가 이득이라도 얻어 보려는 심산으로 모여들었다는 점을 넌지시 일러 주고 있다. 불치병에 걸린 사람들은 예수께 와서 고침을 받았다. 다른 사람들도 기적을 행하시는 예수님 주위에 몰려들었다. 전등에 끌려드는 나방처럼 권능으로 생명을 베푸시는 이 인물에게 매료된 사람들은 그 임재 속에서 자신이 살아 있음을 느꼈다. 그러나 예수님은 자신에게 환호하는 그들이 변덕쟁이들임을 잘 알고 계셨다. 아닌게아니라, 예수께서 제자들이 걸어가야 할 길을 상세히 말씀하시자, 그분을 따르던 '팬클럽'은 크게 줄었다.

개인은 군중 속에 숨어 버릴 수 있다. 대중의 일부가 되는 일에는 어떤 희생도 따르지 않는다. 대중 속에 묻힌 사람은 소리 소문 없이 긍정적 태도를 취할 수도 있고 부정적 태도를 취할 수도 있다. 회중 가운데 파묻힌 한 예배자처럼, 군중 속에 묻혀 버린 한 구성원은 수많은 얼굴 속에 자신을 감춰 버릴 수 있다. 그는 헌신할 필요도 없고 성실을 맹세할 필요도 없다. 호기심을 품은 관찰자였던 사람도 얼마든지 회의를 품거나 지루해하면서 예배당의 장의자에 앉아 있는 사람으로 바뀔 수 있는 게 군중의 속성이다. 예수님은 이 군중 속에서 (자신을 따를) 사람들을 불러 내시고자 그 군중을 섬기신 것이다. 군중에서 나와 예수님과 함께하지 않는 사람은 제자의 길에 들어선 것이라고 할 수 없다. 그리스도를 따르려면, 두 가지 필요조건이 있다. 희생과 헌신이 바로 그것이다. 익명의 대중들 속에서는 이 가운데 어떤 조건도 충족시킬 수 없다.

만일 예수께서 군중들의 충성심에 그분 사역의 미래를 거셨다면, 어떤 결과가 벌어졌을까? 우리는 그 답을 알고 있다. 대부분의 군중이 순식간에 예수님을 등진 일을 알고 있기 때문이다. 예수님의 인기는 우리가 종려 주일이라고 부르는 그날 정점에 달했다. 예수께서 예루살렘에 들어오실 때, 그들 앞에 서서 외세와 맞서 싸울 메시아를 기다리고 있던 군중은 열렬한 환호로 그분을 환영했다. 군중은 겉옷과 종려나무 가지를 길에 깔아 예수님이 타신 나귀가 지나갈 길을 만들었다. 예루살렘은 "호산나, 지극히 높은 곳에서는 하나님께 영광!"이라는 함성으로 가득 찼다. 그러나 사람들은, 그로부터 닷새 뒤, "호산나"를 외쳤던 바로 그 입으로 "그를 십자가에 못 박아라, 그를 십자가에 못 박아라!"고 외쳤다. 브루스는 이런 돌변을 보며 다음과 같이 썼다. "열두 제자가 없었다면, 예수님의 가르치심과 행하신 일들, 이미지는 여느 인간들처럼 사라져 버렸을 것이다. 그리고 한낱 역사로서의 의미만 있을 뿐 실제에는 아무 쓸모 없는 모호한 신화만이 남았을 것이다."[4]

예수님은 분명 군중 속에서 사람들을 불러모아 소수에게 집중하는 전략을 구사하셨다. 그런데도 우리는 여전히 설교와 프로그램에 의지하여 제자들을 길러 내려 하고 있다. 만일 제자도를 진작시킬 목적으로 설교에 담긴 가르침에 의존한다면, 헛발을 짚은 꼴이 될 것이다. 제자를 길러 내는 것은 본디 관계를 통해 이루어지는 과정이다. 설교도 설교 자체로서 그 나름의 의미를 가질 수 있다. 그러나 예배자들은 고립된 채 설교를 통해 전해지는 말씀을 받아들이는 수동적 수용자에 머물곤 한다. 제자들은 제자들을 길러 내는 관계라는 무대에서 만들어진다. 설교는 기껏해야 사람들에게 이 무대를 가리키면서 제자가 되라고 촉구할 수 있을 뿐이다.

또한, 내가 이미 1장에서 지적한 것처럼, 우리는 프로그램에 의존하여 제자들을 길러 내려 했다. 제자도는 개인에게 전심전력을 쏟는 희생을 요구한다. 그런데도 우리가 프로그램에 의존하는 것은 그런 희생을 치르고 싶지 않기 때문이다. 우리는 사람들을 프로그램 속에 집어넣으면 제자들을 대량 생산해 낼 수 있다는 우둔한 소망을 품고 있다. 리로이 아임스는 이런 프로그램 위주의 접근법을 통박하며 다음과 같이 썼다. "제자들은 대량 생산될 수 없다. 사람들을 제자 제조 프로그램 속에 집어넣으면 마지막 공정에서 제자들이 생산되어 나올 것 같지만, 천만의 말씀이다. 제자들을 길러 내는 일에는 시간이 필요하다. 아울러 각 사람에게 인격적 관심을 기울여야 한다."[5]

제자를 길러 내려면, 수박 겉 핥기의 차원을 넘어 먼저 소수에 집중해야 한다는 것을 예수님은 알고 계셨다. 그런 이유 때문에, 예수님의 제자들은 줄기차게 끊임없이 예수님의 삶을 만나야 했다. 모든 것을 숨김없이 툭 터놓고 나눌 수 있는 상황 속에서, 예수님은 비로소 그들의 삶의 실상을 향하여 말씀하실 수 있었다. 그랬기 때문에, 예수님은 누가 가장 큰가를 놓고 다툼을 벌이는 제자들에게 그분 나라에서는 가장 작은 자가 가장 큰 자라고 일갈하시며 그들의 가치 체계를 뒤집어 버리실 수 있었던 것이다. 베드로는 자기가 생각하는 메시아라면 결코 유대 종교 지도자들의 손에 죽을 리가 없다고 예수께 말했다. 베드로 자신이 상상하는 메시아의 모델을 제시한 것이다. 그러나 예수님은 그 말을 들으시자마자, 사탄의 말이라며 베드로를 질타하셨다. 예수님은 대중들을 가르치신 뒤 제자들에게는 따로 소상하고 친밀한 가르침을 베푸시는 경우가 많았다. 이때가 제자들에겐 예수께서 말씀하신 것의 의미를 여쭤 볼 수 있는 호기였으며, 예수님에게도 제자들의 삶에서 말씀이 갖는 의미를 군중들에게는 구사할 수 없는 방식으로 말씀할 수 있는 호기였다.

나는 종종 왜 예수께서 그분의 유산을 보존할 수 있는 보통 수단들을 쓰지 않으셨는지 궁금했다. 우리는 예수께서 직접 쓰신 기록을 전혀 갖고 있지 않다. 예수님은 공식 기록을 남기거나 서기를 고용하여 그분의 모든 가르침을 기록으로 남기는 일 따위에는 별로 관심이 없으셨던 것 같다. 대개 보면, 대통령들은 퇴임 후 대통령 기념관을 열어, 자신이 공직에 취임하면서 대중 매체에 노출되기 시작한 이후의 중요 자료들을 보존하고 전시한다. 전직 대통령은 회고록을 써서 역사에 자신의 존재를 각인시키려고 시도한다. 그런데 예수님은 왜 이런 방법을 쓰시지 않았을까? 예수님은 두 가지 방법에 의존하여 자신의 삶과 사명을 후대에 전하셨던 것 같다. 성령과 열두 제자가 바로 그 두 방법이다. 예수님은 영을 통하여, 그리고 제자들과 연합하시고 그들에게 전심전력을 다 쏟으심으로써, 자신의 삶을 제자들의 삶 속에 옮겨 놓으셨다. 예수께서 남기길 원하셨던 이 흠잡을 데 없는 유산은, 보통 사람들의 변화한 삶이었다. 변화한 사람들은 예수께서 아버지께 돌아가신 뒤에도 예수님의 사역을 계속 이어 간다. 예수님의 삶과 사명이 제자들의 삶 속에 그대로 옮겨지는 내면화는 예수께서 제자들과 깊이 연합했을 때에 비로소 이루어졌다.

브루스는 이렇게 결론내렸다. "예수께서 이처럼 꼼꼼하고 정성스럽게 제자들을 가르치셨기 때문에 그분의 영향이 영원히 존속할 수 있었다. 그분의 나라가 다수의 마음 속에 사상누각처럼 남아 있는 피상적 인상이 아니라, 소수의 마음 속에 깊이 뿌리내린 확고한 믿음 위에 세워진 것도 예수께서 그렇게 가르치셨기 때문이다."⁶⁾

예수님이 소수에 초점을 맞추신 첫 번째 전략적 이유는 자신의 삶과 사역을 장차 예수 운동의 초석이 될 사람들 속에 확실히 새겨 넣으시려는 목적 때문이었다.

제자 수의 증가

예수님은 열두 제자에게 초점을 맞추셨다. 사람들은 이를 보면서, 예수님이 숫자의 많고 적음에 별로 관심이 없으셨다고 결론지을지도 모르겠다. 우리는 신자 수를 늘리려면 군중들을 끌어모을 행사를 해야 한다고 생각한다. 우리의 이상은 많은 수의 청중을 끌어모으는 것뿐이다. 그러나 예수님은 우리와 다른 이상을 품으셨다. 예수님은 우리가 볼 때 겨우 그 정도인가 싶을 정도로 작은 이상을 품고 계셨다. 그러나 예수께서 열두 제자에게 전심전력을 쏟으신 것도 사실은 곤고하고 괴로움을 당하는 군중을 긍휼히 여기셨기 때문이다. 유진 피터슨은 이 점을 익살스런 과장법으로 표현했다. "예수님은 사역의 9할을 열두 유대인에게 집중하셨다. 그것이 바로 모든 미국인이 구원을 얻을 수 있는 유일한 길이었기 때문이다. 우리는 이 점을 유념해야 한다."[7]

역설같지만, 우리가 대중을 통해 대중을 얻으려고 시도한다는 것은 곧 우리가 대중이 모방할 수도 있는 사람들을 훈련시키는 데 실패했음을 의미한다. 우리는 그저 더 넓은 그물만 던지려고 할 뿐, 넓이에 걸맞는 깊이는 추구하지 않는다. 때문에, 껍데기 신앙만 계속되는 결과를 자주 보게 되었다. 예수님은 열두 제자 속에서 자신의 삶을 연장하심으로써, 더 많은 예수께서 이 땅 위를 돌아다닐 수 있도록 만드셨다. 1970년대 중반, "지저스 크라이스트 슈퍼스타"(1973)라는 영화가 논란을 불러일으켰다. 예수님을 자신의 사명을 고민하는 너무나 인간적인 모습으로 그렸기 때문이다. 그 영화의 신학에는 아쉬운 점이 많았지만, 한 장면만은 매우 인상적이었다. 그 장면 속에서, 예수님은 메마르고 울퉁불퉁한 광야의 비탈진 언덕에 홀로 서 계셨다. 예수님이 짙은 상념이 배어 나오는 노래를 부르시는 순간, 시커멓고 나긋나긋한 형상들이 이리저리 갈라진 틈에서 나타났다. 각 형상은 이 세상의 어둠을 한 면씩 대표하는 것이었다. 그리스도 역을 맡은 인물은 인간의 비인간성, 인생을 짓이기는 가난, 불치병, 죽음을 절절한 감정에 실어 노래했다. 그때, 이 나긋나긋한 시커먼 존재들이 예수께서 짓이겨져 어둠에 휩싸일 때까지 예수님을 감싸 버렸다. 그 순간, 관객들은 "어떻게 한 사람이 이 모든 어둠을 맡아서 짊어질 수 있는가"라는 의문을 갖게 된다. 물론 예수께서 십자가에서 돌아가심으써 홀로 우리의 죄책을 대신 짊어지셨다는 것이 우리의 가장 중요한 신앙이다. 그러나 그 죄책을 홀로 떠맡으시는 게 예수님의 뜻은 아니었다는 생각이 들기도 한다. 예수님은 소수의 사람들에게 전심전력을 기울이시며, 자신의 생명을 다른 이들에게 옮겨 놓으려고 하셨다. 그럼으로써, 구원을 주는 예수님의 생명을 수많은 사람에게 베푸는 이 사업에 다른 이들도 동참시키려고 하셨다.

로버트 콜먼은 이렇게 썼다. "예수님에게 가장 중요한 목적은, 그분이 아버지께 돌아가신 다음 그분의 생명을 증언하고 그분의 일을 이어갈 사람들을 모집하는 것이었다."[8] 조지 마틴은 예수님의 전략을 지지한다. 그리고 목사들에게 이 전략을 오늘날 그들의 사역 방식에 적용하도록 독려한다.

"어쩌면 오늘날의 목사들은 3년 뒤에 자신이 섬기는 교회를 떠날 경우 자신들의 자리를 대신 할 사람들이 없다는 생각을 해야 할지도 모른다. 이런 일의 가능성을 생각한다면, 목사들이 가장 먼저 해야 할 일은 그들이 떠난 뒤에 그들이 감당했던 일을 가능한 한 많이 이어 갈 수 있는 평신도 지도자들을 선발하고 독려하여 훈련시키는 것이다. 이런 방식으로 3년 동안 끈기 있게 평신도를 훈련시키면 그 결과는 엄청날 것이다. 아니, 혁명이라고 해도 무방할 것이다."[9]

나는 제자훈련 연구 발표회를 진행할 때면 실감나는 프로그램을 하나 진행한다. 참가자들 가운데 80-90퍼센트는 대개 교회의 평신도 지도자들이며, 교역자들도 간간히 섞여 있다. 나는 그들에게 3년 뒤면 교회를 떠나는 교역자의 사역을 대신할 사람이 없을 경우를 대비해 업무 지침서를 작성해 보라는 과제를 낸다. 나는 그들에게 이렇게 말한다. "자, 여러분 교회의 목사들에게 이런 일을 하라고 늘 말하고 싶었던 것을 말할 기회가 왔습니다." 평신도 지도자들의 응답은 예리하다. 그들은 우선순위에 급진적 변화가 있어야 한다는 점을 즉각 깨닫는다. 만일 교역자들이 예수께 철저히 헌신하며 다른 제자들을 키워 내는 제자들을 길러 낼 수만 있다면, 그들은 틀림없이 많은 일을 내려놓을 수 있을 것이다. 교역자가 아니어도 할 수 있는 일로는 성도들을 돌보는 것, 다양한 분야의 행정, 회의 참석 등이 있다. 이렇게 주목받지 못하는 일도 있는 반면, 의도적 관계 형성을 통한 제자 양육이라든지, 설교, 영혼의 나태함, 전도, 소그룹 지도자 훈련과 같은 주제를 다루는 특정한 지도자 훈련, 말씀 연구를 통해 평신도들을 더 깊이 있게 가르치는 일도 있다.

예수께는 불과 3년의 시간이 주어졌다. 십자가를 눈앞에 두셨던 예수님은 열두 제자를 준비시켜 그들이 그분의 사명을 이어 가게 해야 한다는 점을 알고 계셨다. 예수님은 자신이 이 땅에 오신 그 이유에 하루하루 다가가고 계셨다. 그만큼 제자들이 예수님의 사명을 이어받을 날도 다가오고 있었다. 예수님의 전략은 지도자의 기반을 확충하여, 한 명의 예수님이 아니라 열두 명의 예수님이 이 세상에 존재하게끔 만드는 것이었다(비록 그 열둘 가운데 하나는 잃어버리게 될 것을 알고 계셨지만). 예수님이 열두 제자를 택하신 사건을 기록한 마가복음을 보면, 예수님의 뜻이 자신의 사역을 제자들이 이어 가게끔 만드는 것이었음을 분명히 알 수 있다. "또 산에 오르사 자기가 원하는 자들을 부르시니 나아온지라 이에 (사도라고도 칭하시는) 열둘을 세우셨으니 이는 자기와 함께 있게 하시고 또 보내사 전도도 하며 귀신을 내쫓는 권능도 가지게 하심이러라"(막 3:13-15).

예수께서 선포하신 바로 그 말씀이 사도들의 입에 그대로 전달되었다. 예수님은 자신이 사람으로 이 땅에 오심으로써 하나님 나라가 임했다고 선포하셨다. 사도들도 예수님을 본받아 방방곡곡을 다니며 장차 영광의 시대에 임할 하나님 나라가 이미 어둠뿐인 현재 속으로 뚫고 들어왔다고 선언했다. 메시아가 오시면 이 시대는 그들이 꿈꾸던 시대로 바뀔 것이라는 게 유대인들 사이에 널리 퍼진 묵시였다. 예수 시대의 사람들은 하나님 나라를 정치적 관점에서 보았다. 다윗 같은 정치적 통치자가 등장하여 이스라엘을 로마의 압제에서 해방시키고 영광의 시대를 재건할 것이라는 게 당시 유대인들의 믿음이었다. 그러나 예수님은 하나님의 통치를 무엇보다도 사람들의 마음을 죄의 속박에서 해방시켜 줄 영적 침투로 표현하셨다. 이 세상의 것이 아닌 새 질서가 임하여 그 시대의 통치자들을 권좌에서 밀어 내고 있었다. 사도들은 사람들을 귀신들에게서 해방시켜 줄 권세를 부여받았다. 그것은 하나님 나라가 이 어둠 속으로 들어오고 있음을 보여 주는 표적이었다. 하나님 나라가 임했다는 말씀은 권능 가운데 나타난 하나님 나라의 표적을 통하여 진실임이 확증되었다. 예수님은 이제 자신을 열두 제자의 삶 속으로 확장하고 계셨다. 예수께서 계시지 않을 때에도 제자들이 그분의 사역을 계속 이어 갈 수 있도록 준비하고 있었던 것이다.

예수님의 전략은 우리의 사역이 미치는 범위와 우리가 세운 지도자들의 범위가 정비례한다는 원리를 잘 보여 준다. 이 원리는 교회 지도자들도 늘 목격하는 것이다. 우리가 스스로 헌신하며 제자를 양육할 수 있는 제자들을 길러 낸 범위만큼, 새로운 사역들이 산산조각 나 버린 사람들의 삶을 어루만져 줄 수 있을 뿐이다. 따라서 어떤 필요가 채워지지 않은 채 남아 있는 것을 목격했다면, 그것은 우리가 그 필요를 채워 줄 수 있는 일꾼들을 일부러 길러 내지 않은 탓이다. 하지만 사람이 되신 예수님은 사람이 갖고 있는 육신의 한계를 알고 계셨다. 예수님 한 사람이 닿을 수 있는 범위는 한정되어 있었다. 그렇기 때문에, 그분의 전략은 꼼꼼히 훈련받은 제자들을 많이 늘림으로써 온 세상에 그분의 손길이 미치게 하는 것이었다. 십자가에 못박히실 날이 임박할 즈음, 예수님은 그분의 사역이 얼마나 많은 열매를 맺을지 알고 계셨다. 예수님은 제자들에게 이렇게 말씀하셨다. "내가 진실로 진실로 너희에게 이르노니 나를 믿는 자는 내가 하는 일을 그도 할 것이요 또한 그보다 큰 일도 하리니 이는 내가 아버지께로 감이라"(요 14:12). 어떻게 사람들이 하나님의 아들보다 더 큰 일을 할 수 있을까? 여기서 예수님이 말씀하신 '더 큰 일'은 질의 문제가 아니라 양의 문제일 공산이 높다. 예수님은 열두 제자 속에서 자신을 열두 배로 늘리셨다. 그 결과, 열두 제자는 스승이신 예수님의 한정된 사역 공간보다 더 넓은 지역을 사역의 터로 삼게 된다. 예수님은 성령의 능력이 제자들을 온 세상으로 파송하여 예수님의 사역을 어마어마하게 확장시켜 줄 것이라고 말씀하셨다. 그 말씀은 그대로 이루어졌다.

예수님이 소수에 초점을 맞추셨다 하여 다수를 홀대하신 것은 아니다. 대중에게 다가가는 방법론이 우리와 달랐을 뿐이다. 우리는 대중을 불러모아 그들에게 다가가려고 한다. 그러나 예수님은 적은 수도 충분하다고 여기셨다. 로버트 콜먼은 예수님의 방법론을 다른 말로 바꿔 다음과 같이 표현했다. "예수님의 관심사는 프로그램으로 다수에게 다가가는 것이 아니라 사람들을 통하여 다수가 따라오게 하는 것이었다."[10] 내면화에 이어, 예수님이 소수에게 초점을 맞추신 두 번째 전략적 이유가 '증가'였던 것은 바로 그 때문이었다.

목적이 있는 제자훈련

예수님은 소수에 초점을 맞추셨다. 사람을 길러 내 그분의 마음과 이상을 그들에게 확실히 전할 수 있는 길이었기 때문이다. 하지만 이런 종류의 관계는 오늘날 우리 삶 속에서 거의 찾아볼 수 없다.

나는 목적이 있는 제자훈련에 뜨거운 열정을 품고 있다. 이런 열정은 내게 일어났던 일을 다른 사람들은 겪지 말았으면 하는 바람에서 나온 것이다. 가장 깊은 확신은 경험에서 나온다. 내가 중학교 1학년일 때의 일이다. 두려움도 많고 감성도 예민하던 나는 그저 이름만 교회 교적부에 올려놓은 허깨비 신자였다. 주말 교회 캠프에 참석한 그날, 나는 내가 필요로 하던 바로 그것을 들었다. 설교자는 예수님의 말씀과 설교로 어우러진 말씀을 선포하면서, 이 구절을 들려주었다. "수고하고 무거운 짐 진 자들아 다 내게로 오라 내가 너희를 쉬게 하리라"(마 11:28).

그리스도를 영접하라는 초대를 받은 나는 예수님이 주려고 하신 그것을 바라고 있었다. 그것은 쉼이었다. 그리스도를 신뢰하게 되자, 수문이 열리고 큰 바다와 같은 예수님의 사랑이 나를 덮치는 것 같았다. 그날 밤, 목사님이 그날 있었던 일을 다른 사람과 나누고 싶은 사람이 있는지 물었다. 잠시 어색한 침묵이 흘렀다. 나는 수줍게 손을 든 다음, 살아 계신 그리스도와 만난 일을 이야기하겠다고 자원했다. 나는 결신 카드를 작성해서 캠프 인도자에게 제출하던 순간을 지금도 기억한다. 그리스도와 관계를 맺으면서 내 삶은 완전히 바뀌었다. 그러나 이 일에 대한 한, 나는 내가 해야 할 일이 무엇인지 다른 사람에게 인도받은 기억이 거의 없다. 나는 매일 집으로 돌아오면 성경을 읽으려고 애썼다. 그렇게 가상한 노력을 한 이유는, 그것이 좋은 일이라고 누군가는 말해 주리라 생각했기 때문이다.

생각해 보니, 나는 교회에 속한 사람으로부터 조언을 들을 수 있을 거라고 생각했던 것 같다. 결신 카드를 제출했기 때문이다. 그러나 내게 조언을 준 사람은 아무도 없었다. 교회에서 돌아온 것은 침묵뿐이었다. 수줍은 중학교 1학년 남학생이 누군가에게 다가가서 "자, 이제는 제가 뭘 해야 합니까? 새로 발견한 이 사랑이 제 삶 속에서 자라게 하려면 어떻게 해야 할까요?"와 같은 질문을 한다는 것은 꿈도 못 꿀 일이었다. 그렇게 몇 해를 흘려보냈다. 새로운 친구를 예수 안에서 사귀게 된 일에는 감사했지만, 그 다음에는 무엇을 해야 할지 전혀 알지 못했다.

이런 일은 결코 일어나서는 안 된다! 내 심령이 믿음 안에서 양육받아 성숙케 되었을 때는 이미 많은 시간이 흐른 뒤였다. 그렇다. 인간은 그렇게 하지 못했지만, 예수님은 내게 은혜를 베푸셔서 나를 꼭 붙잡아 주셨다. 예수님은 섭리 가운데 사람들을 보내셔서 내가 고등학교와 대학교에 다니는 동안 제자훈련 과정에 참여할 수 있도록 해 주셨다. 그러나 정작 제자들을 길러 내야 할 그리스도의 몸인 교회는 그런 섬김을 행하지 않았다. 제자들을 키워 내는 것이 교회의 사명이라면, 왜 대부분의 교회는 스스로 예수께 철저히 헌신하고 자신과 같은 제자들을 길러 낼 제자들을 양육할 환경을 제공하려 하지 않는가?

만일 우리가 예수님의 접근 방식을 채택하여 스스로 예수께 철저히 헌신하고 자신과 같은 제자들을 또 길러 낼 수 있는 제자들을 길러 낸다면, 성경이 말씀하는 제자도와 현실의 껍데기 제자도 사이의 간극을 좁힐 수 있을 것이다. 예수님은 3년이 넘는 시간 동안 소수의 인원에 전심전력을 쏟으셨다. 예수님은 그렇게 하심으로써, 그분의 말씀과 사명을 제자들의 내면에 새기실 수 있었다. 그리스도와 함께한 나의 첫 출발점은 덜커덩거렸다. 그러나 그때 내가 받지 못했던 것을 보충해 준 돈 같은 사람을 대학 시절에 만난 것은 행운이었다. 돈은 내게 마음을 열고 아낌없이 시간을 투자했다. 이렇게 가까운 사귐 덕택에 말씀의 전달은 더 큰 효과가 있었다. 그리스도를 향한 돈의 열정은 그의 제자인 나에게 옮겨졌고, 제자가 더 늘어나는 일이 벌어졌다. 돈이 신학교를 졸업하면서 교회의 중학교 담당 사역이 공석이 되었다. 그러나 그 일을 이끌 지도자의 공백은 생기지 않았다. 돈이 떠난 자리에는 나와 다른 사람들이 남아 있었기 때문이다. 교회는 나를 청빙하여 돈이 하던 일을 지속하도록 했다. 나는 대학에 다니면서 두 해 여름 동안 친구들과 더불어 중등부 사역을 이끌었다. 돈은 떠나기에 앞서 우리를 준비시켜 놓았던 것이다.

지금까지 예수님이 소수에게 전념하신 전략적 이유를 살펴보았다. 이제는 예수님이 아버지께 돌아가신 뒤에도 제자들이 사명을 이어 갈 수 있도록 준비시키신 방식을 중점적으로 살펴보고자 한다. 예수님은 일종의 양육 과정을 통해 제자들을 그분이 의도하신 사람들로 만들어 내셨다. 자신의 사명을 이어 갈 사람들로 길러 내신 것이다. 처음에는 정말 대책 없는 인간들이었던 제자들은 3년 만에 완전한 제자로 거듭났다. 예수님은 어떻게 그런 일을 해내신 걸까?

4장

예수님의 양육 모델

사전에 준비시켜 권한을 부여하기

3장에서 우리는 예수님이 열두 제자를 택하신 전략적 이유 두 가지를 살펴보았다. 그 두 가지 이유는 내면화와 제자 수의 증가였다. 예수님은 소수에 초점을 맞추셨다. 그것만이 자신의 마음과 사명을 핵심 제자들의 삶 속에 옮겨 심을 수 있는 유일한 방법이었기 때문이다. 내면화는 청중을 상대로 한 대중 전달의 방식으로는 일어날 수 없다. 그것은 인격 대 인격이 만나는 정황 속에서만 일어난다. 진정한 제자의 증가, 또는 제자의 재생산 역시 제자들이 예수님의 사명을 자신의 내면에 새겨 다른 이들에게 전달하려는 마음을 품게 될 때에야 비로소 가능한 일이다. 로버트 콜먼은 이렇게 썼다. "가장 좋은 결과는 늘 소수의 사람들과 함께 이루어진다. 1년여의 시간을 한두 사람에게 투자하여 그리스도를 위해 정복해야 할 것이 무엇인지 가르치는 것이, 그저 프로그램이나 운영하면서 회중을 상대로 평생을 보내는 것보다 더 낫다."[1]

이 장에서 살펴보려는 초점이 콜먼의 말에 들어 있다. 예수님은 열두 사람을 어떻게 빚고 훈련시켜 사람을 낚는 어부로 만드셨을까? 학교를 여셨는가? 제자들이 등록할 수 있는 학기별 교육 과정을 개설하셨는가? 아니면, 졸업장이라는 당근이 있었는가? 그들이 예수님의 사도임을 확인해 주는 사도직 증명서가 있었는가? 그것도 아니면, 스스로 예수 대학교의 총장으로 취임하셨는가? 학생들이 이수하기를 바라는 교과 과정이 있었는가?

예수님의 가르침만큼이나 중요한 것은 그분의 인격이었다. 그 인격이 예수님의 삶을 그분의 제자들에게 전하는 통로가 되었다. 데이비드 왓슨은 예수님의 인격이 제자훈련의 중심이었음을 예리하게 부각시키고 있다. "부처가 죽어 갈 때, 그의 제자들이 물었다. '어떻게 해야 스승님을 가장 잘 기억할 수 있겠습니까?' 부처가 대답했다. '성가실 것 없다. 중요한 것은 내 인격(나 라는 사람)이 아니라 내 가르침이다.' 그러나 예수님은 부처와 정반대셨다. 만물의 중심에 '그분', 곧 예수님이 계셨다. 제자도는 곧 '그분'을 아는 것, '그분'을 사랑하는 것, '그분'을 믿는 것, '그분'에게 헌신하는 것을 의미한다."[2] 말씀이 육신이 되었다. 그런 이상, 말씀은 예수라는 사람(예수라는 인격체)과 분리될 수 없었다. 예수께서 제자들의 지도력을 계발한 방법은 어떤 과정이나 교과가 아니라 함께하며 나누는 삶이었다.

오순절 이후 시대를 살고 있는 우리는 예수님이 열두 제자를 데리고 사역을 시작하셔야 했던 그곳이 어떤 곳인지 쉽게 잊어버린다. 예수님이 자신과 동행할 자들로 뽑으신 사도들은 누구였는가? 예수님은 무엇으로 일하셨는가? 그 제자들은 탁월한 자질의 소유자들로서 비범한 일을 이뤄 낼 만한 능력을 타고난 사람들이었던가? 아니다. 예수님은 여러분이나 나와 똑같은 평범한 사람들을 고르셨다. 그것은 분명한 사실이다. 나는 이 점을 오늘날 전문 사역에 알맞은 사람을 심사하여 가려낼 때 사용하는 방식을 빌어, 일종의 편지 형식으로 표현해 보았다.[3]

회장(回章)

수신: 요셉의 아들 예수(나사렛 목공 가게)
발신: 요단 경영 자문 회사(예루살렘)

예수 귀하

당신의 새 사업에 참여할 사람으로 선발하신 열두 명의 이력서를 보내 주서서 감사합니다. 우리는 그들 전부를 대상으로 모든 검사를 실시했습니다. 그 결과들을 저희 컴퓨터로 처리했으며, 말씀하신 열두 명에게 저희 회사의 심리학자 및 직업 적성 상담 전문가와 일대일로 면담할 기회도 제공했습니다.

당신이 선발하신 대부분의 사람들은 당신이 경영하실 종류의 사업에 맞는 배경, 교육, 직업 적성을 갖고 있지 않다는 게 저희의 견해입니다. 그들에게는 팀이라는 개념 자체가 없습니다. 저희는 당신에게 검증된 관리 능력과 실력을 갖춘 경험자들을 더 찾아보시도록 권하고 싶습니다.

시몬 베드로는 정서불안에 분노를 제어할 줄 모릅니다. 안드레는 지도자의 자질을 전혀 갖추고 있지 않습니다. 세베대의 두 아들인 야고보와 요한 형제는 동료들을 생각하기보다 자신들의 이익을 우선시합니다. 도마는 의심하는 태도가 있어서 쉬이 낙담할 소지가 있습니다.

마태 역시 예루살렘 경영 개선국이 블랙리스트에 올려놓은 사람임을 말씀드리지 않을 수 없습니다. 알패오의 아들인 야고보와 다대오는 급진 성향이 뚜렷하며, 조울증 우려가 아주 높은 걸로 나타났습니다.

하지만 큰 잠재력을 가진 사람이 딱 한 명 있습니다. 그는 능력과 자질이 우수하고 사람들의 요구를 잘 알고 있었습니다. 이 사람은 예리한 경영 감각을 갖추었을 뿐만 아니라, 고위층과 교분도 두터운 사람입니다. 나아가 동기와 야망과 책임감 역시 높은 수준이었습니다. 그는 가룟 유다입니다. 저희는 이 가룟 유다를 당신 사업을 총괄할 오른팔로 추천하는 바입니다. 다른 이력들은 모두 더 이상 검토할 필요가 없습니다.

새 사업에서 하시는 일마다 성공을 거두시길 기원합니다.

요단 경영 자문 회사 배상

예수께서 처음 제자들을 붙드셨을 때, 그들은 전혀 다듬어지지 않은 상태였다. "그들은 가난한 사람들이었다. 그들의 태생은 비천했고, 지위는 낮았으며, 직업 역시 그저 그랬다. 그들은 교양 교육의 자극이라고는 받아 보지 못한 자들이요, 사회에서 지성인들과 교류하는 일 따위는 꿈도 꿔 보지 못한 이들이었다."⁴⁾ 그들은 예수님의 사역에 즉시 써먹을 만한 재목들이 아니었다. 오늘날, 새 사업을 시작하는 이들은 미래에 자기 사업의 동반자가 될 사람들을 안심시키려고 누구나 믿을 수 있을 만한 사람의 이름을 대외용 문서 첫머리에 늘어놓는다. 만일 예수께서 펼치시려는 이 새 사업에 투자하려는 팔레스타인 사람들이 예수께서 내놓으신 사업 제안서에서 "어부인 베드로와 안드레, 야고보와 요한, 세리인 마태, 열심당원인 시몬"이라는 이름을 읽었다면, 마음놓고 투자할 수 있었을까? 열두 제자 가운데 가룟 유다를 제외한 나머지 사람들은 그야말로 갈릴리 촌사람들이었다. 말하는 억양만 들어 봐도, 그들이 "학문 없는 범인"(행 4:13)임을 누구나 알 수 있었다.

그들은 특권층 출신도 아니요, 유대교의 실력자들도 아니었으며, 율법학자라는 소리를 들을 만큼 학식 있는 사람들도 아니었다. 그들은 그 시대가 천시하던 모든 것을 다 갖춘 사람들이었다. "예수로부터 부르심을 받았을 당시, 제자들은 너무나 무지하고, 편협하며, 미신에 사로잡힌 자들이요, 유대인이 지닌 편견과 오해와 적대감으로 가득 차 있는 인간들이었다. 그들에게는 버려야 할 나쁜 것도 많았지만, 배워 나가야 할 좋은 것도 많았다. 하지만 그들은 버리는 일에나 배우는 일에나 굼벵이들이었다."⁵⁾ 어느 시대에나 그렇듯이, 제자들은 그 시대의 산물로서 온갖 한계를 지닌 이들이었다. 그들도 일반인들처럼 여자들은 토라를 가르칠 만한 가치 있는 존재가 못 된다고 생각했다. 한번은 예수께서 사마리아의 우물가에서 어느 수상한 여인과 이야기를 나누신 적이 있다. 그때 제자들은 먹을 것을 사러 근처 동네에 가고 없었다. 돌아온 제자들은 예수께서 여자와 말씀하시는 것을 이상히 여겼다(요 4:27). 제자들에겐, 예수님이 모멸의 대상인 사마리아 사람과 이야기했다는 사실보다 여인과 이야기를 나눴다는 사실이 더 어처구니없는 일이었던 것이다. 그런가 하면, 그 뒤에 야고보와 요한은 동료인 열 제자의 분노를 자아내는 일을 저지르게 된다. 자신들이 꿈꾸던 나라가 도래하면 다른 제자들보다 더 힘있는 자리를 얻으려고 했던 것이다. 베드로 역시 다른 이들과 똑같았다. 그는 도무지 속에 있는 생각을 감추지 못하는 인물이었다. 제자로 부름받은 우리와 똑같았다.

그러나 3년이 넘는 기간 동안 예수와 함께하면서 부랑자들 같던 이 무리들은 온 세계를 놀라게 할 사람들로 변모했다. 약속된 성령이 강림하시자 심약한 비겁쟁이들이던 제자들은 부활하신 그리스도를 담대히 전파하는 확성기로 바뀌었다. 유대의 종교 지도자들은 베드로와 요한 두 제자를 체포하여 예수님이 살아나셨다는 말을 사람들에게 전하지 말라고 협박했다. 베드로와 요한은 이런 압력에 굴하지 않았다. 도리어 그들은 이렇게 선포했다. "다른 이로써는 구원을 받을 수 없나니 천하 사람 중에 구원을 받을 만한 다른 이름을 우리에게 주신 일이 없음이라 하였더라"(행 4:12).

이어지는 본문은 (썩 내키지 않는 심정으로) 베드로와 요한에게 탄복하는 유대 종교 지도자들의 모습을 보여 주고 있다. "그들이 베드로와 요한이 담대하게 말함을 보고 그들을 본래 학문 없는 범인으로 알았다가 이상히 여기며 또 전에 예수와 함께 있던 줄도 알고"(행 4:13).

이를 보면서 우리는 다시 이 장에서 다룰 과제를 생각하게 된다. 예수님은 어떻게 이 열두 사람을, 아버지께 돌아가신 뒤에 자신의 일을 이어받을 준비가 된 사람들로 만드셨을까? 마가는 예수께서 열두 제자를 부르신 일을 "이에 열둘을 세우셨으니 이는 자기와 함께 있게 하시고…"(막 3:14)라고 기록해 놓았다. 사도행전 4장 13절은 이 마가복음 기사의 메아리 같다. 제자들의 인격이 형성되고 예수님의 사명이 그들 속에 서서히 침투해 들어갈 수 있었던 것은 그들이 관계라는 맥락 속에서 예수님과 함께했기 때문이다.

예수님이 제자들을 끌어들여 자신의 사명을 이어받을 수 있게끔 준비시켰던 이 관계에서 얻어진 발전 과정은 대체 어떤 것이었을까? 우선 우리는 복음서가 분명한 단계별 공식을 개관하고 있는 것은 아니라는 점을 인정해야 한다. 예수께서 단계별 지도력 계발 모델에 따라 활동하신 것처럼 생각하여, 복음서의 내용을 명확하게 단계별로 정리해 보려는 시도가 있었다. 물론, 나도 제자들이 자라 간 발전 과정을 서술할 것이다. 하지만 그런 발전 단계들은 서로 중첩되고 반복되어 나타난다. 사람들은 자라기도 하고 뒤로 물러나기도 한다. 다시 배우기도 하면서 덜컹덜컹 앞으로 나간다. 길을 잃고 헤매다가 다시 제 길로 돌아오기도 한다. 우리의 성장 과정은 마치 오르락내리락하는 사인파(sine wave)처럼 차근차근 정상으로 올라간다. 지그재그 모양을 그리며 더 높은 단계로 올라가는 것이다. 과거를 돌아볼 때에 비로소 우리가 자랐음을 깨닫는 때가 자주 있다. 마틴 루터 킹 2세는 옛 노예들의 기도로 설교를 맺는 경우가 많았다. 그 기도는 이러했다. "오 하나님, 저는 아직 마땅히 되어야 할 사람도 되지 못했고, 무언가가 되지도 않았습니다. 그러나 당신 때문에 이전과 다른 내가 되었음을 감사하나이다."⑹

제자가 되기 전의 탐색 단계

예수께서 제자들을 길러 내신 발전 단계를 개관하기에 앞서, 우리가 인정해야 할 한 가지 중요한 점이 있다. 이 성장 과정으로 들어가려면 어려운 난관을 건너야 한다는 점이 바로 그것이다. 복종이 없으면 제자로 만들어지지 못한다. 제자가 되기 이전 단계, 그러니까 우리가 앞 장에서 첫 번째 단계라고 표현했던 단계에서는 제자들이 탐색의 주도권을 쥐고 있다. 요한복음 1장을 보면, 예수께서 등장하신 뒤에 안드레와 '다른' 제자가 예수님을 따라다니는 모습을 볼 수 있다. 예수님은 그들에게 무엇을 구하느냐고 물으셨다(요 1:38). 그 두 사람은 예수께서 약속된 그분(메시아)인지 확실히 알 수 있을 때까지 당분간 예수와 함께 있길 원했다. 예수님은 단지 와서 보라고 말씀하셨다. 그들은 탐색자였고, 예수님은 탐색의 대상이셨다.

그러나 제자도가 현실로 나타나려면, 이런 형국이 뒤집어져야 했다.

메시아를 찾는 이들이 부르심에 복종하는 자들로 바뀌어야 했던 것이다. "와서 보라"와 "와서 나를 따르라" 사이에 있는 큰 선을 넘어서야 했다. 그럴 때에 비로소 예수께서 그들의 삶을 빚어 내실 수 있는 영향력을 행사하실 수 있었기 때문이다. 여기서 예수님은 제자들이 랍비를 고르던 기존 방식을 철저히 뒤집어 버리신다. 당시에는 제자들이 여러 랍비들을 탐색해 보고 누구를 따를지 결정하는 것이 관행이었다. 즉, 제자들이 자신들의 운명을 스스로 결정했던 것이다. 그러나 예수님의 경우는 이와 달랐다. 마이클 윌킨스는 이렇게 말했다. "1세기에 존재했던 다른 유형의 사제관계를 보면, 제자들이 자기 의사대로 스승을 고를 수 있는 주도권을 쥐고 있었다. 하지만 예수님의 경우에는 예수님이 주도권을 쥐시고 제자가 될 사람들을 택하시고 부르셨다."[7] 이때까지만 해도 안드레(와 요한)는 당대의 여느 제자들이 그러하듯이, 자신들이 따를 랍비를 찾고 있었다. 그러나 이내 그 형세는 뒤집어져, 예수께서 그들에게 "와서 나를 따르라"라고 말씀하시게 된다. 제자들은 "예"와 "아니오" 가운데 하나만을 선택할 수 있었다. 이 개념은 제자도의 본질을 이해하는 데 꼭 필요한 것이다. 예수님은 자신이 바라시는 조건으로 지도자의 자리에 서셔야 할 분이었다.

일단 "와서 보라"는 선을 넘어서자, 예수님은 네 단계로 이루어진 준비 과정으로 제자들을 인도하셨다(130쪽의 표 4-1을 보라). 일반인들에게 널리 알려져 있는 지도력 모델을 보면 두 가지 통찰을 얻을 수 있다. 나는 이 통찰을 통해서 예수께서 제자들을 길러 내신 과정을 이해할 수 있는 안목을 얻었다. 폴 허시와 켄 블랜차드는 자신들의 저서 *Situational Leadership*(상황에 따른 리더십)에서 좋은 지도자들은 두 가지 일을 한다고 말한다. 첫째, 좋은 지도자들은 그를 따르는 자들이 기꺼이 준비할 수 있는 목표를 마음 속에 갖고 있다. 둘째, 좋은 지도자들은 그들의 지도 방식을 자신들이 이끄는 개인이나 그룹의 준비 수준에 맞춘다. 개인이나 그룹이 기꺼이 준비할 수 있는 목표를 향해 나아갈 수 있도록 하려는 것이다. 허시와 블랜차드는 준비된 자세를 "한 개인 또는 무리가 자신들의 행동을 인도하는 지도자의 지도에 따를 수 있는 능력과 따르려는 의지"[8]라고 정의한다. 최고의 리더십 스타일, 유일하게 옳은 리더십 스타일은 존재하지 않는다. 하지만 지도자의 지도 방식은 그 지도자들이 목표에 이를 수 있도록 돕는 사람들이 기꺼이 준비할 수 있는 수준에 맞추어져야 한다는 게 그들의 이론이다.

예수 역시 제자들을 부르셔서 '자신과 함께 있도록' 하심으로써, 아버지께로 돌아가신 뒤에도 계속 이어 갈 목표를 제자들이 기꺼이 준비하도록 하셨다. "그분은 그들(제자들)이 볼 수 없는 것을 알고 계셨다. 그분은 그들을 택하셔서 미래와 교회와 선교 현장을 이끌어 갈 지도자들로 훈련시키고자 하셨다. 이는 예수님이 그들을 떠나가실 날을 대비한 것이었다."[9] 예수님에게는 3년 내에 달성해야 할 분명한 목표가 있었다. 3장에서 우리는 조지 마틴이 3년의 기한을 내걸고 우리에게 던진 도전을 성찰해 보았다. 그는, 만일 우리가 앞으로 사역을 3년만 더 할 수 있고 그 이후에는 우리를 대신할 지도자가 없다면, 그 3년 동안 지도자인 우리가 시간을 어떻게 활용해야 할지 물었다. 예수님은 이런 운명 의식을 갖고 사셨다. 예수님에게 주어진 시간은 짧았다. 그분은 짧은 시간 내에 자신을 대신할 사람들을 준비시키셔야만 했다. 예수께서 준비시키려던 목표는 무엇이었는가? 예수님의 목표는 자신의 제자들이 철저히 헌신하여 또다른 제자들을 길러 내는 제자들이 되게 하는 것, 제자들로 하여금 그런 제자들을 만들어 내야 할 책임을 온전히 감당케 하는 것이었다. 그러나 그렇게 하려면, 예수님은 제자들이 서 있는 바로 그곳에서 시작하여, 사전에 준비된 발전 과정을 통하여 조심스럽게 그들을 빚어 가셔야 했다. 그 과정은 무엇이었는가?

예수님은 도제 관계의 장인처럼 제자들을 훈련시키셨다. 그분의 삶의 종착점에는 십자가가 있었다. 예수님은 죽고자 태어나신 분이었다. 예수님은 부활하여 아버지께 돌아가신 뒤에 제자들이 그분의 사명을 계속 이어 갈 수 있도록 준비시키셔야 했다. 예수님은 제자들을 준비시키고자 제자들이 받아들일 수 있는 수준에 맞추어 몇 가지 중요한 역할을 수행하셨다. 사역 초기에 해당하는 1단계에서는 삶으로 본을 보여 주셨다. 제자들은 예수님을 꼼꼼히 관찰함으로써 그분의 말씀과 사역을 흡수하기 시작했다. 2단계에서는 제자들을 자극하며 가르치는 교육자가 되셨다. 이 단계에서 예수님은 제자들에게 새 나라(하나님 나라)의 시각을 가르쳐 주셨을 뿐만 아니라, 하나님께 반역한 종교적, 세속적 세계에서 제자들이 받아들였던 그릇된 사고와 전제들을 제거하는 데 교육 목적을 두셨다. 3단계에서는 제자들을 뒷받침하는 코치가 되셨다. 예수님은 분명한 한계를 그어 주시면서, 제자들을 단기 선교사로 파송하셨다. 제자들은, 자신들이 돌아오면, 예수께서 자신들을 격려하시고 선교 결과를 들어 주실 것이란 점을 알고 있었다. 4단계에서는 마침내 제자들에게 사명을 부여하시는 위임자 역할을 하고 계신다. 예수께서 십자가에 못박히실 때, 제자들은 뿔뿔이 흩어지게 된다. 그러나 제자들은 이런 상황에서도 살아남을 수 있을 만큼, 예수님의 삶과 사명을 자신들의 것으로 만들었다. 예수께서 부활하신 뒤, 그들은 다시 모이게 된다. 그리고 오순절에는 성령으로 말미암아 큰 권능을 받게 된다. 비로소 예수님의 사역이 제자들의 사역이 된 것이다.

1단계: 삶으로 본을 보여 주시다

이 첫 단계에서 제자들은 예수님의 사역과 사명의 본질을 이해하고 '그토록 놀라운 일들을 말씀하시고 행하시는 이 사람이 누구신가'라는 가장 중요한 질문을 제기할 필요가 있었다. 훈련의 첫 단계에서 지도자는 하나하나 세세히 가르쳐야 한다. 지도자는 초보자들의 행동 강령을 제시하고 그들의 역할을 규정한다. 이는 곧 예수 자신이 제자들이 관찰하고 연구할 수

표 4-1 예수께서 제자들을 준비시켜 권한을 부여하신 과정

	준비 단계	1단계	2단계	3단계	4단계
예수님의 역할	초대자	삶으로 본을 보여 주심	제자들을 자극하며 가르치시는 교사	제자들을 뒷받침하는 코치	최종 위임자
제자들의 역할	따를 스승을 찾는 자들	관찰자이자 모방자	학생 겸 질문자들	단기 선교사들	사도들
준비 수준	예수께서 오랫동안 기다려온 메시아이신지 너무나 알고 싶어함	예수께서 누구시며 그분의 사역과 사명의 본질이 무엇인지 관찰할 준비가 되었음	예수와 상호 소통하며 사람들이 보기에 예수와 같은 모습이 되려고 준비함	그들을 통해 일하시는 예수님의 권세를 검증하려고 함	다른 제자들을 또 길러 낼 책임을 완전히 떠맡을 준비가 됨
핵심 질문	예수께서 메시아이신가?	예수님은 누구신가? 그분의 사역과 사명은 무엇인가?	예수님을 따를 경우 치러야 할 대가는 무엇인가?	우리가 예수님의 사역을 이어받을 때에도 예수님의 권능이 우리를 통하여 역사하실 것인가?	내 삶을 제자들을 또 길러 내는 사명에 온전히 바칠 것인가?

있는 산 본보기 노릇을 하셨다는 것을 의미한다. "지식은 설명으로 이해되기 이전에 스승과 제자의 연합을 통하여 체득되었다."[10] 이 단계를 간단하게 표현하면, "나는 행할 테니 너희는 보고 배우라"고 할 수 있겠다.

예수님의 사역 초기에 제자들이 한 일은 조용히 지켜보는 것뿐이었다. 제자들은 예수님이 다양한 현장에서 사람들을 만나시고 가르치실 때 함께 있었다. 하지만 그들은 늘 뒷전으로 물러나 있었다. 이 단계에

서는 예수님이 초점이다. "그저 제자들이 자신을 따라오게 하시는 것, 그것이 바로 예수님의 훈련 프로그램의 요체였다."[11] 예수님의 접근 방식은 랍비가 학생에게 하는 역할과 비슷했다. 그 시대 랍비와 제자의 관계를 보면, 제자들은 말 그대로 랍비의 삶을 그대로 따라 했다. 랍비들은 살아 있는 토라로 간주되었다. 랍비는 살아 있는 '법'이었다. 게르하드슨은 랍비식 접근 방법을 이렇게 써 놓았다. "배우려는 사람은 스승에게 가야 한다.…그러나 그들은 스승을 지켜보는 것만으로도 많은 것을 배운다. 그들은 눈을 부릅뜨고 스승의 일거수일투족을 관찰하여 그대로 따라 한다. 토라는 가장 거룩하고 권위 있는 삶의 지침이요 삶의 길이다. 그렇기에, 제자들은 자신들의 스승을 지켜보고 따라 하는 것만으로도 많은 것을 배울 수 있다."[12]

제자들의 역할이라는 관점에서 복음서의 한 부분을 살펴보자. 마가복음의 첫 다섯 장을 보면, 제자들은 드문드문 언급되고 있다. 제자들이 있었다는 것을 겨우 알 정도다. 마가는 제자들이 관찰한 예수라는 사람의 정체를 세 가지로 강조한다. 첫째, 마가는 예수께서 마귀(막 1:21-28, 5:1-20), 죄(막 2:1-12), 안식일(막 2:23-3:6), 자연(막 4:35-41), 질병(막 1:40-45, 5:21-34), 그리고 심지어 죽음(막 5:35-43)까지 다스리는 권세를 지니신 분임을 논증한다.

둘째, 마가는 예수께서 사람들을 긍휼히 여기신 분이었음을 생생하게 묘사하고 있다. 예수님은 귀신들린 사람들(막 1:23, 5:2), 나병 환자(막 1:40), 침상에 누운 중풍 병자(막 2:3), 세리 레위(막 2:14), 손이 마른 사람(막 3:1), 혈

루증을 앓은 여인(막 5:25), 회당장과 아파서 죽은 그의 딸 등에게 긍휼을 베푸셨다.

셋째, 마가는 기성 종교 세력이 예수님을 대적하는 모습을 실감나게 보여 주고 있다. 바리새인들은 중풍 병자의 죄를 용서하시는 예수님의 권세를 비웃었고(막 2:6-7), 세리 및 죄인과 어울려 식사하시는 예수님을 경멸했다(막 2:16). 그들은 예수와 그분의 제자들이 안식일을 범하는 것에 충격을 받았고(막 2:24), 고발할 빌미를 잡고자 예수께서 안식일에 병자를 고치시는지 지켜보았다(막 3:2). 그러다가, 예수님을 귀신들린 자로 선언하기도 했다(막 3:22).

이렇게 예수님은 악의 세력들을 다스리시고, 소외된 자들을 긍휼히 여기시며, 기성 종교 세력에 맞서는 모습을 보여 주셨다. 그때 제자들은 어디에 있었는가? 그들은 이 모든 일의 본질을 고스란히 목격했다. 그렇다면, 마가복음의 첫 다섯 장에서 제자들은 어떤 모습으로 등장하는가? 예수님을 따르라는 부르심에 순종한 네 어부의 모습을 제외하면, 제자들은 '그들'의 형태로 등장한다. 예수께서 가버나움의 회당에 들어가셔서 더러운 귀신들린 사람을 구원하시는 장면(막 1:21-28)과 베드로와 안드레의 집에서 열병에 걸린 베드로의 장모를 고쳐 주신 장면(막 1:29-31)을 보면, 제자들은 그저 '그들'로 나타난다. 이어서 예수께서 잠시 그들을 떠나 '한적한 곳'에서 아버지와 함께 계시는 장면이 나오는데, 이때 베드로와 다른 제자들은 허둥대며 예수님을 찾는다(막 1:35-39). 이 외의 경우에도 마가는 제자들을 잠깐 언급할 뿐이다. 그들은 세리인 레위의 집에 초대받아 식사하는 손님들로 등장한다(막 2:15-17). 세례 요한과 바리새인들의 제자들은 금식한 반면, 그들은 금식하지 않았기 때문에 논쟁의 빌미가 되었다(막 2:18). 또 그들은 안식일에 이삭을 잘라 먹은 행동을 함으로써 다툼의 불씨가 된다(막 2:23-28). 3장을 보면, 아주 중요한 순간이 등장한다. 예수께서 장차 자신의 사도가 될 열두 사람을 택하신 것이다(막 3:13-15). 그러나 이때만 해도 예수님은 그들로 하여금 이 (사도의) 사명을 이행하게 하시려고 특별히 서두르시는 것 같지 않다. 그들이 사도로서 세움을 받지만, 예수께서 그들을 파송하시는 것은 한참 뒤였기 때문이다. 4장을 보면, 제자들이 자신들의 생명을 위협하는 폭풍 때문에 두려워하는 장면이 나온다. 그러나 예수께서 그 폭풍에 명하여 잠잠케 하시는 것을 본 제자들은 더 두려워한다. 마가복음의 첫 다섯 장에서 제자들이 등장하는 마지막 장면은 예수께서 회당장 야이로의 딸을 다시 살려 주시는 장면이다. 이때, 베드로와 야고보, 요한이 등장한다.

그러나 마가복음의 첫 다섯 장에서 제자들이 예수와 실제로 의미 있는 상호 작용을 한 경우는 예수께서 땅을 비유로 들어 사람들을 가르치신 뒤에 단 한 번 나타난다. 그 외의 경우에 제자들은 그저 예수 뒤만 따라다니고 있다. 그러나 그들은 존재하지 않는 것이 아니다. 예수께서 폭풍을 잠잠케 하신 뒤에 제자들이 던진 질문은 그들의 존재를 뚜렷하게 드러내고 있다. "그가 누구이기에 바람과 바다도 순종하는가"(막 4:41)라는 질문이 바로 그것이다. 스승을 관찰하고 그대로 따라 하는 이 단계에서 중심 주제가 된 것이 바로 "이 사람이 대체 누구인가?", "예수님은 당신 자신을 누구라고 생각하시는가?"라는 질문이었다. 그들이 예수라는 인격체에 매료됨으로써 제자도의 기반이 형성된 것이다.

그저 스승을 지켜보고 그대로 따라 하는 것은 제자도의 기초 단계일 수 있다. 하지만 스승을 지켜보고 그대로 따라 하는 것은 예수님의 사역 기간 내내 제자도를 형성하는 방편으로 계속 이어진다. 예수님은 제자들 앞에 무릎을 꿇고서 그들의 발을 씻겨 주셨다. 종들이 집에 온 손님의 발을 씻겨 주는 것과 똑같은 일을 행하신 것이다. 이 사건은 예수님의 지상 사역이 마지막을 맞을 시점에 일어난 사건이었지만, 제자들은 아직도 큰 자는 자신을 높이는 자가 아니라 자신을 낮추는 자라는 사실을 이해하지 못하고 있었다. 예수님은 말로 가르치는 것 이상의 본을 보여 주셨다. 예수님은 제자들의 발을 씻겨 주신 다음, 자신의 행동에 담긴 의미를 분명하게 제시하심으로써 그 사건을 끝맺고 있다. "내가 주와 또는 선생이 되어 너희 발을 씻었으니 너희도 서로 발을 씻어 주는 것이 옳으니라 내가 너희에게 행한 것같이 너희도 행하게 하려 하여 본을 보였노라"(요 13:14-15).

예수님은 이 원리를 분명하게 선언하셨다. "제자가 그 선생보다 높지 못하나 무릇 온전하게 된 자는 그 선생과 같으리라"(눅 6:40). 기초 중의 기초인 이 단계에서, 제자는 그저 배우는 사람일 뿐이다. 배움의 첫 단계에서는 배움의 본이 되는 스승과 똑같아지려는 마음만이 존재한다. 제자훈련은 스승의 머리에 들어 있는 정보를 제자의 머리로 옮겨 주는 것이 아니라, 스승의 삶을 제자가 자신의 삶 속에서 그대로 따라하는 것이라고 예수님은 말씀하신다.

내 아내는 초등학교 교장이다. 아내는 교장이 되기 전에 거의 모든 학년의 학생들을 가르치며 자극(가르침)을 얻었다. 30여 년의 세월을 교육 일선에서 보내면서, 아내는 교육 이론과 실기 면에서 많은 발전이 이루어진 것을 목격했다. 교실은 더욱더 많은 자극이 넘쳐나는 곳이 되었다. 아이들은 더 이상 공부를 지루해할 필요가 없다. 다양한 방식으로 공부하기 때문이다. 그러나 아내는 지금까지 변하지 않았고 앞으로도 결코 변하지 않을 한 가지가 있다고 일러 주었다. 바로 사람이다. 어린이들에게 학습 동기를 불러일으키는 가장 중요한 요인은 사제지간의 유대관계. 옛말이 하나도 그르지 않다. "사람들은 여러분이 자신들에게 얼마나 많은 관심을 갖고 있는지 안 뒤에야 비로소 여러분이 얼마나 많은 것을 알고 있느냐에 관심을 갖는다."

예수님의 삶과 사역은 자석처럼 제자들을 끌어당겼다. 이 첫 단계에서는 그 삶과 사역이 제자들의 초점이 되었다.

2단계: 자극하며 가르치는 스승이 되시다

예수님의 지도 방식이 제자들의 준비 정도에 맞춰 바뀌었다는 점은 흥미로운 일이다. 예수님은 사도들을 자극하여 새로운 준비 단계로 들어

가게 하시려고 지도 방식을 일부러 바꾸셨다. 이 2단계에서, 예수님은 제자들을 자극하는 스승 역할을 하신다. 예수님은 군중들과 별도로 사도들을 가르치시고 그들에게 질문을 던지신다. 사도들이 지닌 세계관을 뿌리부터 뒤흔들어 그 옳고 그름을 다시 생각해 보도록 하신 것이다. 예수님은 이 순간에도 제자들을 끌고 가시지만, 다른 한편으로는 제자들과 상호작용하는 일을 시작하신다. 그럼으로써 예수님의 제자가 되려면 무엇이 필요한지 제자들 스스로 평가할 수 있게 하신 것이다. 이 단계는 "나는 행할 테니, 너희는 도우라"는 말로 표현할 수 있겠다.

제자들을 향한 예수님의 가르침은 그분의 사역 내내 계속되었다. 수업은 늘 계속되었다. 가르침과 설교와 병 고침의 사역을 행하실 때, 이 모든 것들이 그 소수(의 제자들)를 훈련시키는 데 기여하는 사건들임을 예수님은 잘 알고 계셨다. 제자들은 먼저 예수님의 공생애 사역 속에서 예수님의 말씀을 듣거나 행동에 주시했다. 그런 다음에, 예수님은 제자들에게 말씀이나 행동의 의미를 더 깊이 설명하시고 질문을 던지셨다.

예수님이 군중들을 가르치거나 군중들과 대화하는 것을 멈추시고 제자들과 교감을 나누셨던 가르침의 순간들을 살펴보자. 오늘날 제자가 되겠다는 사람들을 보면, 처음에는 사이비 진리와 그릇된 사상, 거짓말 투성이인 채로 예수와 관계를 맺기 시작한다. 열두 제자들도 마찬가지였다. 예수님이 제자들과 이런 상호 소통을 가지신 것은 예수님의 나라(하나님 나라)와 관점을 달리하는 제자들의 태도와 가치관을 폭로하여 그

것들에 맞서도록 하려는 데 목적이 있었다. 제자들이 예수님을 닮는 데 필요한 희생과 헌신을 평가해야 할 이 시간은 제자들 스스로 가장 깊은 심연까지 점검하는 시간이었다. 그들이 소중히 여기던 전제들과 세계관은 뿌리째 흔들리고 있었다.

첫 번째 사건은 마가복음 7장에 기록되어 있다. 예수님은 의의 본질을 놓고 서기관 및 바리새인들과 의견차를 드러내며 대립하셨다. 당대의 종교 지도자들은 의와 겉으로 나타나는 행동을 동일시했다. 이를테면, 음식을 만지기 전에 손을 씻는 정결례를 지키는 것이 바로 의였다. 그러나 예수님은 의를 그 무엇보다 마음의 문제라고 선언하셨다. 예수님은 이런 말씀으로 그 주장을 집약하셨다. "무리를 다시 불러 이르시되 너희는 다 내 말을 듣고 깨달으라 무엇이든지 밖에서 사람에게로 들어가는 것은 능히 사람을 더럽게 하지 못하되 사람 안에서 나오는 것이 사람을 더럽게 하는 것이니라"(막 7:14-16). 여기서 예수님은 대중과 함께하는 시간에서 사사로운 시간으로 천천히 옮겨 가신다. 성경은 그 장면을 이렇게 써 놓았다. "무리를 떠나 집으로 들어가시니 제자들이 그 비유를 묻자온대"(막 7:17). 예수님은 제자들에게 연이어 질문을 쏟아 내시며 그분의 말씀이 무슨 뜻인지 밝혀 주신다. "너희도 이렇게 깨달음이 없느냐 무엇이든지 밖에서 들어가는 것이 능히 사람을 더럽게 하지 못함을 알지 못하느냐"(막 7:18). 그러나 제자들은 예수님의 말씀을 얼른 깨닫지 못했다. 당대의 종교 지도자들의 가르침에 인이 박혀 있던 그들은 예수님보다 그 지도자들이 말하는 의의 개념에 더 가까운 견해를 갖고 있었기 때문이다. 예수님은 이처럼 제자들과 함께하는 사사로운 시간에나 비로소 진리에 대한 그들의 이해를 바로잡으실 수 있었다.

두 번째 사건은 마가복음 10장에서 만날 수 있다. 여기서 예수님은 제자들이 흡수했던 그릇된 신학적 신화들을 바로잡아 주신다. '부유한 젊은 관원'이 예수께 다가온다. 만일 예수께서 그를 낚으실 수만 있다면, 월척을 낚는 것이었다. 그 젊은이가 "선한 선생님이여 내가 무엇을 하여야 영생을 얻으리이까"(막 10:17) 하고 물은 것을 보면 열정이 있어 보인다. 그런데 예수님은 알쏭달쏭한 말씀으로 대꾸하셨다. "네가 어찌하여 나를 선하다 일컫느냐?"[13] 예수님은 대답 대신, 십계명 중 몇 가지를 열거하셨다. 이 말씀을 듣자마자, 젊은 관원은 자신이 그 계명들을 흠 없이 다 지켰노라고 선언했다. 그러나 예수님은 그의 자기정당화를 받아들이지 않으셨다. 예수님은 그 부자 관원이 정작 하나님으로 섬기는 것이 무엇인지 폭로하셨다. "네게 아직도 한 가지 부족한 것이 있으니 가서 네게 있는 것을 다 팔아 가난한 자들에게 주라…그리고 와서 나를 따르라"(막 10:21). 젊은 관원은 슬퍼하며 그 자리를 떠났다. 자신의 막대한 부를 포기할 수 없었기 때문이다.

예수님은 즉시 제자들을 향해 몸을 돌리시더니 이렇게 결론내리셨다. "재물이 있는 자는 하나님의 나라에 들어가기가 심히 어렵도다"(막 10:23). 마가가 기록해 놓은 바에 의하면 제자들은 예수님의 말씀을 듣고 당황했다. 평생 부와 의는 불가분의 정비례 관계에 있다고 배워 왔기 때문이다. 부유한 자는 하나님이 복을 주신 자라는 게 그들의 생각이었다. 제자들이 당황하고 있음을 알아차리신 예수님은 그림처럼 생생한 표현으로 부와 의가 서로 무관함을 강조하셨다. "낙타가 바늘귀로 나가는 것이 부자가 하나님의 나라에 들어가는 것보다 쉬우니라"(막 10:25). 제자들은 그 말씀을 듣고 격분했다. "그런즉 누가 구원을 얻을 수 있는가"(막 10:26).

예수님은 제자들의 삶에 난제를 던지셨다. 예수님은 일부러 제자들의 마음이라는 열차를 부숴 버리기 시작하셨다. 정반대의 두 가지 생각(예수님의 생각과 제자들의 생각)이 같은 궤도 위에서 상대방을 향해 돌진하고 있었다. 쉬운 답이 없었고, 빈칸을 채워 넣는 식의 간단한 학습서도 없었다. 예수님은 제자들이 그 난제들을 숙고하여 풀어 내기를 바라셨다. 생각의 제자도도 제자도에 포함된다. 제자훈련 과정이라는 명목 아래 만들어진 내용들을 보면, 너무나 많은 부분이 실상은 일일이 숟가락으로 떠먹여 주는 음식들이다. 예수님은 제자들이 소중히 여기는 전제들에 도전장을 던지심으로써 일부러 제자들에게 고뇌를 안겨 주셨다.

제자를 길러 내는 과정에서 삶의 정황은 하나님 말씀의 주해가 이루어지는 무대가 된다. 나는 여러 해에 걸쳐 제자들을 길러 내는 관계를 맺어 왔다. 이런 관계 덕분에 가르치는 순간마다 하나님의 말씀을 끊임없이 반추해 볼 수 있었다. 내 제자훈련 파트너 가운데 한 사람인 마이크는 꿈같은 집을 장만하려다 건축이 끝나 갈 즈음 화재가 일어나 건물이 타 버린 일 때문에 지루한 송사(訟事)를 벌이고 있었다. 마이크는 속이 뒤집어지는 일을 겪은 뒤에 맞이한 첫 주일에 우리 교회에서 주일 예배를 드렸다. 그런데 마침 그날 오전 예배의 설교 본문과 주제는 여호와 하나님이 불타는 떨기나무 덤불에서 모세에게 말씀하신 사건이었다. 우연치고는 너무나 기막힌 우연의 일치였다. 마이크는 즉시 잿더미가 되어 버린 집이 자신 앞에 나타난 불타는 떨기나무 덤불임을 깨달았다. 그러나 그를 붙잡아 하나님께 인도했던 그 사건은, 여러 해에 걸쳐 송사가 진행되는 동안 더욱더 많은 가르침을 제공해 주는 원천이 되었다. 미국인들은 재산이 계속 늘어나는 게 하나님이 복 주시는 증거라고 생각한다. 그러나 마이크는 예수님을 믿은 뒤로 점점 더 빈궁해졌다. 이런 상황에서 우리는 하나님의 복을 어떻게 이해해야 할까? 우리는, 부는 곧 복이라고 믿는 미국인들의 사고방식이 그와 정반대되는 예수님의 견해를 가려 버린 사실을 놓고 토론을 벌였다.

예수님과 제자들 사이에 오고 간 가장 중요한 대화에서 중심이 되었던 질문은 "예수께서 누구시냐"는 것이었다. 예수님의 제자가 될 사람들이라면, 누구나 이 질문에 대답해야만 한다. 예수님은 제자들에게 두 가지 질문을 잇달아 던지셨다. 첫 질문은 일반적이었으나 두 번째 질문은 구체적 답변을 요구하는 것이었다. 예수님은 먼저 이렇게 물으셨다. "사람들이 나를 누구라고 하느냐"(막 8:27). 제자들은 항간에 떠도는 이야기들을 주절주절 늘어놓았다. 그러자 예수님은 제자들에게 다음 질문을 던지셨다. "너희는 나를 누구라 하느냐"(막 8:29). 이때 베드로가 자신도 모르는 사이에 불쑥 정답을 말했다. "주는 그리스도(메시아)이십니다." 이 답을 들으신 예수님은 그 메시아가 고난당하는 종임을 일러 주신다. '고난당하는 종'이라는 메시아 개념은 대중들이 생각하는 메시아와 전혀 다른 것이었다. 베드로도 죽임당하시는 메시아는 생각조차 할 수 없었다. 하나님의 계시를 전하는 도구였던 베드로는 불과 몇 분 사이에 지각없는 사탄의 도구로 전락하고 만다. 예수님은 자신이 예루살렘에 올라가셔서 불의한 자들의 손에 죽임을 당하실 것이라고 말씀하셨다. 베드로는 말도 되지 않는 말씀은 그만 하시라며 예수님을 제지했다. 자신의 목숨을 스스로 내어 버린다는 이 개념은, 예수께서 그분을 따르려는 이들이 치러야 할 제자도의 대가가 무엇인지 알려 주신 것이었다.

예수님은 이렇게 제자들과 서로 소통하며 가르치셨을 뿐만 아니라, 그들을 자신의 조력자로 받아들이심으로써 그들의 가치를 인정해 주셨다. 한번은 예수께서 한적한 곳으로 가셔서 제자들의 선교를 보고받으려고 하셨다. 그러나 예수님을 놓치지 않으려던 군중들이 예수님과 열두 제자를 한적한 곳까지 따라왔다. 그곳은 음식을 구할 수 있는 마을 어귀에서 멀리 떨어진 곳이었던 터라, 제자들은 먹을 것이 없다는 사실을 염려하게 되었다. 그때 예수님은 처음으로 제자들에게 오천 명을 먹일 책임을 맡겨 주셨다. 제자들은 가진 돈을 헤아려 본 다음, 이백 데나리온이 있어도 군중들을 충분히 먹일 수 없다고 판단했다. 이때, 예수께서 다시 그 상황을 떠맡으신다. 예수님은 떡 다섯 조각과 물고기 두 마리로 그 군중들이 먹고도 남을 만한 양식을 만들어 내셨다. 기적이었다. 제자들은 이 야외 집회에서 예수님을 도와 두드러진 역할을 했다. 그들은 군중들을 백 명씩, 오십 명씩 나눈 다음 질서 있게 빵과 물고기를 나누어 주었다. 이 사건에서 제자들은 예수님의 사역을 군중들에게 확장하는 전달자가 되었다. 물론 군중들의 눈에는 여전히 예수님만이 유일하게 돋보이는 존재였지만, 이제는 제자들도 눈에 띄는 두드러진 존재가 된 것이다.

여기에는 위대한 훈련 원리가 하나 있다. 만일 우리가 예수님을 본받고자 한다면, 도제처럼 훈련받는 것이 우리가 할 모든 일 가운데 하나가 되어야 한다는 점이다. 그럼으로써, 사역은 더욱더 확장될 수 있다. 소그룹을 이끄는 지도자들은 자신이 이끄는 그룹에서 잠재력을 지닌 지도자 후보들을 찾아 내야만 한다. 지도자 후보들에게는 한 주 두 주 시간이 흘러갈수록 더 많은 책임이 주어진다. 그럼으로써, 그 훈련생이 미래의 지도자로서 훈련받고 있다는 사실을 다른 구성원들도 분명히 알게 된다. 목사는 환자를 심방하거나 슬픈 일을 당한 사람으로부터 전화를 받았을 때 혼자 방문해서는 안 된다. 돌보는 사역에 부르심을 받은 사람들을 훈련시킬 수 있는 절호의 기회이기 때문이다. 나는 하나님의 사람들이 자신들의 신령한 은사와 소명인 사역을 분별할 수 있도록 도와줄 세미나를 열려고 했다. 나는 교과 과정을 다시 짜면서 가르침의 은사를 받은 평신도 두 사람에게 그 교과 과정을 가르쳤다. 그 두 사람은 교과 과정을 짜는 일과 연구 발표회의 교수 방식을 정하는 데 동참했다. 우리가 함께 만들어 내고 교수한 내용들은 너무나 훌륭했다. 나 혼자 했더라면, 결코 그런 내용들이 나올 수 없었을 것이다. 특히 제자훈련과 선교 분야에서 사람들을 가르치며 말할 기회가 생기면, 나는 나와 사제 관계를 맺고 제자훈련을 받고 있는 사람들을 초대한다. 그럼으로써, 그들은 더 많은 증언의 말씀을 듣게 되는 동시에, 이런 강조점들과 연관된 비전을 다시 한 번 듣게 된다.

조력자들이 공개리에 사역에 동참하면 얻을 수 있는 유익이 더 많다. 첫째, 조력자들은 자신을 사역에 동참시켜 준 사람에게 자신들이 가치 있는 존재임을 알게 된다. 예수님의 제자들이 자신들의 중요성과 가치를 깨닫게 된 것도 대중 앞에서 예수님과 완전히 연합하여 일하게 되었을 때다. 둘째, 사람들이 제자들을 지도자와 동일시하게 되면, 제자들의 사명감은 더욱더 투철해진다. 예수님의 사명이 차츰차츰 제자들의 사명이 될 수 있었던 것도 제자들이 대중 앞에 예수님의 조력자로 드러났기 때문이다. 셋째, 조력자로서 훈련받게 되면 더 많은 것을 배우게 된다. 미래의 사명을 감당코자 훈련받고 있는 사람은 더 꼼꼼히 관찰하는 일, 그리고 장차 자신이 책임 있는 자리에 있을 때 부딪히게 될 물음들에 대한 해답을 찾는 일에 초점을 맞추어야 한다.

이 두 번째 단계에서 예수님은 제자들을 자극하는 교사 역할을 하셨다. 그분은 친밀한 지도와 예리한 질문을 통하여, 그리고 제자들을 대중의 주목을 받는 자리에 더 많이 노출시킴으로써 제자들을 향한 기대치를 높이셨다.

3단계: 제자들을 뒷받침하는 코치 역할을 하시다

예수님은 준비 모델의 세 번째 단계에서 제자들을 뒷받침하는 코치 역할을 하셨다. 예수님은 열두 제자와 70명의 제자에게 단기 선교사로 나가서 일할 수 있는 기회를 주셨다. 예수님은 열두 제자를 사도로 세우신 순간부터 제자들이 나가서 일하게 될 이 순간을 염두에 두고 계셨다. 예수님은 제자들의 사명을 명확하게 정해 주셨다. 예수님은 그들을 "보내사 전도도 하며 귀신을 내쫓는 권능도 가지게 하려"(막 3:14-15) 하셨다. 그러나 제자들이 실제로 전도하고 귀신을 내쫓는 책임을 감당하게 된 것은 시간이 흐른 뒤였다. 예수님은 제자들이 이 역할을 차츰차츰 감당해 나가기를 바라셨다. 이 단계를 한 마디로 표현한다면, "너희는 행하라, 내가 도와주마"라는 말이 가장 적당할 것이다.

예수님은 일부러 자신의 지도 방식을 재차 바꾸심으로써 제자들을 새로운 발전 단계에 적응하도록 만드셨다. 코치가 되신 예수님은 제자들을 내보내 사명을 감당케 하셨다. 하지만 예수님은 여전히 제자들을 뒷받침하시면서, 그들이 돌아오면 결과를 보고받을 준비를 하고 계셨다. 예수님은 열두 제자와 70인의 제자들을 선교라는 전투 현장으로 내보내시면서도, 제자들이 돌아오면 그들의 성공을 격려하고 그들이 부딪힌 난제들에 조언해 주셨을 것이다. 어쩌면 훈련받는 제자들은 아직 지도자의 역할을 감당할 준비가 충분히 안 되었다고 느꼈을지도 모른다. 그러나 예수님은 제자들을 마치 새끼새들처럼 둥지에서 밀어 내 그들이 나는지 보려고 하셨다. 제자들도 자신들이 첫 비행을 마치면 돌아갈 둥지가 여전히 존재하고 있다는 사실을 알고 있었다.

예수님은 몸소 본보기가 되셨다. 예수님이 모든 것을 가르치셨을 때, 제자들은 자신들의 사명을 알게 되었으며, 동시에 그 사명을 완수할 때 따라야 할 특정한 지침들을 갖게 되었다. 마태는 예수께서 열두 제자를 보내실 때 주신 사명을 가장 상세하게 설명하고 있다.

분명한 가르침

마태는 예수께서 제자들에게 주신 사명을 설명할 때 이런 말로 시작했다. "예수께서 이 열둘을 내보내시며 명하여 이르시되"(마 10:5). 나는 종종 목사들이 회중 가운데서 일부 지체에게 사역을 위임한다는 말을 듣는다. 그러나 목사들은 기꺼이 사역을 해 보려는 이에게 책임을 떠맡기면서도, 그 사명의 내용이나 그 사명을 수행할 방법에 관하여 명확한 지침은 제시하지 않는다. 그러나 예수님은 그렇게 하지 않으셨다. 예수님이 일러 주신 사명은 분명하게 구분되어 있었다(마 10:5-15). 제자들의 사명이 미치는 범위는 이스라엘의 잃어버린 양으로 국한되었으며, 이

방인들은 제외되었다. 그 사명의 초점 역시 하나님 나라의 말씀을 선포하는 것으로 한정되었다. 예수님은 그 사명의 예로 병자를 고치고, 죽은 자를 살리며, 나병 환자를 깨끗케 하고, 귀신들을 몰아 내는 일을 말씀하셨다. 예수님은 이 땅에 속한 방편의 도움을 일체 받지 말라고 말씀하심으로써 사명을 완수할 수단 역시 분명하게 지정해 주셨다. 제자들이 머물 곳은 그들이 전하는 말씀을 받아들이는 사람들의 집이었다. 만일 그들이 제자들을 환영하지 않으면 떠나되 심판은 하나님께 맡기라고 예수님은 일러 주셨다.

분명한 권위

어떤 사명을 완수하도록 책임을 부여할 때는 권위도 함께 부여하는 것이 효과적이다. 그러나 교회 운영의 현장에서는 이런 점이 종종 간과된다. 교회에서 사람들은 종종 권위 없이 책임만 떠맡았다는 느낌을 받는다. 매사에 결정을 내릴 때마다 윗사람의 결재를 받아야 한다. 그들이 결정한 방향을 책임지고 실행할 수 있는 권한을 부여받지 못했기 때문이다. 예수님은 제자들이 일할 수 있는 일정한 범위를 설정해 주신 다음, 그 범위 내에서 사명을 완수할 수 있도록 모든 자원을 제공해 주셨다.

분명한 기대

예수님은 제자들이 할 일을 하나하나 분명하게 일러 주시고 그들에게 분명한 권위를 부여하셨다. 이어서 제자들 앞에 어떤 일이 기다리고 있는지 경고하셨다(마 10:16-42). 예수님은 제자가 치러야 할 대가와 특권을 함께 말씀해 주셨다. 만일 제자들이 바라는 결과가 대중의 인기를 얻는 것이라면, 그들은 번지수를 잘못 찾은 것이다. 그들 앞에는 거친 군중이 기다리고 있었다. 예수님은 세상을 이리 떼가 득실대는 곳으로 비유하셨다. 제자들을 기다리고 있는 것은 세상 권력자들의 채찍질과 가족들의 배신이었다. 예수님에게도 그런 일이 일어났다. 하물며 그 종들이야 그 같은 일을 얼마나 많이 겪었겠는가? 하지만 예수님의 이름을 대변하고 예수님이 짊어지신 운명을 똑같이 짊어진다는 것은 커다란 특권이다. 예수님은 이렇게 말씀하셨다. "누구든지 사람 앞에서 나를 시인하면 나도 하늘에 계신 내 아버지 앞에서 그를 시인할 것이요"(마 10:32). 코치는 축구 시합이 시작되기 전에 자신이 지도하는 선수들을 이렇게 격려한다. "오늘 운동장에서 모든 걸 쏟아 버리자!" 예수님도 역시 "필요한 대가를 치르라. 그러면 내가 나중에 너희를 인정하리라"고 말씀하신다.

이 단기 선교라는 사명에 뛰어든 열두 제자와 70명의 제자는 예수님이 결과를 들으시고자 기다리실 것을 너무나 잘 알고 있었다. 어떤 의미에서 보면, 이 단기 선교의 사명은 예수님이 하늘 아버지께 돌아가신 뒤에 제자들이 감당하게 될 생명 구원 사역의 선봉 역할을 하는 시험적 성격을 띠고 있었다. 복음서는 열두 제자들과 70인의 제자들이 돌아와 예수께 보고할 때의 흥분과 미심쩍어하는 분위기를 전해 주고 있다. 마가는 제자들의 열정을 이렇게 포착했다. "사도들이 예수께 모여 자기들이 행한 것과 가르친 것을 낱낱이 고하니"(막 6:30). 누가는 70인이 기뻐하며 돌아왔다고 보고했다(눅 10:17). 그러나 그들이 선교 현장에서 예수님의 가르침을 더 필요로 하는 사례들도 겪었던 것 같다.

그렇다면, 제자들이 이 단기 선교의 사명을 수행함으로써 얻은 유익은 무엇인가? 첫째, 그들은 예수님의 권세를 확신하게 되었다. 예수님의 약속대로 사람들이 나음을 입었고, 귀신들이 쫓겨났으며, 사람들이 복음을 받아들였다. 예수님이 정말로 그들에게 사명을 수행할 수 있는 권세를 주신 것이다! 둘째, 그들의 능력이 성장했다. 여러분도 결국은 오직 행함을 통하여 배우고 발전할 수 있다. 내가 대학생들을 가르쳤던 첫 번째 사역이 끝나갈 무렵, 학생 대표 중 하나가 내게 아첨기가 있는 인사를 건넸다. 그 학생은 "교수님은 정말 잘 가르치십니다" 하고 말했다. 나는 "고마워요" 하고 말한 뒤 얼른 그 자리를 떠났어야 했다. 그러나 내가 이런저런 답변을 하면서, 그 자리에 계속 앉아 있을 때 결국 그 학생의 입에서는 이런 소리가 흘러나오고 말았다. "교수님, 처음에는 정말 가르치시는 게 별로였어요." 어이구, 빨리 그 자리를 떴어야 하는 건데! 그러나 그 학생의 말은 진실이었다. 내게 주어진 가르침의 은사가 드러날 수 있었던 것은 오로지 그 학생들이 참고 견뎌 준 덕분이었다. 제자들에게도 그들이 활동할 수 있는 통제된 실험 공간이 필요했다.

셋째, 제자들은 그 단기 선교를 통해 자신들의 단점들을 발견하게 되었다. 우리가 진정한 배움을 시작하게 되는 때는 우리의 머리로 도무지 이해할 수 없는 것이나 우리의 확신과 능력을 넘어서는 것에 뛰어들 때다. 한 아버지가 분을 내며 예수께 왔다. 제자들이 귀신들려 고통당하는 자기 아들에게서 귀신을 쫓아 내지 못한 게 그 원인이었다. 예수님은 곧바로 제자들이 할 수 없었던 그 일을 해결해 주셨다. 뒤에 제자들은 조용한 시간을 틈타 예수께 이렇게 여쭸다. "우리는 어찌하여 능히 그 귀신을 쫓아 내지 못하였나이까"(막 9:28). 예수님은 착 달라붙어 있는 귀신을 몰아 내려면 기도와 금식 같은 또다른 차원의 능력이 필요하다는 점을 일러 주실 수밖에 없었다.

위임은 믿음과 지도력을 함양하는 데 필요한 단계다. 어린이가 자전거를 배울 때, 어느 시점에 이르면 보조 바퀴를 떼낸다. 순간 자전거 타기는 두렵고 아슬아슬한 일이 될 것이다. 자전거는 이리저리 제멋대로 굴러갈 것이고, 결국 넘어져도 다치지 않을 곳에나 넘어지기를 바랄 뿐이다. 하지만 넘어져도 다시 자전거를 타려고 일어날 것이다. 그러다가 마침내 자전거를 타는 것이 몸에 익숙해지면, 아무리 오래 타도 균형을 잃지 않는 방법을 터득하게 된다. 예수님을 섬기는 일도 자전거 타기를 배우는 것과 마찬가지다. 우리는 이전에는 한번도 가 보지 못한 곳을 가야 한다. 새로운 영역에 뛰어드는 우리에게는 온통 두려움과 두근거리는 마음뿐이다. 그러나 우리는 예수께서 미리 그곳에 가 계시는 것을 발견한다. 우리가 예수님을 신뢰하면 그분은 매우 기뻐하신다.

4단계: 마침내 제자들에게 사명을 맡기시다

예수님은 아버지께 돌아가신 뒤에도 그분의 사명이 계속 이어지도록 열두 제자를 준비시키는 일에 모든 것을 투자하셨다. 제자들을 파송하여 그들로 하여금 또 다른 제자들을 길러 낼 사명을 감당케 할 때가 도래했다. 예수님은 성경이 '그때'(막 14:41; 요 4:21, 12:23, 16:25, 17:1) 또는 '그의 때'(요 7:30, 8:20, 13:1)라고 일컫는 그 순간이 이르면 십자가에 달리셔야 했다. '그때가 이르면' 예수님의 사역은 열두 제자에게 넘어가게 될 것이었다. 예수님의 사명은 그분이 죽고 부활하실 때 완전히 이루어질 것이었다. 여기서 예수님은 제자들을 준비시켜 지도자의 역할을 감당케 하려는 것이 그분 사역의 중심이었음을 분명하게 말씀하셨다. 제자들이 지도자의 역할을 감당하게 되면, 예수님은 이 땅에 임하신 자신의 육체가 아니라 자신의 영으로 제자들을 인도하실 것이다. 이 단계는 "너희는 행하라, 내가 지켜보리라"는 말로 표현될 수 있을 것이다.

예수님은 십자가에 못박히시기 전의 사역을 열두 제자와 유월절 만찬을 함께하는 것으로 마무리하셨다(요 13-17장). 예수님이 열두 제자와 마지막 시간을 보내셨다는 것은 예수님의 사역이 계속 이어지는 데 그 열두 명이 초석 역할을 할 중요한 존재임을 증명하는 것이다. 우리는 이제 가장 중요한 순간에 이르렀다. 우리는 여기서 예수께서 죽음을 맞으시기 전에 드린 마지막 기도를 엿들을 수 있다. 예수님은 무엇을 생각하고 계셨을까? 두 가지였다. 예수님은 아버지와 재회하실 것을 고대하는 동시에, 오로지 열두 제자를 위해 기도하셨다.

예수님은 아버지가 보내신 목적을 곧 이루게 될 것을 잘 알고 계셨기에 이렇게 말씀하셨다. "아버지께서 내게 하라고 주신 일을 내가 이루어 아버지를 이 세상에서 영화롭게 하였사오니"(요 17:4). 예수님은 마치 고향을 그리워하듯이 아버지와 얼굴을 맞대고 지낼 수 있는 지위로 돌아가길 간절히 바라셨다. 예수님은 세상이 창조되기 전부터 아버지와 그런 관계에 계셨다. 예수님은 고향을 그리워하셨다. 그분은 이렇게 말씀하셨다. "아버지여 창세전에 내가 아버지와 함께 가졌던 영화로써 지금도 아버지와 함께 나를 영화롭게 하옵소서"(요 17:5). 예수님은 아버지의 품안에서 보낸 아늑한 시절을 회상하셨다. 그분은 헤어짐의 고통이 완치될, 아버지와의 재회 순간을 간절히 바라셨다.

예수님의 마지막 기도는 본향으로 돌아가고 싶어하시는 예수님의 간절한 심정으로 가득 차 있다. 하지만 이 기도의 중심은 오직 열두 제자에 초점을 맞추고 있다. 예수님은 심지어 자신이 아버지를 잃어버린 반역한 세상을 놓고 기도하는 것이 아니라, 아버지가 세상 중에서 자신에게 주신 자들을 놓고 기도한다고 말씀하셨다(요 17:9). 열두 제자를 마지막으로 준비시키는 것은 예수님의 사역을 완결짓는 중요한 부분이었다. 열두 제자들이 하나님의 예정 속에서 자신들에게 주어진 자리를 감당할 준비가 될 때에, 비로소 예수님의 사역은 완결될 것이다. 대부분의 기독교 지도자들이 지도자의 위치를 이양하는 일에 거의 우선순위를 두지 않아 왔다는 점은 비극이다. 한 사람의 사역이 효과를 거두었는지의 여부는 그가 떠난 뒤에 그 사역이 얼마나 열매를 잘 맺느냐에 따라 판단하는 것이 대체로 공정하다.

그렇다면, 예수님은 제자들을 위해 무엇을 기도하셨는가? 예수님은 아버지께서 그들을 보호해 주시고, 그들이 하나가 되게 하시며(요 17:11), 그들을 악한 것에서 지켜 주시고, 유다처럼 배반자가 되지 않게 해 주시며, 예수님의 기쁨이 그들 안에서 충만하게 해 달라고(요 17:13) 기도하셨다. 아울러 예수님은 제자들이 하나님 말씀의 진리 안에서 거룩한 자들이 되게 해 달라고 기도하셨다. 이어서 예수님은 제자들에게 자신의 사명을 넘기는 선언을 하셨다. "아버지께서 나를 세상에 보내신 것같이 나도 그들을 세상에 보내었고"(요 17:18). 예수님의 사역은 이제 제자들의 사역이 되었다. 이제 제자들은 보내심을 받았을 뿐만 아니라, 자신들과 같은 제자들을 길러 내야 했다. 예수님은 이 열두 제자들뿐만 아니라, 그들의 증언을 듣고 믿게 될 사람들을 위하여 기도하셨다(요 17:20). 일찍이 유월절 만찬 자리에서 예수님은 이렇게 말씀하셨다. "너희가 열매를 많이 맺으면 내 아버지께서 영광을 받으실 것이요"(요 15:8). 요한의 글에서는 열매를 맺는다는 것의 본질이 무엇인지가 모호하다. 우리는 열매를 맺는다는 이 말을 양과 질이라는 두 차원에서 받아들여야 한다. 우선 양의 차원에서 본다면 더 많은 제자들이 만들어져야 한다는 말이요,

질의 차원에서 본다면 그 제자들이 예수님의 삶과 인격을 그대로 드러내야 한다는 말이다. 도슨 트로트먼이 말했듯이, 사도들은 예수님의 제자들을 "또다시 만들어 내고자 태어난" 사람들이다.

바로 여기에서 모든 목사와 기독교 지도자가 도전을 받게 된다. 우리가 떠난 뒤에도 사역을 계속 이어 갈 사람들은 어디에 있는가? 만일 여러분이 떠난 뒤에도 교구 사역을 최대한 이어 갈 수 있는 평신도 지도자들을 선발하고 그들에게 동기를 부여하며 훈련시키는 데 최우선순위를 두었다면, 여러분의 사역은 어떻게 달라졌을까? 만일 예수께서 그러하셨듯이 소수에게 우선순위를 두었다면, 여러분의 사역이 어떻게 달라졌을지 잠시 평가해 보기 바란다. 만일 당신이 예수님의 모델을 따라 소수의 제자를 택해 독립적으로 사역할 수 있을 때까지 이 책에서 정리한 모든 발전 단계대로 그들을 지도한다면, 무슨 일이 일어날까? 당신이 시간을 활용하는 방식은 어떻게 바뀔까? 이런 변화는 당신의 주간 계획에 어떤 영향을 미칠까? 사람들을 훈련시키려면, 무슨 일을 그만두어야 할까? 더 습득해야 할 기술에는 어떤 것들이 있을까? 로버트 콜먼은 이렇게 썼다. "우리 사역을 완성하는 데 진정으로 중요한 것은 단지 더 많은 제자들을 만들어 내는 것이 아니다. 오히려 우리 때문에 예수님을 믿게 된 사람들이 믿음을 갖고 밖으로 나가, 다시 신자들을 만들고 그 신자들 중에서 다시 지도자들을 길러 내는 것이 더 중요하다."[14)]

예수께서 채택하신 모델은 종처럼 섬기는 지도자를 훈련시키는 것이었다. 하지만 오늘날의 목사들과 사역 지도자들은 사람들을 자신들의 가르침과 보살핌에 의존하도록 만드는 것에 만족하려는 경향이 있다. 그러나 예수님은 철저히 헌신하면서, 자신과 같은 제자들을 길러 내는 제자들을 원하셨다. 오늘날의 목사는 교회를, 회중이 청중으로서 모여 있는 동안만 섬길 수 있는 장소로 간주하려는 경향이 있다. 반면, 예수님은 소수를 뽑아 그들에게 집중하는 사역이 늘어나고 있느냐를 성공의 척도로 간주하셨다. 콜먼은 1963년에 마치 선지자처럼 이런 말을 했다. "사람들은 예수님의 계획을 부인하지 않았다. 다만 무시했을 뿐이다."[15] 유감스러운 이야기지만, 그 말은 지금도 유효하다. 만일 우리가 스스로 철저히 헌신하면서 자신과 같은 제자들을 또 길러 내는 제자들이 우리 사역의 결과가 되기를 바란다면, 우리 사역의 토대가 될 소수의 사람들에게 전심전력을 기울이는 예수님의 모델을 채택해야 한다.

5장에서, 우리는 바울 사도가 예수님과 비슷한 모델을 사용한 사실을 보게 될 것이다. 물론 바울은 똑같은 실체를 전달하는 데 예수님과 다른 이미지를 사용했다.

5장

바울의 양육 모델
영적으로 출산하고 양육하기

4장에서 우리는 준비 과정을 거쳐 제자들을 길러 내시는 예수님의 모델을 살펴보았다. 예수님은 제자들의 준비 수준에 맞추어 지도 방식을 바꾸셨다는 게 나의 논지다. 예수님의 목표는 열두 제자가 그분의 사명을 계속 이어 가도록 하는 데 있었다. 참 사람이 되신 하나님의 아들은 처음부터 소수의 핵심 제자들을 통하여 자신의 삶과 사역을 펼쳐 가시고, 세대가 지나도 끊임없이 제자가 제자를 만들어 내는 연쇄 체계를 세우고자 하셨다(요 17:20).

이제 우리는 사도 바울이 제자를 만들어 냈던 모델을 살펴볼 것이다. 먼저 우리는 복음서와 사도행전에 걸쳐 나타나고 있는 언어가 바울의 용어 속에서는 나타나지 않는다는 사실에 주목할 필요가 있다. '제자를 만들다'와 '제자가 되다' 같은 말들은 예수님의 말씀과 초대교회의 역사를 서술한 기사 속에서 우월한 자리를 차지하고 있다. 그러나 바울 서신에는 이런 말이 전혀 등장하지 않는다. 사실, 바울은 제자들이 있다는 것을 전혀 언급하지 않는다![1] 그는 그리스도인들이 '그리스도 안에 있는 존재' 또는 '그 안에 그리스도가 계신 존재'임을 교회가 깨닫게 하는 일에 총력을 집중했다. 그렇지만, 바울의 생각 속에도 제자도라는 개념이 없었던 것은 아니다. 스스로 그리스도께 철저히 헌신하면서 자기처럼 헌신하는 제자들을 또 길러 내는 제자가 된다는 개념은 예수님의 생각뿐만 아니라, 바울의 생각 속에도 존재하고 있다. 다만, 그것을 표현하는 용어가 달랐을 뿐이다.

반드시 그런 것은 아니지만, 바울은 제자를 만들어 내는 목표와 과정을 영적 부모가 영적 자녀를 낳고 양육하는 것에 견주어 이해한다. 바울의 글을 읽어 보면, 영적 아버지와 영적 어머니의 이미지가 도처에 나타난다. 바울은 곳곳에서 자신이 보살피는 이들을 젖먹이와 어린 자녀들에 비유하며, 자신을 자녀를 양육하는 어머니 또는 산고(産苦) 중에 있는 어머니에 비유하고 있다. 그런가 하면, 그리스도 안에서 장성한 분량까지 자라 가는 것을 그리스도인의 목표로 제시하기도 한다. 물론 바울은 자신을 이런 가족의 이미지에 묶어 두지 않았다. 그러나 그는 무엇보다도 부모의 시선을 통해 그리스도인이 그리스도 안에 있게 되는 과정과 결과를 바라보고 있다.

제자 양육의 목표

건강한 가정이라면, 부모는 자녀들을 독립적이고 책임감 있으며 사람들을 보살필 줄 아는 어른으로 기르는 것을 목표로 삼는다. 잭 볼스윅과 주디 볼스윅은 그리스도인의 성장 과정을 가족에 비유하여 탁월하게 개관하고 있다.

> "신약의 여러 구절은 그리스도인의 삶을 영적 유아가 어른으로 자라 가는 것으로 묘사한다. 새신자들은 그리스도 안에서 유아에서 출발하여 성인으로 자라 간다. 신자는 먼저 다른 이에게 의존하는 단계에서 시작한다. 이때는 다른 사람들이 본을 보이고, 가르치며, 훈련시킨다. 그러다가 장성한 신앙인으로 자라 하나님과 동행한다. 이런 성장이 이루어지면 신자들은 제자로서 다른 사람들을 훈련시킬 책임을 떠맡게 된다. 신자들은 자라는 동안 늘 하나님과 성령께 의지한다. 이 신자들이 자연스럽게 장성한 분량에 이르게 되면, 하나님은 그들을 사용해서서 다른 사람들을 섬기게 하신다."[2]

볼스윅 부부는 성경의 양육 개념과 그리스도인의 성장 과정을 표현하는 양육의 이미지들을 아주 자연스럽게 결합시켰다. "자녀들을 성숙에 이르게 하는 양육은 그 개념 면에서 신약이 묘사하는 제자훈련과 비슷하다."[3] 볼스윅 부부가 생각하는 그리스도인들의 양육 목표는 그리스도인의 성숙을 정의한 내용과 아주 흡사하다. "부모의 양육이 성공을 거두면, 자녀들은 부모들이 가진 것만큼의 능력을 갖게 될 것이다. 그리스도인의 삶에 이를 적용해 본다면, 자녀들은 하나님과 이웃을 사랑하는 능력을 갖게 될 것이다. 제대로 양육된 그리스도인의 자녀들은 자신을 넘어 다른 사람들에게 다가갈 수 있는 능력을 갖고 있다."[4]

그리스도인의 양육 목표가 제자훈련의 목표와 동일하다고 해서 놀랄 필요는 없다. 제자훈련의 출발점은 그리스도인의 가정이기 때문이다. 최초의 제자훈련 교사는 바로 부모다. 바울도 양육과 발전의 이미지들을 차용하여 성숙 과정을 이해했다. 양육과 발전을 성숙 과정으로 보는 바울의 이해는 세상에서도 그대로 들어맞는다.

바울의 제자 양육 목표

오늘날에는 교회마다 '사명 선언문'(교회 슬로건 같은 것)을 만드는 것이 유행이다. 최근에 내가 담임 목사로 섬긴 교회에서도 이런 선언문을 만들었다. 그 선언문을 만드는 데 걸린 시간은 미국 헌법의 최근 수정판을 쓰는 데 걸린 시간보다 더 길었을 것이다. 3년이 넘는 기간 동안 우리가 내다 버린 사명 선언 초안 때문에 북 캘리포니아의 많은 삼림이 황폐해졌다. 사명 선언문을 쓰려고 애쓴 것을 생각하면 적잖이 황당하다. 돌이켜보면 예수님이 이미 모든 교회에 사명 선언문을 주셨기 때문이다. 사람들이 대개 대위임령(마 28:18-20)이라고 부르는 게 바로 그 사명 선언이다. 우리는 마치 각 교회마다 특수한 사명이라도 있는 것처럼 새로운 사명 선언을 제시한다. 하지만 우리는 예수님이 본디 우리에게 내리신 진군 명령을 새롭게 선언하는 일에 전력을 쏟아야 한다. 이를테면, 윌로크릭교회는 그 교회의 사명("믿지 않는 사람들을 그리스도께 철저히 헌신하는 제자들로 바꾸자")을 선언하면서, 예수님의 말씀을 거의 그대로 인용하여 다시 쓰고 있다.

바울은 그리스도 안에서 장성한 분량에 이르는 것이 그리스도인의 첫 번째 목표라고 보았다. 사도 바울은 예수님의 부르심을 자신의 사명으로 기록했다. 골로새서 1장 28-29절을 주의 깊게 읽어 보면, "가서 제자를 삼으라"는 예수님의 명령이 메아리치는 것이 들릴 것이다. 바울은 자신의 삶에 주어진 사명을 이렇게 기록하고 있다. "우리가 그를 전파하여 각 사람을 권하고 모든 지혜로 각 사람을 가르침은 각 사람을 그리스도 안에서 완전한 자로 세우려 함이니 이를 위하여 나도 내 속에서 능력으로 역사하시는 이의 역사를 따라 힘을 다하여 수고하노라"(골 1:28-29). 바울에게는 전심전력을 기울여 수고해야 할 한 가지 목적이 있었다. 모든 사람을 그리스도 안에서 장성한 자로 세우는 것이다. 하나님이 각 사람에게 주신 소명을 분별하는 한 가지 길은 하나님이 주신 능력이 어느 분야인지에 주의를 기울이는 것이다. 골로새서 1장 29절을 보면, 바울은 자신이 사람들을 그리스도 안에서 완전한 자로 세우는 일에 전력을 쏟고 있다고 말했다. 바울은 여기서 "내가 이를 위하여 수고한다"고 말했다. '수고하다'에 해당하는 희랍어의 어원을 분석해 보면, '두들겨 맞다' 또는 '두들겨 맞아 쇠약해지다'라는 뜻이 있다. 이 말이 발전하면서, 고된 일이나 노동 또는 수고 때문에 허약해진 상태를 가리키는 말로 바뀌었다.

이 말의 이미지는 '싸움', '다툼'과 연계되어 있다. 말하자면, 사도 바울은 "내가 이를 위하여 수고하며 다투고 있다"고 말한 셈이다. 그 희랍어를 문자 그대로 옮겨 보면, "괴로움을 겪다, 괴로움을 감내하며 다투다"가 될 것이다. 바울은 그리스도인의 삶을 운동선수의 삶에 비유하면서 똑같은 말을 쓰고 있다. "이기기를 다투는 자마다 모든 일에 절제하나니 그들은 썩을 승리자의 관을 얻고자 하되 우리는 썩지 아니할 것을 얻고자 하노라"(고전 9:25). 바울은 자신의 사명을 자세히 설명하면서, 자신이 만나는 모든 사람이 그리스도 안에서 완전케 되도록 돕는 것이 자신의 유일한 목표임을 말하고 있는 것이다.

희랍어로 '성숙하다', '완전케 되다'라는 말의 뿌리는 '텔로스'(telos)다. '텔로스'는 '끝' 또는 '목표'라는 뜻이다. 바울이 성숙을 그리스도인의 삶의 목표로 보았다는 것은 그가 제자로 자라 가는 과정을 부모의 자녀 양육이라는 관점에서 바라보았음을 더 분명하게 보여 준다. 성숙하다는 것은 완전한 어른이 되었다는 말이다. 라이트푸트(J. B. Lightfoot)는 바울이 일부러 이 '성숙하다' 또는 '완전케 되다'라는 말을 고대의 신비 종교에서 차용했다고 믿고 있다. 고대의 신비 종교는 배울 것을 다 배운 사람을 초보자와 반대되는 성숙한 사람으로 보았다. 초대교회에서도 세례받은 사람은 '텔레이오스'(teleios)였다. 이 말은 '성숙한 자' 또는 '완전한 자'라는 뜻으로, 세례받을 준비를 하면서 학습을 받고 있는 초심자와 반대되는 말이었다. 바울은 이 '성숙'이라는 말을 가족과 연계하여 강조하면서, 성숙한 믿음과 유아 또는 어린이의 믿음을 대비하고 있다. 바울은 고린도교회의 사람들을 "그리스도 안에 있는 어린아이들"이라고 질책했다. 이미 단단한 음식을 먹어야 할 때인데도, 여전히 젖이나 먹고 있음을 꾸짖은 것이다(고전 3:1-2). 바울은 고린도전서 뒷부분에서 어린아이와 어른(장성한 사람)을 직접 대비하고 있다. "형제들아 지혜에는 아이가 되지 말고 악에는 어린아이가 되라 지혜에는 장성한 사람(텔레이오스)이 되라"(고전 14:20). 에베소서에서도 바울은 성숙한 자들(텔레이오스)을 그리스도의 장성한 분량에 이른 사람들로 말하면서, 어린아이의 믿음을 가진 자들을 그럴듯한 온갖 새 교훈의 풍조에 밀려 불안하게 이리저리 요동하는 자들로 묘사한다(엡 4:13-14).

이미 말했듯이, 바울이 이해하는 제자 양육의 개념 속에는 가족 또는 부모의 이미지가 가장 많이 등장하지만, 이런 이미지만 등장하는 것은 아니다. 성숙은 바울이 만들어 내려고 시도하는 최종 생산물이다. 그러나 말씀은 성숙에 이르는 과정을 거의 알려 주지 않는다. 바울은 "그 아들의 형상을 본받는 것"이 인간 존재의 목적이라고 말함으로써, 자신이 말하는 성숙의 의미가 무엇인지 천명하고 있다(롬 8:29).

변화: 생산물이자 과정

변화는 그리스도인의 제자도가 구현된 생산물이자, 그 제자도를 구현해 가는 과정이다. '변화'라는 말의 희랍어 어원은 '모르포오'(morphoō)다. 이 말에서 오늘날 사람들이 잘 쓰는 'morphing'(모습 바꾸기) 같은 말이 흘러나왔다. 모습 바꾸기는 컴퓨터가 만들어 내는 이미지와 연관되어 있다. 컴퓨터는 여자의 얼굴을 남자의 얼굴로 바꾸는 것 같은 일도 한다. 우리는 여기서 변화를 목격한다. 컴퓨터는 눈 깜짝할 사이에 우리를 10킬로그램이나 줄어든 날씬한 모습으로 바꾸는가 하면, 턱시도를 입고 있거나 예식 가운, 심지어 수영복을 입은 채 하와이 해변에 누워 있는 모습으로 바꿀 수도 있다.

모습 바꾸기는 지금 우리 모습과 우리가 바라는 모습이 전혀 다르다는 점을 암시한다. 우리는 교정의 산물이다. 나는 자라면서 내 모습이 드라마처럼 변하는 것을 목격했다. 예전에 남 캘리포니아의 스콜 협곡은 쓰레기와 폐품을 버리는 곳이었다. 그러나 20대 때 나는 그곳에서 골프를 쳤다. 그곳은 악취가 진동하는 쓰레기 매립지에서 아름답게 단장된 푸른 들판으로 변모했다. 수용 한계에 이른 계곡이 쓰레기를 내다버리는 곳에서 새로운 창조물로 바뀐 것이다. 나는 그곳을 재창조가 일어난 곳이라고 말할 수밖에 없다.

본디 희랍어에서 '모르페'(morphē)는 '사람이나 생명체의 필수 본질을 구성하는 내용과 실질'을 가리킨다. 이 말은 '형식' 또는 '외형'으로 번역할 수 있는 '스키마'(schēma)와 대비되는 말이다. '스키마'는 바뀔 수 있는 외형을 말하고, '모르페'는 결코 바뀔 수 없는 새 핵심을 가리킨다. '스키마'는, 마치 주위의 식물과 동물에 맞추어 피부색을 바꾸는 카멜레온처럼 겉모습을 다른 것과 뒤섞는 일과 관련되어 있다. 바울은 로마교회의 사람들을 권면할 때, '스키마'와 '모르페'를 대비하여 말하고 있다. "너희는 이 세대를 본받지 말고(시스케마티조마이, syschēmatizomai) 오직 마음을 새롭게 함으로 변화를 받아(메타모르포오마이, metamorphoomai)…"(롬 12:2). 바울은 변화를 내면에서 일어나는 일로 이해한 반면, 본받는 것은 겉모습을 주위 상황에 맞추어 가는 것으로 이해했다. 바울이 "이 세대를 본받지 말라"고 말한 것을 "겉모습에 치우친 채 늘 요동하는 이 세상 풍조에 동조하지 말라"는 뜻으로 이해하는 번역가도 있다. "변화하다"(메타모르포오마이)라는 말은 변화 산에서 예수님의 모습이 바뀌신 사건을 묘사할 때에도 사용되었다(막 9:2). 여기서 예수님은 잠시나마 겉모습이 찬란한 영광의 형상으로 바뀌셨다. 그분의 내면에 있는 진정한 영광을 겉모습에서도 똑같이 드러내신 것이다.

그러나 나는 스콜 협곡이 쓰레기 매립지에서 골프장으로 바뀐 사연을 전부 이야기하지 않았다. 내가 그 골프장에서 골프를 친 것은 단 한 번뿐이다. 얇게 덮인 잔디밭 아래에서 역겨운 악취가 올라왔기 때문이다. 나는 푸른 잔디 위에 서 있다고 생각했지만, 실상 내 발밑은 온갖 화학 물질이 부글부글 끓고 있는 가마솥이었던 것이다. 그 쓰레기 매립지의 외형은 바뀌었지만, 실상은 바뀌지 않았다. 쓰레기를 모두 제거하고 그 자리를 깨끗한 흙으로 채워 넣어야만 진정으로 변했다고 말할 수 있다. 이 때문에 바울은 늘 변화를 옛 본질을 '벗어 버리고' 새 본질을 '입는 것'에 비유했던 것이다(엡 4:17-32).

바울이 보기에, 예수께 철저히 헌신하면서 제자를 길러 내는 자는 자신의 삶 속에서 예수님의 인격을 그대로 드러낼 정도로 다 자란 사람을 의미했다. 변화의 과정은 죄에 물든 옛 자아를 드러내는 모든 것을 제거하고, 그리스도의 향기가 그 내면으로부터 존재 전체에 배어드는 것을 말한다. 바울은 우리 삶의 모든 부분에서 예수님의 본질을 드러낼 준비가 되어 있는 상태를 성숙이라고 보았다.

만일 그리스도인을 장성한 분량에 이르게 하는 것이 바울의 목표라면, 그는 어떻게 사람들을 도와 성숙에 이르게 하거나 그리스도를 닮은 존재로 변하게 했을까? 바울의 양육 모델은 신자가 유아에서 어른으로 자라도록 도와주는 일련의 역할에 따라 구분할 수 있다. 제자훈련 과정은 부모가 자녀들을 책임 있고, 남을 배려할 줄 알며, 능력 있는 어른으로 기를 때 수행해야 할 역할과 평행을 이루고 있다.

표 5-1 바울이 제시한 부모의 양육 모델

삶의 단계	필요한 것	제자의 역할	바울의 역할
유아	모범과 방향 제시	모방	모델(본을 보임)
어린이	무조건적 사랑과 보호	동일성의 추구	영웅
청소년	더 많은 자유의 부여와 개성 형성	권면 수용	코치
어른	서로 배려하고 존중하는 마음	참여	동료

1단계: 유아기 – 모방의 시기

자신을 (영적) 부모로 생각했던 바울은 고린도 사람들에게 자신의 삶을 본받으라고 요구했다. 바울은 자신과 고린도 사람들의 관계를 아버지와 '사랑하는 자녀들'의 관계로 보았다. 바울은 아버지로서 많은 고린도 교인들을 영으로 낳았다. 그는 이렇게 말했다. "그리스도 예수 안에서 내가 복음으로써 너희를 낳았음이라"(고전 4:15하). 이어서 그는 영적 부자 관계가 암시하는 권면을 제시했다. "그러므로 내가 너희에게 권하노니 너희는 나를 본받는 자가 되라"(고전 4:16). 바울 시대에 아버지들은 자녀들에게 적절한 행동으로 본을 보여 닮을 만한 사람이 되어야만 했다. "네 아버지의 행동을 법으로 여기며, 네 아버지의 덕을 모방하도록 노력해라"[5]가 그 시대의 가르침이었다.

여기서 '본받다'에 해당하는 희랍어는 '미메오마이'(mimeomai)로, 이 단어에서 '흉내내다'라는 뜻을 가진 영어 단어 'mimic'이 나왔다. '미메오마이'는 많은 곳에서 쓰이고 있다(고전 11:1; 빌 3:17; 살전 1:6-7; 살후 3:7, 9). 이 말은 '보기', '본(모범)' 또는 '유형'이라는 말로 다양하게 번역할 수 있는 희랍어 '튀포스'(typos)와 함께 쓰이는 경우가 잦다. 고린도전서 11장 1절을 보면, 바울은 권위를 실어 "내가 그리스도를 본받는 자가 된 것같이 너희는 나를 본받는 자가 되라"고 권면한다. 이 말은 바울이 회심시킨 고린도 교인들이 바울 안에 나타난 그리스도의 증거를 본받아야 한다는 뜻이었다. 그런데 왜 바울은 단순히 "그리스도를 본받으라"고 말하지 않았을까? 그는 왜 그리스도와 고린도 사람들 사이에 자신을 끼워 넣었던 것일까? 자신을 본받으라는 바울의 권면을 처음 읽었을 때, 나는 이런 생각을 했다. '아니, 바울 당신은 어쩜 그렇게 참람한 말을 할 수 있단 말입니까? 당신은 진짜진짜 교만 덩어리군요. 뭘 믿고 그렇게 교만을 부리는 거죠?' 그러나 나는 하나님이 일하시는 방식을 더 깊이 이해한 뒤에야 비로소 바울이 성육신 신학을 전개하고 있음을 깨달았다. 하나님은 자신을 육체를 지닌 사람으로 나타내셨다. 하나님은 예수 안에서 우리에게 완전한 모습으로 다가오셨다. 이어서 하나님은 그분을 따르는 자들에게 생명을 부어 주셔서, 그분의 모습을 그대로 드러내게 하셨다. 이것이 바로 하나님이 일하신 방식이었다. 사람에서 사람으로 하나님의 생명이 계속 이어져 가도록 하신 것이다.

본받는다는 것은 다른 사람의 생활방식을 따라간다는 의미다. 바울은 빌립보 교인들에게 이렇게 말하고 있다. "형제들아 너희는 함께 나를 본받으라(미메오마이) 그리고 너희가 우리를 본(튀포스)받은 것처럼[희랍어 본문에는 '카토스 에케테 튀폰 헤마스' (우리를 삶의 본보기로 삼은 것처럼)라고 되어 있다 –역주] 그와 같이 행하는 자들을 눈여겨보라"(빌 3:17). 바울은 이 서신의 공저자인 디모데와 자신을 빌립보 교인들의 본보기(튀포스)로 제시하고 있다. '튀포스' 라는 희랍어는 '무엇을 치다' 또는 '내리친 흔적', '남긴 인상' 이라는 의미를 지닌 말에서 유래했다. 큰 망치로 나무를 내리치면, 나무에는 움푹 파인 자국이 남는다. 인장 반지를 뜨거운 밀랍에 누르면, 인영(印影)이 남는 것과 마찬가지다. 말하자면, 바울과 디모데의 삶은 빌립보 교인들의 틀 노릇을 하고 있는 것이다. '미메오마이' 라는 말과 '튀포스' 라는 말은 데살로니가전서 1장 6-7절과 데살로니가후서 3장 7절, 9절에서도 짝을 지어 등장하고 있다.

    그렇다면 바울은 이 교회들이 자신의 어떤 점을 본받기 바란 것일까? 그는 고린도교회 교인들이 플라스틱 틀로 찍어 낸 제2의 바울, 제3의 바울이 되기를 바란 것일까? 그는 그들이 모두 자신처럼 일편단심으로 한 가지 일에서 끝장을 보고야마는 성격의 소유자가 되길 바란 것일까? 바울은 그들에게 자신처럼 불같은 전투 기질의 소유자가 되라고 권면한 것일까? 이것은 중요한 질문이다. 일부 제자훈련에서 강조하고 있는 것들을 보면, 중심이 되는 인물의 습관과 특유한 버릇 같은 껍데기만 닮도록 요구하고 있는 것 같기 때문이다. 한 세대 전만 해도, 나는 한 양육자의 제자들을 쉽게 구분해 낼 수 있었다. 그들은 하나같이 주머니에 독서 카드를 갖고 다녔기 때문이다. 제자들은 늘 배울 준비를 하고 있어야 한다거나, 통찰을 얻을 수 있는 능력을 가져야 한다거나, 즉시 인용할 수 있는 인용문을 알고 있어야 한다는 것들을 배웠다. 그런 점은 지독한 수직 계급 체제로 이루어진 비밀 종교 집단의 특징에 비견될 수 있다. 어떤 사람들은 명령이 연이어 전달될 수 있는 접근법을 장려했다. 이런 접근법에 따르면, 제자훈련을 받는 사람은 모든 일을 결정할 때 양육자의 결재를 받아야 한다. 왜냐하면 제자 양육자는 훈련을 받는 사람들에게 내려지는 하나님의 음성이기 때문이다. 하지만 이게 "나를 본받으라"고 말하던 바울의 속내였을까?

자신이 그리스도를 본받은 것처럼 자신을 본받으라고 요구한 바울의 의중은 무엇이었을까? 복잡하게 생각할 필요는 없다. 바울은 밀레도에서 에베소교회의 장로들을 만날 때 본받을 가치가 있는 것이 무엇인지에 대해 분명하게 설명했다(행 20:17-38). 바울은 두 번째 선교 여행 중에 항구 도시인 밀레도에 이르렀다. 그는 에베소교회의 장로들을 불러 마지막으로 격려의 말을 전했다. 바울은 작별 인사를 맺기 전에, 그들과 함께 있으면서 보였던 본을 되새겨 주었다. 그가 강조한 것은 무엇이었는가? 그의 삶은 겸손과 눈물로 점철되어 있었다. 가는 곳마다 유대인들은 바리새인이었던 그를 괴롭히기 위해 온갖 궤계를 부렸다. 회중 앞에서 말씀을 전할 때나 가가호호 방문할 때, 그는 늘 복음의 핵심에 초점을 맞추었으며, 회개하라는 복음의 요구를 추호의 타협도 없이 선포했다. 그의 유일한 관심사는 '예수께서 자신에게 맡겨 주신 일을 다 마칠 수 있는가'에 대한 것뿐이었다. 그렇다면, 바울은 교회 성도들이 무엇을 본받기를 바란 것일까? 만일 바울이라면, 우리가 본받기 바라는 것을 이렇게 요약했을 것이다. "오직 그리스도만 나를 통하여 온전히 영광을 받으실 수 있도록 나는 늘 내 자신에 대하여 죽으려고 한다. 여러분도 나와 같이 하라. 나는 그리스도가 내게 맡기신 과업을 완수할 것이다. 여러분도 나와 같이 행하라. 그리스도 안에서 여러분이 되어야 할 모든 것이 되도록 하라."

바울은 우리 안에서 그리스도의 형상이 이루어져야 한다고 주장한다. 우리가 하나님이 정하여 두신 최고의 '우리'가 되길 바라는 것이다. 제자 양육자인 바울은 자신의 삶의 방식이 다른 사람들도 본받을 만한 것이라고 믿었다. 이런 점은 다른 사람들에게 전심전력을 쏟아야 하는 우리에게도 필요한 요소다.

2단계: 어린이 – 동일성을 추구하는 시기

자녀를 사랑하는 부모는 자녀들의 안녕과 행복이 곧 자신들의 안녕이자 행복이라고 여긴다. 이런 점에서, 자신의 영적 자녀들의 안녕을 염려하는 바울은 부모의 심정을 가진 사람이었다. 바울은 자신이 회심케 한 사람들의 삶에 파고들 수 있는 능력을 가진 사람이었다. 이런 그의 능력 때문에 회심자들은 바울과 자신들을 완전히 동일시할 수 있었다. 3장에서 나는 민감한 시기였던 내 대학 시절에 돈이 내 삶에 미친 영향을 이야기한 바 있다. 나는 내 삶의 목적을 빚는 일을 도와줄 사람을 찾고 있던 부드러운 진흙이었다. 나는 돈 같은 사람이 되고 싶었다. 돈과 나를 동일시했기 때문이다. 내가 돈과 나를 동일시한 것은 돈이 내게 헌신했기 때문이다. 돈과 보냈던 시간을 회상하면, 테니스장 옆의 벤치에 나란히 앉아서 혹은 공원의 피크닉 탁자에 마주 앉아 대화에 열중하던 장면들이 떠오른다. 그런 시간을 기억할 때마다 나는 돈이라는 사람의 마음을 들여다볼 수 있다. 그는 내게 예수님을 향한 사랑을 나누어 주었다. 뿐만 아니라 예수님이 제거해 주셔야 했던, 그의 삶에 자리 잡고 있던 연약하고 강퍅한 부분들을 내게 숨김없이 털어놓았다. 나는 돈의 마음에서 열정을 보았다. 그 열정을 보면서, 나도 돈과 같이 되려는 바람을 갖게 된 것이다.

타인과 나를 동일시하다 보면, 그 타인을 모방하고 싶은 동기가 생기게 된다. "동일시한다는 것은 어떤 사람이 몇 가지 점에서 자신과 다른 사람 사이에 닮은 점이 있다고 믿고, 다른 사람의 성공과 실패를 자신의 성공과 실패로 받아들이며, 의식적이든 무의식적이든 다른 사람의 행동을 그대로 따라 하는 과정이다.…다른 사람과 감정적 유대가 존재한다는 점에서 동일시는 단순한 모방과 구별된다."[6]

감정의 동일시는 자신의 삶을 바쳐 제자를 길러 내는 제자 양육자와 제자 사이의 관계에서 생겨난다. 바울은 자신이 섬기는 사람들의 삶과 자신의 삶을 동일시하면서 그들의 삶 속으로 철저히 뚫고 들어갔다. 바울은 어머니나 아버지와 관련한 표현을 통하여 자신의 삶과 자신이 길러 낸 그들의 안녕이 연관되어 있음을 전달하고 있다.

바울은 자신이 가르친 사람들이 그리스도 안에서 어른으로 자라기를 간절히 바랐다. 그는 그들과 자신의 감정적 유대를 표현하고자, 여성과 관련한 용어를 과감하게 동원했다. 그는 갈라디아 사람들에게 "나의 자녀들아 너희 속에 그리스도의 형상을 이루기까지 다시 너희를 위하여 해산하는 수고를 하노니"(갈 4:19)라고 말했다. 아마도 이 구절이 어머니와 관련한 이미지를 가장 두드러지게 사용한 곳이 아닐까 싶다. 남자인 나는 바울이 출산의 고통에 관하여 무엇을 알고 있었는지 모른다. 아마도 바울은 산고를 겪는 여인의 비명을 들어 보았을 것이다. 그때 그는 산모의 고통이 갈라디아 사람들을 생각하는 자신의 심정과 비슷하다고 생각했을 것이다. 나는 딸아이가 태어난 그 긴 밤을 지금도 기억한다. 늘 말쑥했던 아내는 자신의 용모에 관심조차 없었다. 아내의 이마는 땀으로 범벅되어 있었고, 적당히 웨이브졌던 앞머리는 땀에 젖어 반듯하게 펴져 있었다. 진통 때문에 아내의 몸은 5분마다 V자 모양으로 구부러졌다. 나는 아내가 몸 속 깊은 곳에서 토해 내는 그 소리를 잊으려고 애썼다. 아침이 되자, 내 입에서는 "내 생애 최악의 밤이었어!"라는 탄식이 절로 흘러나왔다. 아내의 고통이 나에게 전이되었던 것처럼, 바울도 자신의 안위를 갈라디아 사람들 속에서 자신의 형상을 이뤄 가시는 그리스도와 결부시켰다.

바울은 데살로니가전서에서도 어머니와 관련한 표현을 써서 이렇게 말했다. "우리는…도리어 너희 가운데서 유순한 자가 되어 유모가 자기 자녀를 기름과 같이 하였으니"(살전 2:7). 여기서 '유모'는 '젖을 먹이는 엄마'로 보는 것이 좋을 것이다. '자기 자녀를 보살피는 어머니'의 모습과 연관지어 생각하면 이 말의 의미를 더 잘 이해할 수 있다. 어머니의 사랑은 그 깊이를 헤아릴 수가 없다. 내 청소년기에서 가장 우울했던 시기는 초등학교를 마치고 중학교로 진학하던 무렵이었다. 나는 늘 공부를 못 할까 봐, 친구를 잃을까 봐, 운동을 못할까 봐 두려워서 가슴을 졸이며 지냈다. 내 세계는 불안 그 자체였다. 그때 나는 울다가 잠드는 날이 많았다. 이런 아들의 모습을 지켜보시는 어머니의 마음은 갈래갈래 찢어졌다. 어머니는 내 불안한 마음을 달래 주시려고 침대 곁에서 이야기를 들려주시거나 부드러운 시를 읽어 주셨다. 나는 그 시절의 따스함을 지금도 기억한다. 바울은 어머니가 나를 대하듯이 데살로니가 사람들을 대했다. 바울은 '젖먹이 어린이를 품고 있는 유모처럼' 자신의 품 속에 이스라엘 백성들을 품고 있는 모세의 이미지를 끌어다 쓰고 있다.

유진 피터슨은 데살로니가전서 2장 8절을 다음과 같이 풀어씀으로써 이 부분을 잘 묘사하고 있다. "우리는 짐짓 높아지려 하지도 않았고, 낮아지려 하지도 않았다. 다만 우리는 자녀를 돌보는 어머니처럼 너희를 돌보았다. 우리는 너희를 진심으로 사랑했다. 우리는 단지 너희에게 그 말씀만을 전한 것으로 만족하지 아니하고, 우리의 마음을 너희에게 주기를 원했다. 그리고 실제로 그렇게 했다." 그것은 복음이라는 폭탄을 이 성읍에 떨어뜨린 다음, 다시 다음 성읍으로 옮겨 가는 식의 문제가 아니었다.

교회는 종종 외부에서 설교자를 초청한다. 그 설교자는 미리 포장해 온 말씀을 전하지만, 그런 청빙 강사들에게서는 자기 자신을 내던져 복음을 전한다는 느낌을 받을 수가 없다. 목사인 나는 한 달만이라도 우리와 더불어 살려고 하는 단기 교사나 말씀 선포자를 바란 적이 있다. 열정이 넘치는 그들의 말씀을 들을 수 있을 뿐만 아니라, 그들과 마음을 같이하며 살아 보고 싶었기 때문이다. 그러나 그런 꿈은 번번이 물거품이 되었다. 수많은 사람을 초청했지만, 그렇게 헌신하려는 사람은 단 한 사람뿐이었다. 바울은 선교지에 가서 그곳에 머물렀다. 그는 비단 말씀만을 전하지 않고 자신을 통째로 바쳤다. 그에게는 그가 입으로 전한 말씀과 그의 삶을 통하여 구현된 말씀이 별개가 아니었다.

바울은 몇몇 구절에서 자신을 어머니에 비유했지만, 어느 구절에서는 자신을 아버지에 비유함으로써 균형을 맞추고 있다. 이런 말씀이 그 예다. "너희도 아는 바와 같이 우리가 너희 각 사람에게 아버지가 자기 자녀에게 하듯 권면하고 위로하고 경계하노니 이는 너희를 부르사 자기 나라와 영광에 이르게 하시는 하나님께 합당히 행하게 하려 함이라"(살전 2:11-12). 현명한 부모는 자녀 한 사람 한 사람을 한 개인으로 다룰 줄 안다. 한 자녀의 기를 살려 주다 보면 다른 자녀가 낙담할 수 있다. 어떤 자녀는 용인할 만한 기질을 가졌는가 하면, 늘 인내의 한계까지 이르게 하는 자녀도 있다. 예술가의 기질을 가진 자녀가 있는가 하면, 회계사가 될 유전자를 타고난 자녀도 있다. 바울은 자신이 "너희 각 사람에게 아버지처럼" 대했다고 말한다. 제자훈련은 각 제자의 개성을 존중하면서 그 제자의 독특함이 하나님의 뜻에 합당하게 피어날 수 있도록 돕는 것이다. 자녀의 성장을 주의 깊게 관찰한 부모라면, 이미 각 자녀의 어린 시절에 각자의 특유한 성향을 간파할 수 있다.

바울은 세 개의 동사를 사용하여 자신이 데살로니가 사람들을 제자로 양육하면서 맺은 관계를 부자간(父子間)으로 묘사했다. 각각의 동사 속에는 서로 다른 동기부여 전략이 들어 있는데, 그 전략은 각 개인의 성장 상태와 기질에 따라 차이를 보이고 있다. "우리가 너희 각 사람에게 아버지가 자기 자녀에게 하듯 권면하고 위로하고 경계하노니"(살전 2:11).

'권면하다'는 뜻의 동사 '파라칼레오'(parakaleō)는 예수께서 "그가 또 다른 보혜사를 너희에게 주사"(요 14:16)라고 말씀하셨을 때 성령에게 붙이셨던 말['보혜사'를 가리키는 희랍어 '파라클레토스'(parakletōs)를 말한다—역주]과 같은 어원을 갖고 있다. 보혜사라는 말이 갖고 있는 다양한 뉘앙스를 다 담아 낼 단어가 영어에는 없다. 보혜사라는 말은 '옆에 오셔서 돕는 분'이라는 의미를 갖는다. 바울은 그들 옆으로 다가가서, 그들을 권면하고, 위로하며, 응원하고, 하나님이 그들을 부르신 뜻을 좇아 살도록 독려하기도 했다.

'권면하다'와 짝을 이뤄 '위로하다'(파라뮈테오마이, paramytheomai)라는 말이 등장한다. 이 말은 아마도 '격려를 받아 나아가던 길로 계속 나아가다' 라는 의미인 것 같다. 이 말 속에는 '무언가를 세운다', '소망의 이유를 제시한다' 는 의미가 담겨 있다. 그리스도인들은 내면에서 마귀와 투쟁을 벌이거나 우리를 대적하는 세상과 싸움을 벌일 때 낙심하기도 한다. 그래서 우리를 계속 나아가게 할 수 있는 소망이 필요한 것이다.

'경계하다'(마르튀레오, martyreō)라는 말은 본디 '증인' 또는 '순교자' 라는 의미를 갖고 있다. 이 말은 '엄명(嚴命)하다' 라는 말로 번역해도 무방하다. 코치는 열의를 갖고 선수들의 분투를 촉구할 수 있다. 마찬가지로 제자를 길러 내는 사람들 역시 적절한 시간을 내어 자신이 전심전력을 쏟고 있는 사람들에게 최선을 다하라고 촉구할 수 있다. 바울도 때로는 "너희 안에 안주하지 말고 예수님을 섬기는 모험을 감행하라"고 촉구했다.

바울은 낙심을 두려워하지 않았다. 하지만 제자가 실망하면 그도 낙심했다. 어린이 단계의 제자들은 자신들의 안녕이 다른 사람의 최대 관심사라는 것을 알아야 한다.

3단계: 청소년 - 권면을 수용해야 할 시기

청소년기의 제자는 청소년기의 자녀와 흡사하다. 청소년기에서 중요한 것은 그들 고유의 인격을 계발할 수 있도록 확신을 심어 주는 것이다. 청소년들은 시험과 실수를 통해 고유한 인격체로 성장한다. 부모는 자녀를 도와주는 것을 자제하면서도 필요한 경우에는 도움과 위로를 제공한다. 말하자면, 청소년들은 자신의 행동 결과에 책임을 짐으로써 성장하는 것이다.

이 단계에 어울리는 제자 양육자의 모습은 마치 코치와 같다. 코치는 선수들이 자신들이 미처 알지 못하던 잠재력을 발견하도록 도와주는 특권을 갖고 있다. 댈러스 카우보이스의 전설적 코치 톰 랜드리는 코치가 하는 일을 "사람들(선수들)이 원치 않는 일을 하게 하여, 그들이 되고 싶은 사람이 될 수 있도록 만들어 주는 것"[7]이라고 정의했다. 엘튼 트루블러드는 제자를 길러 내는 목사에게 가장 어울리는 현대적 은유로 '코치'를 들었다. "코치의 영예는 다른 사람을 발견하고 계발하여 훈련시키는 데 있다. 이것이야말로 우리가 제자훈련 사역을 정의할 때 사용하는 성경 용어의 정확한 의미다."[8]

바울은, 그의 마지막 서신으로 알려져 있는 디모데후서에서 코치와 아버지의 이미지를 혼합하여 사용하고 있다. 바울은 이 마지막 편지에서 자기 사역이 끝날 때가 임박했다고 이야기했다. "나의 떠날 시각이 가까웠도다"(딤후 4:6하). 바울의 목표는 복음을 다음 세대에 확실히 전달하는 것이었다. 그는 주께서 그에게 맡기신 일을 완수했다. 따라서 그는 한때 그와 다툼을 벌였던 이들에게 복음을 효과 있게 전할 생각을 했다. 바울은 자신이 달려갈 코스를 거의 다 달렸다. 이제 그는 상급을 받기 전에 후발 주자에게 배턴을 넘겨주어야 했다.

그가 떠난 뒤에 그의 사역을 이어 갈 사람 중에는 디모데라는 청년이 있었다. 그는 바울이 믿음 안에서 사랑하는 아들이었다. 디모데만큼 바울의 사랑을 받은 사람은 없다고 느껴질 정도로 바울은 디모데를 아꼈다. 바울은 디모데의 영적 아버지였다. 만일 바울이 혼인하여 아들을 낳았다면 디모데 같은 아들을 낳았을 것이다. 바울은 디모데후서의 서두에서 "내 사랑하는 아들 디모데에게 편지하노니"라고 써 놓았다. 그런가 하면, 고린도 사람들에게 디모데를 보낼 때에도 그를 일컬어 "주 안에서 내 사랑하고 신실한 아들"(고전 4:17)이라고 기록했다.

바울은 소명에 합당한 삶을 살도록 권면했던 코치요 아버지였다. 바울은 믿음의 아들 디모데에게 "네 직무를 다하라"(딤후 4:5하)고 말했다. 그것이 그의 의중이었다. 바울은 자기 자신을 본보기로 제시했다. "나는 선한 싸움을 싸우고 나의 달려갈 길을 마치고 믿음을 지켰으니"(딤후 4:7). 바울은 디모데에게 '너도 나처럼 행하라'고 말하고 있는 것이다. 내가 보기에, 디모데후서는 동기를 불러일으키는 서신이다. 만일 여러분이 이 서신들을 읽으면서 바울이 디모데를 격려하고자 사용한 여러 방법들을 찾고자 한다면, 서신의 거의 모든 내용을 거론해야 할 것이다. 바울이 다양한 동기 부여 방법을 통하여 청년 디모데에게 말하고자 한 것은 오직 한 가지다. "하나님이 예정하신 그 사람이 돼라."

편안한 곳을 찾고 고통은 피하는 게 인간의 본성이다. 우리는 다른 사람들의 골칫거리에 말려들지 않고, 조용하고 평화롭게 살고 싶어한다.

우리는 절박한 심정이 사라지면 고도의 각성 상태를 유지하지 못한다. 초점이 사라지고 목표는 흐릿해진다. 우리에겐 코치가 우리를 꿰뚫어 볼 수 있는 무대가 필요하다. 나는 내 자신과 다른 사람들의 열의가 천천히 식어서 미지근하고 무미건조한 상태로 빠져드는 것을 너무나 자주 목격했다. 우리는 늘 우리 자신으로부터 최선의 것을 불러 낼 수 있는 정결하고 정련된 환경을 필요로 한다. 인간은 '시간이 흐르면 모든 질서가 깨지고 허물어진다' 는 엔트로피 법칙을 따른다. 만일 부지깽이가 우리 삶이라는 석탄더미를 쑤셔서 다시 불을 일으키지 않으면, 우리는 퇴보하고 에너지는 소진될 것이다.

4단계: 어른 - 참여의 시기

제자훈련의 목표는 성숙에 이르는 것이다. 볼스윅 부부는 양육의 목표에 대해 이렇게 말했다. "하나님의 목표는 어린아이들을 성숙케 하여 아이들과 부모들이 서로를 양육하는 단계에 이르도록 하는 것이다."[9] 부모와 자녀가 서로를 양육한다(서로에게 힘이 되어 준다)는 이 상호성이 성숙 단계에 이르렀음을 보여 주는 지표다. 이 단계에 이르면, 부모들도 자녀들로부터 배울 수 있는 지점에 이른 것이다. "서로 주고받는다는 것은 (부모와 자녀 사이의) 관계가 성숙했음을 보여 주는 지표다."[10] 내 아내와 나도 부모다. 이제는 최근에 혼인한 내 딸과 서로 소통할 수 있는 단계에 이르렀다. 나는 이 점이 즐겁다. 내 딸은 의학 분야를 전공했다. 딸은 베이비 붐 세대에 태어난 자기 부모 세대들에게 의학 지식을 가르쳐 주길 좋아한다. 우리도 아프거나 몸이 쑤실 때면 딸에게 도움을 구한다. 우리는 나이 드는 것을 두려워한 나머지 늙지 않게 해 준다는 다양한 물건들에 줄곧 속아 넘어간다. 우리는 이런 우리 모습을 보면서 그저 웃을 뿐이다. 딸은 우리가 가르친 가치들을 자신의 삶 속에서 그대로 구현했다. 이제 우리 내외는 딸과 사위에게 어른으로서 동역자가 되어 주는 단계에 이르렀다.

상호성과 동역은 바울의 선교 사역이 어른 단계에 이르렀음을 보여 주는 지표였다. 제자들의 신앙이 유아나 어린이 단계에 있으면, 제자 양육자가 지시하는 상황이 빈번해진다. 모방과 동일시의 단계는 전심전력을 다하여 마땅히 이루어져야 할 상태의 본을 보여 주는 단계다. 그러나 일단 성숙 단계로 옮겨 가면, 하나님이 그 사람(제자)에게 바라시는 모든 것을 행하도록 권면하는 특징이 나타난다. 이 단계에서는 더 많은 자유와 실험이 허용된다. 어른 단계에 이르면, 배움은 서로 세워 주는 과정이 된다. 바울은 로마서에서 이렇게 썼다. "내가 너희 보기를 간절히 원하는 것은 어떤 신령한 은사를 너희에게 나누어 주어 너희를 견고하게 하려 함이니 이는 곧 내가 너희 가운데서 너희와 나의 믿음으로 말미암아 피차 안위함을 얻으려 함이라"(롬 1:11-12). 바울은 로마의 신자들을 어른으로 여겼다. 바울은 자신이 로마의 신자들에게 단지 무언가를 줄 뿐만 아니라 자신도 그들로부터 뭔가를 받으려 한다고 말함으로써 그들을 높이고 있다. 건강한 관계는 서로 주고받는 관계다. 그렇다고 해서, 성숙 단계에 이르면 모든 이들의 성숙 정도가 다 같아진다는 말은 아니다. 성숙한 사람이라도, 그리스도 안에서 보면 그 정도에 차이가 있을 수 있다. 그러나 이 경우에도 서로 주고받을 것이 있다. 바울은 자신의 신앙이 아무리 높은 경지에 이르렀어도 로마의 신자들로부터 영적 은사의 혜택을 받아 누리는 것을 꺼려하지 않았다.

바울은 사역 기간 내내 자신을 복음 안에서 다른 사람들과 함께하는 동반자이자 동역자로 여겼다. 성경은 복음 안에서 바울과 함께 수고한 이들의 소중한 이름들을 들려준다. 디모데와 디도, 에바브로디도, 실루아노, 브리스길라, 아굴라, 유오디아, 순두게, 오네시보로가 그 예다(로마서 16장에도 많은 사람이 기록되어 있다). 바울은 사도로서 권위를 가진 자였다. 그러나 그는 그 권위를 고압적 자세로 행사하지 않으려고 자제했다. 가령, 그는 도망친 종 오네시모의 일 때문에 빌레몬에게 편지를 썼다. 그는 빌레몬에게 인사하면서 오네시모를 "우리의 사랑을 받는 자요 동역자"(몬 1절)로 불렀다. 바울은 빌레몬에게 오네시모가 돌아오면 그를 받아들이라고 권면했다. 바울은 사도로서 권위를 행사하여 명령조로 말할 수도 있었다. 그러나 그는 빌레몬을 존중하는 마음에서 사랑의 심정으로 호소했다.

바울은 복음을 전하는 사역에서 자신과 함께 일하는 동역자들에게 수직적 계급 구조에서나 쓰일 법한 말을 쓰지 않았다. 선교 사명을 감당하는 사람들은 동반자 관계였다. 바울은 고린도후서 8장 23절에서 디도를 가리켜 "나의 동료요 너희를 위한 나의 동역자"라고 말했다. 여기서 '동료'라는 말은 우리에게 익숙한 희랍어인 '코이노니아(koinōnia)'에서 나온 것이다. 이 말은 우리가 함께하는 어떤 것을 의미하는 말로서, '교제'나 '사귐'으로도 번역된다. 바울이 말하고자 하는 것은 '우리는 이 일을 함께 하고 있다'는 것이다. 바울은 에바브로디도를 가리켜 "나의 형제요 함께 수고하고 함께 군사 된 자"(빌 2:25)라고 말했다. 바울은 이 서신의 뒷부분에서 유오디아와 순두게라는 두 여인이 하나 되지 못한 일을 염려하고 있다. 바울은 그 두 사람에게 이렇게 권면했다. "또 참으로 나와 멍에를 같이한 네게 구하노니 복음에 나와 함께 힘쓰던 저 여인들을 돕고 또한 글레멘드와 그 외에 나의 동역자들을 도우라"(빌 4:3). 바울은 유아의 신앙에 머물러 있는 자들에게 성장하라고 거침없이 촉구한다. 그러나 그런 경우에도, 수직적 계급 구조의 성격을 강조하지 않는다. 분명 우리는 성숙의 정도에 차이가 있다. 그럴지라도, 그 차이를 강조하면서 거기에 기초하여 상호 관계를 규정하려고 하는 것은 유익하지 못하다.

바울은 부모가 자녀를 기르듯이 제자를 길러 내려 했다. 이 모델의 목표는 늘 사람들을 독려하여 하나님이 그리스도 안에서 그들에게 정해 두신 모든 것을 이루어 가도록 하는 것이다. 바울은 각각의 신자가 모두 완전해지기를 바랐다. 이는 곧 각 신자가 하나님이 주신 특수한 목적을 완수하는 자가 되기를 바란 것이다. 사람들을 자신과 똑같은 존재로 만드는 것은 바울이 추구하는 바가 아니었다. 바울은 자신을 현자(賢者)가 아니라, 옆에 서서 길을 인도하는 안내자로 간주했다. 그의 제자 양육 모델은 일종의 선교였다. 이 모델은 우리가 동반자로서, 하나님의 사랑을 듣고 알아야 할 절체절명의 순간에 있는 이들에게 복음을 전해야 한다는 의미를 담고 있었다. 선교 사명이 두드러지면, 동반자 관계와 상호성이 지도자와 하나님의 백성 사이의 관계를 규정하는 특징이 된다.

바울이 제자를 길러 낸 양육 모델은 여러 층으로 이루어져 있다. 모방이라는 지반(기초) 위에 유아기와 어린이 시기 신앙의 특징인 '동일시'라는 층이 놓여 있다. 제자들이 자신들의 정체성을 계발하기 시작하면, 그들의 잠재력을 계발하라는 권면이 뒤이어졌다. 그러다가 종국에는 사람들이 복음을 전하는 일에 바울과 함께 참여함으로써 성숙한 자로 자라 가기를 고대했다. 그것이 바울의 소망이었다.

예수님과 바울의 모델 요약

우리는 지금까지 성경이 제시하는 제자훈련의 모습들을 살펴보았다. 예수님은 일부러 소수의 제자들을 부르셨다. 그것이 자신의 말씀과 사명을 그들의 내면에 새겨서, 제 2, 제 3의 예수님을 더 늘려 갈 수 있는 유일한 방법이었기 때문이다. 예수님의 의도는 자신의 사역이 열두 제자의 사역이 되게 하고, 이를 통해 예수 자신이 온 세상으로 뻗어 나가도록 만드는 데 있었다. 예수님은 열두 제자를 준비시키면서, '상황에 따른 리더십' 모델을 사용하셨다. 제자들을 지도하는 방식을 제자들의 준비 수준에 맞추신 것이다. 처음에는 예수님 자신이 살아 있는 본보기가 되셨다. 그러다가 자극하는 교사 역할로 옮겨 가신 뒤, 제자들을 뒷받침하는 코치로 옮겨 가셨다가, 마침내 그들에게 사명을 위임하는 위임자가 되신 것이다. 바울은 예수님과 다른 언어, 다른 이미지를 사용했다. 그렇지만 그의 목표나 제자들을 길러 낸 과정을 보면, 그의 주님이신 예수님의 모델과 똑같다는 것을 알 수 있다.

이제 우리는 '그러면 무엇을 해야 하는가'를 살펴볼 차례가 되었다. 성경이 제시하는 이런 제자 양육 모델들을 어떻게 현대 교회에 적합한 제자훈련 모델로 바꿀 것인가? 우리는 바로 이 부분에서 늘 실패해 왔다. 우리 중에는 지금까지 세 장에 걸쳐 살펴본 내용들에 대한 실천적 지식을 갖고 있는 사람들이 많다. 그러나 지금 우리에게 필요한 일은 성경의 명령을 교회에 실제로 적용할 수 있는 체계로 만들어 내는 일이다. 다음 장들에서는 이것과 관련한 내용들을 제시해 보겠다.

TRANSFORMING DISCIPLESHIP

3부

늘어 가는 제자훈련 그룹

교회에 기반을 둔 제자훈련 전략

6장

삶에 투자하라

관계에서 가장 필요한 것은
상대방의 삶에 투자하는 것

우리는 지금까지 어떻게 하면 예수님께 철저히 헌신하면서 제자들을 길러 내는 제자들을 발굴할 수 있을지 고찰해 보았다. 이제 우리는 출입문의 경첩이라고 할 수 있는 부분에 이르렀다. 경첩은 크기가 작은 연결 부품이다. 그러나 경첩이 없으면, 문을 제대로 여닫을 수 없다. 한 마디로 문이 제 기능을 발휘할 수 없다는 것이다. 오늘날 교회는 성경이라는 문틀에서 떨어져 나간 채 비스듬히 기울어져 있는 문짝과 같다. 성경은 말씀뿐만 아니라 하나님의 백성들을 장성한 분량까지 자라게 할 방법을 제시하고 있다. 그러나 우리는 성숙한 신자들을 길러 낸 예수님과 바울의 모델을 제자훈련의 실제 운용 과정에 접목하지 못하고 있다.

우리는 예수님과 바울의 제자훈련 모델에서 어떤 원리들을 추출해 낼 수 있을까? 제자들을 길러 내면 그 제자들이 또 제자들을 만들어 내는 전략에 연결고리를 제공해 줄 원리들을 추출해 낼 수 있을까? 우리는 이 장과 다음 장에서 세대가 거듭될수록 그리스도께 철저히 헌신하는 제자들을 늘려 갈 수 있는 방법을 수립하는 데 토대가 될 세 가지 근본 원리들을 탐구해 볼 것이다. 첫 번째 원리는 삶에 투자하는 것, 즉 제자의 삶에 전심전력을 기울이는 것이다. 이를 위해 6장에서는 제자훈련의 강조점을 프로그램에서 관계로 옮겨 갈 방법을 생각해 볼 것이다. 두 번째 원리는 세대가 거듭할수록 제자의 수를 늘려 가는 것이다. 7장에서는 사람들을 성숙한 제자가 되어 다른 제자들을 길러 내도록 훈련시킬 수 있는 방법을 생각해 볼 것이다. 세 번째 원리는 변화다. 8장에서는 그리스도를 닮은 사람으로 변모해 가는 과정을 창출하는 데 필요한 관련 조건들과 그물처럼 엮여 있는 제자훈련 네트워크를 계속하여 확장해 갈 수 있는 원동력을 살펴볼 것이다.

삶의 개입을 통해 만들어지는 제자

제자훈련은 6주, 10주, 또는 30주 과정의 프로그램이 아니다. 아무리 뛰어난 프로그램으로 혹독하고 긴 훈련을 한다고 해도 제자는 만들어지지 않는다. 프로그램은 정보나 지식 전달 위주로 흐르는 경향이 있다.

오늘날 교회나 사역 현장에서 많이 사용하고 있는 제자훈련 방법은 무엇인가? 교회는 다음과 같은 시나리오를 아주 많이 반복하고 있다.

교회의 교역자들과 당회는 비어 있는 사역을 메워 줄 사람을 뽑으려다가 번번이 좌절감만 느낀다. 사역자를 뽑으려는 노력은 거절에 부딪히거나 그 사역을 감당할 만한 자격을 갖춘 사람이 얼마 되지 않는다는 사실을 깨닫는 것으로 끝난다. 사역자의 자리가 비어 있다 보니, 당장 제자를 길러 내는 훈련이 이루어질 리 만무하다. 냉철한 안목으로 그 문제를 진단해 보면, 자격 있는 사역 지원자들을 구하지 못한 원인은 결국 우리에게 있다. 스스로 예수님의 제자가 되어 또다른 제자를 길러 내는 제자를 길러 내려는 의지가 애당초 우리에게 없었기 때문이다. 그런데 이 경우 교회는 해결책을 강구한다면서 제자훈련 프로그램을 만들 위원회를 소집한다. 프랭크 틸래포는 비꼬는 투로 이렇게 말했다. "위원회란 무엇인가? 위원회는 '우리는 뭘 해야 하지?'와 '우리 중에 누가 그 일을 시작하지?', 이 두 문제에 답하려고 모인 사람들의 모임이다."[1]

위원회는 성공했다는 제자훈련 프로그램을 찾으려고 온 천지를 샅샅이 뒤진다. 이것은 보통 그 위원회 구성원들이 사역자 충원 문제를 빨리 해결하고자 쉽게 실행할 수 있는 시스템이나 교과 과정을 찾는다는 것을 의미한다. 결국 그들은 찾아 낸 프로그램을 도입한다. 특정 사역에 맞추어 미리 마련된 교과 과정도 도입해 실행한다. 교회 지도자들은 드높은 기대를 품고 팡파르를 울리면서, 그 프로그램이 사람들을 승리하는 그리스도인의 삶으로 이끌어 기꺼이 사역자가 되려는 마음을 심어 주는 도구가 될 것이라고 단언한다. 그들은 그 프로그램으로 말미암아 제자들이 늘어나고 달란트를 가진 인재들이 풍성해지기를 거듭거듭 소망한다. 그러나 그 모든 기대는 이내 실망으로 바뀐다. 낮은 비율의 회중만이 그 프로그램에 참여하기 때문이다. 너무나 자주 반복되는 일이지만, 이번에도 이미 자기 힘에 지나도록 헌신하고 있는 사람만이 그 프로그램에 참여하는 일이 벌어진다. 같은 성도가 더 많은 일을 떠맡는 결과만 벌어진다. 따지고 보면, 사역에 참여할 수 있는 성도의 수는 큰 희망을 품고 시작했던 그 프로그램을 실시하기 전보다 늘어난 게 없다. 표 6-1은 이 접근법을 잘 묘사하고 있다.

표 6-1 프로그램에 기초한 제자훈련

이 접근법은 관계가 우선시되어야 한다는 점을 놓치고 있다. 나는 정돈된 지식, 기술의 습득, 영혼의 훈련, 교리 교육을 내용으로 하는 교과과정2)이나 어떤 시스템을 반대하는 게 아니다. 다만 내가 강조하고 싶은 것은, 이 모든 것이 관계를 통해 양육자가 피양육자에게 헌신하는 정황 속에서 진행될 때에 비로소 변화가 일어난다는 점이다. 이런 점에서, 예수님은 우리의 모델이 되신다. 예수님은 그분의 제자가 되려는 사람들에게 "나를 따라오라 내가 너희로 사람을 낚는 어부가 되게 하리라"(막 1:17)고 말씀하셨다. 그 말을 풀어쓰면 이렇다. "내가 네 삶에 부여한 소명을 완수하는 데 필요한 모든 것을 네게 주겠다." 이렇게 관계를 강조하는 예수님의 모델이 우리 제자훈련 전략의 중심이 되어야 한다(표 6-2를 보라).

시간에 구애받지 않고 다른 사람과 친밀하게 지낼 수 있는 자리에 사람들을 초대하는 것이 얼마나 큰 힘을 발휘하는지 우리는 미처 깨닫지 못했다. 나는 교회와 그리스도인 공동체에 이런 초대에 우선순위를 두어야 한다고 도전장을 던지는 바다. 나는 새로운 제자훈련을 시작해 보려고 할 때, 먼저 주님이 내 마음에 두신 사람들을 분별할 수 있도록 기도한다. 예수님은 먼저 제자들을 부르시기에 앞서 밤을 새워 가며 기도하셨다.

제자훈련 관계는 그 관계를 주도하는 사람이 먼저 기도하고 훈련받을 사람을 초대하는 식으로 형성되어야 한다. 제자훈련의 파트너(피양육자)가 될 사람을 초대할 때, 나는 먼저 이런 취지로 이야기한다. "저와 함께 그리스도의 제자로 성장하시지 않겠습니까? 저는 당신을, 저와 다른 또 한 사람이 매주 만나는 자리에 초대하고 싶습니다. 그 만남을 통해 하나님이 우리 모든 사람에게 뜻하신 모든 것을 이루었으면 합니다. 이 사귐을 놓고 기도할 때, 하나님이 저를 당신께 인도해 주셨습니다."

나는 교회 요람을 뒤져서 아무나 골라잡아 초대하지 않는다. 내가 초대한 사람은 하나님이 오랫동안 확신을 갖고 내 마음 속에 심어 두신 사람이다. 내가 초대하는 사람들이 이 사실을 알았으면 한다. 9장에 가면, 우리가 제자훈련 파트너 속에서 찾을 수도 있는 여러 가지 자질들을 살펴볼 것이다.

표 6-2 관계에 기초한 제자훈련

| 언약 관계 | ➡ | 시간 | ➡ | 제자들 |

그렇다면, 이 접근법(관계에 기초한 제자훈련 방식)은 교회에서 일반적으로 사용하고 있는 프로그램과 어떻게 다른가? 프로그램에 기초한 제자훈련은 사람들을 어떤 프로그램이나 강의에 초대하기 마련이다. 초대받은 사람들은 프로그램이나 강의에 등록하여 그들에게 주어진 과제를 이행한다. 그러나 관계에 기초한 제자훈련에서는, 사람들이 서로 사랑하고 피차 투명하게 알 수 있으며, 서로 책임지고 보살펴 주는 관계에 참여하도록 초대받는다. 물론, 관계에 기초한 제자훈련에도 교과 과정 같은 프로그램 요소들이 있다. 그러나 우선순위는 역동적 관계다. 관계는 프로그램과 어떤 차이점이 있는가? 프로그램의 네 가지 특징과 관계를 대비해 보자. 첫째, 관계에 기초한 제자훈련은 친밀함을 특징으로 하지만, 프로그램은 정보에 초점을 맞추는 경향이 있다. 앨리샤 브리트 콜은 프로그램과 관계의 차이를 이렇게 이야기했다. "프로그램은 더 안전하고, 더 통제하기 쉬우며, 재생할 수 있다. 즉, 덜 위험하고, 덜 혼잡스러우며, 사생활에 덜 참견한다. 어떤 사람에게 시간을 투자하는 것보다 어떤 개요를 제시하는 것이, 또는 우리의 인간됨을 들여다볼 수 있는 창문을 달아 주는 것보다 쉬이 닳아질 책을 주는 편이 더 간단해 보

였다. 사람들에게 전심전력을 기울이는 훈련 방식을, 정보를 제공하는 훈련 방식으로 대체하는 것이나 또는 사람들을 조직하여 프로그램에 편입시키는 것을 곧 제자훈련이라고 혼동하는 것은 너무나 쉬운 일이다. 생명은 프로그램이나 과제물로 얻어지는 것이 아니다. 생명을 낳을 수 있는 것은 생명뿐이다. 예수님은 사람들과 함께 부대끼며 그들을 양육하는 방식에 우선순위를 두셨다. 그분이 주실 수 있는 귀중한 것은 정보를 훨씬 능가하는 것이었기 때문이다. 진정한 융합이야말로 그분이 주신 귀중한 것이다."[3]

둘째, 관계에 기초한 제자훈련에서는 참여자들이 서로 철저한 책임을 지지만, 프로그램에 기초한 제자훈련에서는 한 사람, 또는 소수의 사람이 많은 사람의 일을 대신한다. 관계에 기초한 제자훈련에서는 모든 참여자가 준비와 자신을 타인에게 드러내는 일, 변화를 추구하는 일에 균등한 책임을 진다. 통찰력 있는 교사와 그의 통찰을 받아들이는 학습자의 관계는 제자훈련 관계가 아니다. 그리스도 안에서 성숙한 정도는 사람마다 다르다. 그러나 관계에 기초한 제자훈련은 서로 주고받는 사귐 가운데 어제의 교사가 오늘은 학생이 되고, 어제의 학생이 오늘은 교사가 될 수 있다는 것을 기본 전제로 삼는다.

셋째, 관계에 기초한 제자훈련은 각 개인의 특유한 성장 과정에 맞추어 이루어지지만, 프로그램에 기초한 제자훈련은 획일화와 조직 편성을 강조한다. 프로그램은 대개 한정된 기간을 갖고 있다. 가령 10주 동안 어떤 프로그램을 이수하면, 그걸로 족하다. 그러나 관계에 기초한 제자훈련의 경우에는 그런 인위적 한계를 설정할 수 없다. 이런 제자훈련 관계는 시간의 길이에 따라 각양각색이다. 성장 속도가 같은 사람은 없기 때문이다. 관계에 기초한 제자훈련은 교과 과정에 따라 대열을 지어 행군하는 것이 아니다. 그 훈련에 참여한 각 사람의 성장 속도를 참작하여 개인별로 접근하는 것이 바로 관계에 기초한 제자훈련이다.

예를 하나 들어 보겠다. 최근에 나와 제자훈련 관계를 가졌던 마이크는 쉰 살의 나이에 그리스도를 영접하고 조그만 교회에 출석하던 사람이었다. 그는 골프장 건설 회사를 운영하고 있었다. 마이크에게는 새신자들이 가질 법한 의문들이 가득했다. "왜 의인이 고난당하는가?", "과거에 그리스도를 전해 듣지 못한 사람들은 구원을 받지 못하는 걸까?" 다른 사람들에게는 시시한 질문일지 모르지만, 우리는 이 문제에 상당한 시간을 할애했다. 새신자인 마이크에게는 그 문제들이 정말로 궁금한 것들이었기 때문이다. 같은 그룹에 또 다른 마이크가 있었다. 그는 삶의 목표를 사업의 성공에서 삶의 의미를 찾는 것으로 바꾼 사람이었다. 그는 이미 부동산 개발업으로 꽤 이력을 쌓았고, 이제는 자신이 전문 사역자로서 부르심을 받은 사람인지 아닌지 알고 싶어했다. 마이크는 자신의 삶에서 다른 일에 초점을 맞추고 싶어했다. 우리는 그날 그날 해야 할 교과 과정을 제쳐놓고, 마이크의 내면에서 들려오는 소리에 귀 기울였다. 우리는 교과 과정 형태의 제자훈련 구조를 따랐지만, 늘 관계를 중심으로 삼았다. 프로그램에 기초한 제자훈련에는 시간이 규정되어 있다. 하지만 관계에 기초한 제자훈련에는 그런 것이 없다. 관계에 기초한 제자훈련은 그 순간 사람들의 삶 속에서 일어나는 필요와 변화에 즉각적으로 반응하기 때문이다.

넷째, 관계에 기초한 제자훈련은 삶의 변화를 둘러싼 책임에 초점을 맞춘다. 하지만 프로그램에 기초한 제자훈련은 과정 이수에 초점을 맞춘다. 그리스도를 닮은 신앙인으로 자라 가는 게 모든 신자의 궁극적인 목표다. 프로그램에 기초한 제자훈련에서는 참가자들의 책임 이행 정도를 볼 수 있을 뿐이다. 이를테면, 성경을 얼마나 암송했는가, 1주일 동안 읽어야 할 책을 다 읽었는가, 영성 훈련을 다 받았는가 등이 그 예다. 그러나 관계에 기초한 제자훈련은 예수께서 명하신 모든 것을 지켜 행했느냐에 초점을 맞춘다(마 28:19). 가령, 예수님은 원수를 사랑하라고 가르치셨지만 그 가르침을 아는 것으로 그치는 것과 그 가르침대로 행하는 것은 하늘과 땅 차이다. 관계에 기초한 제자훈련은 예수님의 삶을 우리 삶의 모든 정황 속에서 그대로 구현하는 것에 중점을 둔다.

관계에 기초한 제자훈련의 매력

프로그램에 참여하라고 초대하는 것은 인간미가 없어 보인다. 프로그램은 교회가 사람들의 유익을 위해 그것에 참여하게 하려고 애쓰는 어떤 것으로 보인다. 그러나 제자훈련 관계에 초대하는 것은 아주 색다른 경험을 제공한다. 각 사람의 존재가 잊혀져 버린 세계를 보면, 사람들은 친밀한 사귐과 한 사람 한 사람을 돌봐 주는 것, 깊은 우정, 영혼의 유대에 굶주려 있다. 특히 남자들의 세계가 더 그렇다. 연구 결과를 보면, 남자들은 대개 얼굴이나 이름은 알고 지내지만, 속내를 털어놓는 친구는 거의 없다. 서로 신뢰하고 헌신하는 친구, 툭 터놓고 지내면서 의미 있고 안정된 교제를 나누는 친구를 가진 남성은 열 명 중에 두 명 정도다. 반면, 여성들은 이런 사귐을 갖는 경우가 열 명 중에 여섯 명꼴이다.[4] 셋이서 함께 한데 어울려 예수님을 따른다는 것이 무슨 의미인지 탐구해 보자고 남성들을 초대하면, 그들의 의욕이 강해지는 것이 보인다.

내가 섬겼던 교회의 한 남성 신자가 많은 남성들을 대변하여 이런 글을 썼다.

"나는 여러 해 동안 주와 동행하면서 생겨나는 의문과 문제점들을 몇몇 사람들과 함께 탐구할 수 있는 안전한 장소를 찾고 있었다. 이전에 두 사람 이상으로 구성된 성경 공부에 열심히 참여했었으나, 그 어떤 것도 인격 대 인격의 만남을 통해 내 신앙을 살펴보고 그리스도 안에서 내가 어떤 사람인지 발견할 수 있는 기회를 제공해 주지 못했다. 결국 내 영혼은 굶주리게 되었고, 나는 성경 공부를 통해 주님과 더 깊이 교제하고 싶어하는 동료들로 이루어진 소그룹을 찾기 시작했다. 요컨대, 툭 터놓고 교제하며 서로를 책임지고 약점을 드러낼 수 있는 몇 사람을 찾고 있었던 것이다."5)

천천히, 견고하게 세우라

우리는 관계에 우선순위를 두어야 한다. 제자들을 단기간에 길러 내려는 조급한 자세를 바꿔야 한다. 프로그램에 중점을 두는 사고방식에는 제자들을 속성으로 양육하는 것이 가능하다는 전제가 깔려 있다. 우리는 늘 사역자 충원 문제나 그리스도 안에서 사람들을 양육하는 문제를 즉시 해결하려고 조바심을 낸다. 로버트 콜먼은 이 문제를 집중 조명했다. "사역자는 사역의 중점을 어디에 둘 것인지 결정해야 한다. 잠깐 동안 사람들의 인정과 박수를 받는 반짝 프로그램에 중점을 둘 것인지, 아니면 자신이 떠난 뒤에도 자신의 일을 이어 갈 소수의 사람들 속에서 자신의 생명이 계속 이어지도록 하는 일에 중점을 둘 것인지 결정해야 한다. 이것은 사실 우리가 어느 세대를 염두에 두고 사는지에 대한 문제다."6)

우리는 늘 '잠깐이라도 사람들의 인정을 받고 박수를 받는 일'을 찾으려는 유혹에 넘어가고 만다. 우리는 예배당에 사람들이 몇 명이나 모이는가를 기준으로 성공 여부를 판단한다. 그런가 하면, 목사가 인도하는 성경 공부가 사람들에게 하나님의 말씀을 전달하는 주된 방법이라고 생각한다. 아니면, 다른 곳에서 높은 성과를 거둔 것처럼 보이는 최신 프로그램을 도입한다. 이런 노력들의 이면에는 '빨리빨리 성향'이 자리잡고 있다.

콜먼은 제자를 양육할 때는 예수님의 모델을 따라 천천히, 그리고 견고하게 하라고 제안한다. 지도자는 '자신이 떠난 뒤에 자신의 일을 이어 갈 소수의 선택된 사람들'에게 자신에게 가장 소중한 시간을 투자해야 한다. 이것은 곧 소수를 염두에 두고 세운 목표만으로도 제자 양육이 충분하다는 의미다. 제자를 잘 길러 내는 양육자는 제자 한 사람을 길러 내는 데 걸리는 시간을 5년 내지 7년으로 잡는다. 그러니 우리가 제자를 길러 내지 못하는 중요한 요인은 너무 빨리 만족을 맛보고 싶어 하기 때문이라고 말할 수 있다. 나는 마닐라의 신학교에서 필리핀 목사들에게 강의할 때, 장기 계획을 세워서 제자들을 길러 내야 한다고 말한 적이 있다. 사람들은 강의 시간 내내 수군댔다. 강의를 멈추고, "제가 뭐 이상한 말이라도 했나요? 왜 그러시죠?" 하고 물었다. 그들은 언제 정권이 뒤집어질지 모르는 불안한 정치 상황 속에서 내일을 생각한다는 것은 우스운 일이라고 말했다. 나는 순간 멈칫했지만 곧 이렇게 말했다. "여러분은 거의 대부분 7년 뒤에도 똑같은 장소에서 목사로 일하고 있을 것입니다. 그러니 그 긴 시간을 제자를 기르는 데 투자하는 것이 낫지 않을까 싶군요."

내가 제안하려는 모델의 경우, 세 사람이 함께 성숙한 신자로 자라 가면서 상대를 예수님의 제자로 양육할 수 있는 사람이 되기까지는 1년 내지 1년 반이 걸린다. 제자훈련 관계가 끝나면, 각 사람은 다른 두 사람을 똑같은 믿음의 여정에 초대하고픈 도전을 받게 된다. 이런 식으로 제자가 또 다른 제자를 길러 내는 것이다. 5년 내지 7년에 걸쳐 한 제자가 두 제자를 길러 내고 그 두 제자가 각각 두 제자를 길러 내다 보면, 친밀한 제자훈련 관계를 통해 훈련받은 사람들은 보통 80명 내지 100명 또는 그 이상에 이르게 된다. 스스로 나서서 자신 같은 제자들을 길러 내는 제자들의 숫자가 이렇게 많다면, 사역의 분위기는 많은 영향을 받을 것이다. 전 회중의 10-20퍼센트밖에 안 되는 사람들이 회중 전체의 분위기를 결정한다. 회중의 분위기를 좌우할 수 있는 소수의 사람들에게 전심전력을 기울여야 한다. 아울러, 이렇게 하면 한 사람의 리더십 기반은 대폭 확장된다. 사역을 기꺼이 감당하려고 하거나 새로운 사역을 주도하는 핵심 지도자들은 이런 제자훈련의 열매들이다. 우리는 대부분 이런 종류의 열매를 본 적이 없다. 제자들을 길러 내려는 포부가 없었기 때문이다. 우리는 너무 단기성과에 집착한다. 그 때문에 우리가 바라는 성장을 전혀 이뤄 내지 못하는 지름길을 만들려고 애쓴다. 교회에는 늘 체격만 어른이지 영혼은 어린아이인 사람들로 가득하다. 제자를 세울 때는 천천히, 그러나 견고하게 하라는 원리에 초점을 맞추지 않은 결과다.

제자훈련이란 무엇인가

관계에 기초한 제자훈련에는 무엇이 포함되는가? 제자훈련의 중심에 관계가 자리잡고 있다. 그 관계 속에서 한 사람 이상의 신자들이 그리스도 안에서 성숙한 신자로 자라 가도록 서로 돕거나 상대에게 전심전력을 기울인다. 빌 헐은 제자훈련을 "팀원들이 서로 책임지는 사랑의 관계 속에서 일정한 목적을 두고 제자들을 길러 내는 훈련"[7]이라고 정의했다. 국제제자훈련협의회(the International Consultation on Discipleship)는 제자훈련의 요소를 모두 아우르는 제자훈련의 실제적 정의를 제시했다. 그 정의는 이렇다. "우리는 신자들을 그리스도 안에서 영적 성숙에 이르게 할 목적으로 '일정 기간에 걸쳐 서로 책임지는 관계 속에서 이루어지는' 하나의 과정을 그리스도인의 제자도(제자훈련)라고 정의하는 바다."[8]

내가 내린 제자훈련의 실제적 정의는 관계에 기초한 제자훈련 모델을 염두에 둔 것이다. "제자훈련은 우리가 그리스도 안에서 성숙한 신자로 자랄 수 있도록, 다른 제자들과 동행하면서 사랑 가운데 서로 격려하고, 그리스도를 따를 준비를 하게 하며, 피차 도전을 주고받는 의도적 관계다. 여기에는 그 제자를 준비시켜 다른 사람들을 가르치게 하는 것도 포함된다."[9]

마이클 윌킨스는 "용어 선택이 사람들과 나누는 목표의 종류를 결정한다"고 말했다.[10] 우리가 내린 제자훈련의 정의가 제자를 길러 낼 때 우리가 사용할 모델을 결정한다. 이런 제자훈련의 정의 속에는, 관계에 기초한 제자훈련의 본질로 인도하려는 목표가 포함되어 있다. 따라서 이렇게 제자훈련을 정의하는 것이 무엇을 말하며, 제자훈련을 바라보는 다른 견해들과 어떻게 구별되는지 이해하는 것이 매우 중요하다.

의도적 관계

무엇보다도 '의도적'이라는 말 속에는 제자훈련에 참여하는 파트너들이 시간 계획을 정해 놓고 만난다는 의미가 들어 있다. 이들은 대개 매주 만나는 것을 선호한다. '의도적'이라는 말의 이면에는 '우리가 함께 모일 수 있을 때 모이자'는 뜻이 숨어 있다. 그런가 하면, '의도적'이라는 말은 '일정한 목적을 지닌'이라는 뜻을 갖고 있기도 하다. '그리스도 안에서 함께 자라 갈' 목적으로 관계가 수립되었다는 것을 의미한다. 제자훈련 관계에는 언약의 성격이 들어 있다. 관계에 기초한 제자훈련에 참여하는 사람들은 그 관계를 형성하는 모든 이가 동의한 서약에 헌신한 사람들이다. 관계, 곧 다른 사람과 함께하는 것이 그리스도의 형상을 이루어 가는 첫 번째 방편이 된다.

다른 제자들과 동행하다

다른 제자들과 동행한다는 말은 관계에 기초한 제자훈련 방법이 수직적 계급 구조가 아님을 분명히 전달하고자 심사숙고 끝에 고른 표현이다. 관계에 기초한 제자훈련은 삶과 삶이 서로 어울리는 대등한 상호 소통 관계를 만들어 내는 것을 목적으로 한다. 이런 이유들 때문에, 나는 7장에서 "다른 제자들과 동행한다"는 것이 '경험이 더 풍부한 그리스도의 제자가 새신자와 함께하는 것'[11]이나 '사제 관계'[12]가 아니라, 대등한 관계에 있는 사람들이 서로 멘토가 되는 제자훈련 방법임을 역설할 것이다.

서로 상대를 그리스도의 제자로 길러 주는 이런 관계는 세 가지 특징을 띤다.

첫째, 제자훈련 관계에서 우리는 서로 격려하는 사이가 된다. 우리에게는 긍정적이면서도 은혜로운 환경 속에서 우리가 그리스도 안에서 어떤 사람인지 자유롭게 탐구할 수 있는 안전한 장소가 필요하다. 성경은 성령을 '파라클레토스'(paraklētos)(이 말은 종종 '격려하는 이'로 번역되기도 한다)로 묘사했다. 우리 옆에 오셔서 도와주시는 분이라는 뜻이다. 제자훈련 파트너는 다른 사람 속에 존재하는 모든 특별한 것들을 북돋는 데 사용하려고 성령님이 부리시는 도구다. 각 사람 속에 나름의 특별함이 존재하는 것은 하나님이 우리를 각기 특유한 존재로 창조하셨기 때문이다.

둘째, 그리스도의 형상대로 성장한다. 이것은 우리를 빚어 가시는 그리스도의 영향력 속에 우리를 놓아 두는 훈련을 일상 속에서 하게 한다는 말이다. '훈련을 하게 한다'는 말은 그 훈련 과정 속에 예수께서 제자가 되는 데 큰 틀이 되는 훈련, 행위, 패턴들이 포함되어 있음을 말한다. 습관을 바로잡는 것도 변화 속에 포함된다.

마지막으로, 관계에 기초한 제자훈련에서는 제자훈련 참가자들이 언약적 관계에 있게 된다. 따라서 파트너들이 서약을 제대로 따르지 못했다는 이유로 '도전을 던지거나' 위험을 감내하도록 강하게 독려할 수 있다. 나는 세계 여행을 계획하던 에릭에게 그 여행을 선교의 기회로 활용해 보라고 도전을 던졌다. 마찬가지로, 다른 사람들이 우리에게 도전을 주어야 할 때가 올 것이다. 서로 도전을 준다는 것은 언약을 지킬 책임이 서로에게 있다는 것을 암시한다.

사랑 가운데

관계 중심의 제자훈련에 참가하는 이들은 동반자들을 사랑한다. 이것은 중요한 일이다. 사랑과 신뢰는 불가분의 관계다. 누군가가 우리를 통제하거나 벌주거나 해치려 한다고 의심하는 순간, 우리는 방어벽을 치고 제자훈련 관계에서 발을 뺄 것이다. 사랑은 모태와 같다. 그 모태로 말미암아 그리스도의 형상이 우리 안에서 이루어지는 것이다. 알을 품은 암탉의 온기가 알에 제대로 전달되어야 비로소 그 알들이 깨어나서 병아리가 될 수 있는 것과 마찬가지다.

그리스도 안에서 성숙한 신자로 성장하다

관계에 기초한 제자훈련의 목표는 그리스도 안에서 온전하고 완벽하며 성숙한 신자가 되는 것이다. 제자훈련에 참여하는 그 어떤 파트너도 아직 이런 신자가 못 되었지만, 그리스도 안에서 완전히 자랄 때까지 함께 가야 한다는 뜻이다. 제자훈련 참가자들이 서로를 책임진다는 점을 강조하는 이유는 어느 누구도 다른 사람에게 완벽한 본보기가 될 수 없기 때문이다. 사실, 가장 미약한 것에서 배우는 능력이야말로 성숙한 신앙을 보여 주는 지표다.

다른 사람을 가르칠 수 있도록 준비시키다

관계에 기초한 제자훈련의 목표는 또 다른 제자들을 길러 내는 것(제자의 재생산)이다. 우리가 이해하는 성숙의 개념 속에는 그 제자가 제자를 늘려 가는 일의 고귀함을 체득하고, 다른 사람을 그리스도께 이끌어 그 사람과 함께 그리스도의 형상을 이루어 갈 수 있다는 확신과 능력을 얻었다는 의미가 담겨 있다.

삶에 구현된 제자훈련

여러 해 전에 나는 사역 현장에서 실망한 모든 것을 말끔히 씻어 주는 편지 한 통을 받았다. 나는 그 편지의 내용 일부를 여러분과 함께 나누고자 한다. 장기적인 제자훈련 관계의 중요성이 아주 설득력 있게 표현되어 있기 때문이다.

신학교를 떠나 내가 처음 부임한 사역 현장은 피츠버그 대학교의 대학생들과 함께하는 곳이었다. 내가 섬기던 교회는 학교 기숙사의 건너편에 자리 잡고 있었다. 우리는 주중 예배에 참석하는 300여 명의 학생들을 상대로 매우 광범위한 사역을 전개했다. 그 사역의 중심에는 약 40명으로 이루어진 지도자 팀이 있었다. 이들은 대학 캠퍼스 성경 공부를 인도하고 있었으며, 우리 교회에서 다섯 명의 전임 교역자들에게서 제자훈련을 받고 있었다. 여기에 공개하려는 편지는 내가 피츠버그를 떠나 캘리포니아의 한 교회로 부임한 후에 받은 것이다. 편지를 쓴 사람은 내가 피츠버그에서 사역할 당시 대학교 1학년에 재학 중인 여학생이었다. 그 여학생은 편지에서 자신이 피츠버그 대학교에서 체험한 사역 모델을 칭찬했다. 이 편지가 큰 호소력을 갖는 이유는 내가 이 캠퍼스 사역을 떠난 시기와 그 학생이 내게 편지를 보낸 시기 사이에 존재하는 시간적 간극 때문이다. 내가 피츠버그를 떠나 캘리포니아로 온 때는 1977년 3월인데, 그 여학생의 편지는 1985년 4월에 보낸 것이다.

존경하는 그레그 목사님께

제 이름은 제인 스미스입니다. 목사님이 캘리포니아로 청빙을 받으셨을 당시 저는 갓 교회에 나오기 시작한 새내기였습니다. 몇 번밖에 듣지는 못했지만, 목사님의 가르침을 듣고 깊은 감명을 받았습니다. 그러나 더 좋았던 것은 목사님과 다른 분들이 교제하며 나누는 사랑 속으로 제가 끌려들어갔다는 것입니다. 당시 방관자였던 저는 매우 깊은 사랑을 보았습니다. 그리고 그런 사랑은 기도를 통하여 자란다는 것을 알았습니다. 제자도라는 말은 살아 있었습니다.

목사님이 떠나시고 나서 한참 뒤에도, 목사님의 리더십 교재가 사용되었습니다. 저도 세 명의 학생 지도자들에게서 훈련을 받았습니다. 그들은 제가 친밀하게 묶여 있는 모임의 구성원들이었으며, 주님이 제 인생에 개입시킨 사람들이었습니다.

피츠버그 대학교를 졸업하면서 아동 발달 및 아동 보호 학위를 받은 뒤, 남편과 함께 (펜실베이니아에서) 그리스도인 센터를 시작했습니다. 주님은 이 사역의 순간순간마다 이적들을 행하셨습니다. 우리는 그것들을 보면서 몹시 흥분했습니다. 저희는 취학 전 아동들을 대상으로 한 프로그램을 시작했으며, 지금은 그리스도인들을 대상으로 한 학교를 열었습니다. 해마다 한 학년씩 늘려 가고 있습니다.

저희가 이 지역 가정을 섬길 수 있는 힘은 성경 원리와 모델을 적용한 데 있습니다. 이 지역 가정들과 관계를 맺으면서, 소수의 가정과 관계를 맺되 장기간에 걸쳐 질 높은 관계를 맺는 쪽에 초점을 맞추게 된 것은 제가 피츠버그에서 체험한 모델 때문입니다.

저는 목사님이 피츠버그에서 얼마나 헌신하셨는지, 목사님이 얼마나 많은 시간과 노력을 피츠버그 학생들에게 쏟아부으셨는지 이제야 깨달았습니다. 이 편지를 쓰는 것도 그런 이유 때문입니다. 목사님과 목사님이 주신 선물에 감사드립니다. 저는 제 자신이 목사님이 맺으신 열매가 맺은 열매처럼 느껴집니다! 지금도 더 많은 열매들이 자라고 있는데 어떻게 하나님을 찬양하지 않을 수 있겠어요. 저는 저희 사역을 보면서 목사님이 보여 주신 모델의 진가를 인정합니다. 목사님은 자신을 내어 주시면서도 너무나 적은 사람들에게 영향을 미치고 많은 것을 거두지 못하는 것에 전혀 개의치 않으셨습니다. 만일 목사님이 피츠버그에서 무슨 일을 하셨는지 주님께 여쭤 보실 기회가 있다면, 저를 기억하시고 주님이 거기서 목사님을 얼마나 많이 사용하셨는지 알아주셨으면 합니다. 목사님께 감사하다는 말씀밖에 드릴 것이 없네요.

제인은 내가 이 장에서 강조하고 있는 모든 것을 분명하게 강조하고 있다. 제인이 얻은 통찰들을 되짚어 보자.

"제자도라는 말은 살아 있었습니다"
제인은 공동체 속에서 지도자와 지체들을 향한 공동체의 사랑을 보면서 제자도가 현실로 구현되는 것을 목격했다. 제인을 이 공동체로 끌어당긴 자석은 사랑이었다. 예수님은 이 점에 대하여 다음과 같이 말씀하셨다. "너희가 서로 사랑하면 이로써 모든 사람이 너희가 내 제자인 줄 알리라"(요 13:35). 제인은 어쩌면 이 진리를 성경 속에서 미처 발견하기도 전에 그리스도인의 공동체에서 목격했을지도 모른다.

"친밀한 모임의 구성원에게서 훈련받았습니다"

리더십의 핵심 요소 가운데 하나라고 할 수 있는 친밀함으로 묶인 모임이 존재했다. 그 모임에 속한 지도자들은 매주 수요일 저녁에 모여 사역을 훈련하고 지원했다. 캠퍼스에서 성경 공부를 인도하고 소수의 사람들에게 전심전력으로 헌신하던 학생 팀의 구성원들 역시, 교회의 전임 교역자들에게서 제자훈련과 격려를 받았다. 그들은 대학의 상급생들과 하급생들이었으며, 자신들과 같은 제자를 또 길러 냈다.

"목사님이 떠나시고 나서 한참 뒤에도"

제자훈련 모델은 지도자 한 사람을 중심으로 만들어진 사역 모델보다 지도자의 생명을 더 오래 이어 갈 수 있다는 장점이 있다. 어떤 지도자의 리더십이 성공을 거두었는가 하는 여부는 그 지도자가 다음 사역자에게 사역을 넘긴 뒤에 일어난 일로 판단할 수 있다. 내가 피츠버그에서 펼친 사역에는 제자들이 내게 의존하지 않고 스스로 자신들의 제자들을 길러 낼 수 있어야 한다는 철학이 가득 담겨 있었다. 내가 그곳을 떠날 당시 제인은 신입생이었다. 나는 제인과 거의 교제하지 못했다. 그러나 관계를 통해 제자를 길러 가는 틀이 자리잡았고, 제인도 그 틀 속에서 대학 4년을 헤쳐 나간 것이다.

"제가 피츠버그에서 체험한 모델 때문"

제인 내외는 가정 사역을 시작하면서 '작지만 질 높은 장기적 관계'에 초점을 맞추기로 결심했다. 관계에 기초한 제자훈련을 표현하는 데 이 세 형용사(작지만, 질 높은, 장기적)보다 더 나은 단어들을 발견할 수 없었다. 제인 내외는 외연을 넓히기보다 깊이를 추구하기로 한 것이다.

지난 17년간, 나는 공석이나 사석에서 이 편지를 50번도 넘게 읽었을 것이다. 이 편지를 읽을 때마다 "목사님이 맺으신 열매가 맺은 열매"라는 부분에 이르면, 목이 메고 눈시울이 뜨거워진다. 제인은 나와 개인적인 관계가 거의 없는 여자다. 그러나 제인은 여러 세대에 걸쳐 제자훈련 사슬이 이어져 갔다는 점, 그리고 어떤 의미에서는 제인 자신이 내 영적 손녀임을 인정했다. 여러분이 훈련시킨 이들이 다른 사람들을 제자로 길러 낼 포부를 품고 다른 이들을 제자로 길러 낼 기술을 습득함으로써, 제자가 제자를, 그 제자가 또 다른 제자를 길러 내는 일이 실제로 일어나고 있다. 얼마나 기쁜 일인가!

제인은 무엇이 사역 현장의 치명적 약점이며, 무엇이 훈련받지 못한 신자들을 만들어 내는 주요 원인인지 포착하고 있다. "목사님은 자신을 내어 주시면서도 너무나 적은 사람들에게 영향을 미치고 많은 것을 거두지 못하는 것에 전혀 개의치 않으셨습니다"라는 말이 그 증거다. 이것은 많은 목사와 그리스도인 지도자의 삶에 새겨 둘 만한 글이다. 우리는 모든 사람을 똑같이 대한다. 사람을 편애한다는 비판을 듣지 않으려고 애쓴다. 그런 상황 속에서, 사람들이 진정한 제자도가 무엇인지 깊이 깨달을 수 있는 '작고 질 높은 장기적 관계'가 존재할 수 있을까?

관계에 기초한 제자훈련은 적은 수를 염두에 둔 목표를 갖고 있다. 이 제자훈련 방식은 우리의 사고방식과 행동방식을 바꾸어 오래 지속될 열매를 길러 낼 것을 요구한다. 이 열매는 또다른 사람들을 가르칠 수 있는 핵심 인물들을 말한다. 우리는 빨리빨리 성과를 거둬야 한다는 조급증을 몰아 내야 한다. 일거에 모든 것을 모든 사람에게 나눠 주려는 옛 방식을 버려야 한다. 지도자의 핵심 역할 가운데 하나는, 우리가 전력을 다해 집중하여 길러 낼 소수의 제자들을 갖는 것임을 깨달아야 한다. 지도자들은 매주 제자들을 만나는 것을 선호한다. 이 소수의 제자들은 관계라는 환경을 통해 그리스도 안에서 성숙한 신앙인으로 자라게 된다. 이 장기 전략은 스스로 제자가 되려는 사람들의 지도력 기반을 넓혀 주고, 우리가 처음 수고함으로써 거둔 열매들이 더 많은 수의 열매들로 늘어 가며, 우리의 사역이 우리가 떠난 뒤에도 오래 지속될 수 있도록 만들어 준다. "요컨대, 목사는 소수의 사람들에게 전심전력을 기울임으로써 그들 역시 예수 그리스도의 제자들을 길러 내는 자요 사역자들이 되게 하는 데 우선순위를 두어야 한다. 그렇게 제자를 길러 내는 일에 헌신할 때에, 신약이 모범으로 제시했던 복수의 지도자 또는 복수의 장로 제도가 현실로 이루어질 수 있다. 다시 말해, 하나님의 모든 백성이 사역자로서 일하는 것이 현실로 이루어지게 되는 것이다."[13]

부동산의 가치를 좌우하는 것이 그 부동산의 '위치'라면, 제자들을 길러 내는 데 핵심 요소가 되는 것은 '관계'다. 7장에서 우리는 이 관계들이 어떻게 제자들을 배가하는지 알아볼 것이며, 8장에서는 관계에서 변화를 지향하는 분위기를 만들어 내는 세 가지 핵심 요소들을 살펴볼 것이다.

7장

배가(倍加)
세대가 거듭될수록 제자의 수가 배가하다

이 책을 쓰는 원동력이 되었던 물음이 있다. '어떻게 해야 예수 그리스도께 철저히 헌신하면서 제자를 길러 내는 제자를 길러 낼 수 있는가?' 이 물음의 범위 안에서 가장 어려운 도전이자 극소수의 사람만이 해결한 난제는 바로 '우리가 길러 낸 제자가 또 다른 제자를 길러 내는 제자 재생산'의 문제였다. 어쩌면 그리스도께 철저히 헌신하는 제자들을 길러 내는 것보다 더 어려운 문제는, 그리스도께 철저히 헌신하면서 자신 같은 제자들을 길러 낼 제자들을 만들어 내는 것일 것이다. 이 제자 재생산이야말로 가서 모든 민족을 제자로 삼으라는 예수님의 대위임령을 완수할 수 있는 핵심 열쇠다.

어떤 제자훈련 방법이든지 그것을 진정으로 신뢰할 수 있으려면, 제자가 또 다른 제자를 길러 내는 제자 재생산의 개념을 담고 있어야 한다. 게리 쿠네는 이렇게 썼다. "제자훈련은 한 그리스도인의 삶에서 영적 성숙과 영적 재생산을 함께 이뤄 가는 신령한 작업이다."[1] 그는 또 이렇게 썼다. "제자를 배가시키는 사람은 자신의 영적 자녀를 훈련시켜 그들로 하여금 스스로 다른 제자들을 '길러 내게 만드는' 제자를 말한다."[2] 우리는 요구 수준을 높임으로써 새로운 규범적 기대치를 만들어 내야 한다. 제자를 훈련시킨다는 것은 자신 같은 제자를 또 길러 낼 수 있는 제자 재생산자를 만들어 낸다는 말이다.

이런 재생산이라는 시각에서, 여러분은 '단순히 수를 늘려 가는' 전도와 '배가시키는' 전도를 비교한 표를 본 적이 있을 것이다.

표 7-1 단순히 수를 늘려 가는 전도와 제자를 재생산할 수 있는 제자를 배가시키는 전도

해(年)	단순한 전도자	제자훈련자
1	365	2
2	730	4
3	1,095	8
4	1,460	16
5	1,825	32
6	2,190	64
7	2,555	128
8	2,920	256
9	3,285	512
10	3,650	1,024
11	4,015	2,048
12	4,380	4,096
13	4,745	8,192
14	5,110	1만 6,384
15	5,475	3만 2,768
16	5,840	6만 5,536

이 표를 해석하면서, 단순히 증가 전략만 구사한 전도자의 경우를 살펴보자. 만일 한 전도자가 매일 한 명을 그리스도께 인도한다고 할 때, 16년이 흐른 뒤에는 5,840명을 전도한 것이 된다. 그러나 똑같은 전도자가 배가 방법, 또는 제자가 또 제자를 길러 내는 재생산 방법을 쓸 경우, 그 전술의 결과는 엄청나게 달라진다. 하루에 한 사람을 전도하는 대신, 제자를 길러 내는 제자 양육자가 되면, 그 제자 양육자는 1년에 한 사람을 얻되, 그 1년을 꼬박 제자 양육에 사용한다. 이것이 바로 제자 재생산이다. 첫 해가 끝날 때, 그 제자 양육자는 또 한 사람을 얻을 것이며, 이와 똑같은 과정이 이후에도 계속 이어질 것이다. 첫 해에 제자훈련을 받은 사람이 또 한 사람을 그리스도께 인도하여 그와 동행하면서 그를, 제자를 길러 낼 수 있는 새신자로 만들면 배가가 이루어진다.

배가의 경우, 두 해가 지나도 제자를 길러 낼 수 있는 제자의 수는 그렇게 두드러지지 않는다. 두 해가 지나도 그리스도께 철저히 헌신하는 제자 네 명만이 만들어질 뿐이다. 반면, 하루에 한 명씩 전도를 계속한 전도자의 경우에는 두 해가 지나면 새신자가 730명에 이르게 된다. 그러나 배가 방법의 경우에는 16년이 지나면, 그리스도의 제자가 6만 5,536명에 이르게 된다. 이들 역시 또 제자들을 만들어 낼 수 있는 능력을 갖추고 있다. 그러나 단순히 하루에 한 명씩 전도하는 방법을 고수할 경우에는 16년이 지나도 제자의 수가 겨우 5,840명에 불과하다. 하루에 한 명씩 늘려 가는 방법은 이 고독한 전도자에게 신자를 전도하여 양육할 책임을 모두 떠맡긴다. 단순히 수를 늘려 가는 전도 모델에서는 계속해서 신자 수를 늘리기가 불가능하다. 반면, 배가 모델에서는 확실히 제자 수를 늘릴 수 있다.

통계만 놓고 보면, 배가 모델은 인상적이다. 이 모델을 30년만 따라 하면, 제자들로 지구를 몇 바퀴나 돌고 근처 별들까지 채울 수 있을 것이다. 표만 놓고 보면 단순한 증가 모델이든 배가 모델이든 인상적이기 이를 데 없다. 하지만 내 경험에 비추어 볼 때 이런 모델들은 현실로 나타나지 않는다. 지난 20년 동안, 내가 전심전력을 기울여 제자로 기르던 제자들이 다른 제자들을 길러 낼 준비를 갖추지 못하는 것을 보면서 좌절을 겪었다. 내가 늘 썼던 방법은 1주일에 한 번씩 일대일로 만나는 것이 기본이었다.

내 소망은 제자훈련을 통해 한 사람의 그리스도인이 예수님을 더 깊이 믿도록 독려하고 그가 또다른 제자를 길러 낼 힘을 가지도록 양육하여 배가의 효과를 거두는 것이었다. 내 목표 속에는 내가 기르는 제자와 함께 내 신앙을 성장시키는 일도 포함되어 있었다. 이는 곧 기본이 되는 영적 훈련을 함께 하는 일이었다. 이를테면, 기도나 성경 공부, 성경 암송을 함께 한다든지, 가정이나 직장, 교회나 내면의 투쟁이라는 영역에서 그리스도께 순종한다는 것이 무엇을 의미하는지 탐구한다든지, 존 스토트의 『기독교의 기본 진리』(생명의 말씀사, 2003)처럼 신앙의 기초를 알려 주는 책을 같이 읽는다든지, 교회와 관련한 사역 현장에서 내가 기르는 제자를 가르치는 것 등이 그 예다. 그러나 배가는 일어나지 않았다.

나는 좌절했다. 나는 15년 내지 20년 동안 하나의 제자훈련 모델을 붙들고 씨름했다. 하지만 이 모델은 정신 이상이 무엇인지 내게 충분히 보여 주었다. 똑같은 일을 거듭거듭 되풀이하면서도 다른 결과가 나오기를 기대하고 있었으니, 말 그대로 정신 이상이 아닌가. 당시 내게 필요한 것은 내가 하고 있던 바로 그 일을 세련되게 다듬거나 개선하는 일이라는 생각이 들었다. 만일 내가 더 열심히 애쓰고, 더 꾸준히 기도하며, 내 접근법을 이곳저곳 손봐서 다듬었다면, 결과는 달라졌을 것이다. 배가표(倍加表)를 펴내는 사람들은 틀림없이 성공을 거두고 있었을 것이다. 그러나 실패만 거듭하는 내게 그 배가표는 유죄 판결을 선고했다. 결국 그 무렵에 나는 내가 추구하던 모델이 어쩌면 그릇된 것일 수도 있다는 결론을 내렸다. 달라스 윌라드의 표현을 빌리자면, 그런 제자훈련 방법을 사용했는데도 이런 결과가 초래된 것이 아니라, 바로 그 제자훈련 방법 때문에 이런 결과가 나타난 것이었다.

나는 그 실패의 원인을 알아보고자 몇 가지 질문을 던질 수밖에 없었다. 아마 여러분도 똑같은 질문을 하고 있을지도 모른다. 왜 우리는 더 많은 제자들을 길러 내지 못하는 걸까? 대체 무엇이 잘못된 것일까? 헌신이 부족한 걸까? 사람들에게 더 많은 것을 요구하길 두려워하는 지도자들의 잘못 때문인가? 서구 세계의 소비자중심주의가 초래한 안락함에 굴복해 버린 걸까? 그 때문에 심지어 우리가 믿는 기독교도 "하나님이 우리에게 해 주실 수 있는 게 뭐지?"라고만 묻는 종교로 전락한 걸까? 이 모든 것이 다 실패 요인이다. 우리는 2장에서 우리의 제자도가 형편 없는 수준으로 전락한 여러 가지 이유들을 살펴보았다. 그러나 나는 여기서 이런 질문들에 초점을 맞추게 되었다. "제자가 제자를 길러 내지 못하도록 방해하는 장애물은 무엇인가?", "우리가 주창한 의도적 제자훈련 모델(관계에 기초한 제자훈련 모델)조차도 제자들을 배가시키지 못하는 이유는 무엇인가?"

약 15년 전에 나는 제자훈련 방법을 바꾸었다. 그 결과, 교회 중심 제자훈련 전략 네트워크 속에서 제자가 제자를 길러 내는 재생산 비율이 75퍼센트에 이르게 되었다. 내 문제는 제자가 제자를 길러 낼 수 없는 실천 모델에 힘을 실어 주는 성경 말씀에 사로잡혀 있었던 것이 아닌가 하는 생각이 든다.

성경이 제시하는 모델(바울과 디모데)

제자훈련에 대한 우리의 이해에 디딤돌 노릇을 하는 성경의 틀이나 관계를 제시해 보라고 한다면, 무엇을 꼽을 수 있을까? 아마 바울과 디모데의 관계일 것이다. 사람들은 이 두 사람을 한데 묶어 관계의 모범적인 방법으로 제시한다. 설교자들은 사람들에게 디모데 같은 사람을 키우는 바울이 되라고 권면한다. 하지만 바울 같은 멘토를 찾으라고 권면하는 경우가 더 많다. 우리가 정의하는 제자훈련 개념은 대개 바울과 디모데의 모델이 보편성을 띤 틀이라는 묵언의 전제에서 영향을 받은 것들이다. 폴 스탠리와 로버트 클린턴은 더 성숙한 신자가 덜 성숙한 신자를 제자로 양육하는 이 일대일 모델을 지지한다. 그들은 제자훈련에 대해서 이렇게 말했다. "제자훈련은 경험이 더 많은 그리스도의 제자가 새신자와 함께 예수 그리스도를 주님으로 알고 순종하는 데 필요한 헌신과 이해, 기본 소양을 공유하는 과정이다."[3] 키스 필립스가 내린 제자훈련의 정의에도 바울과 디모데의 모델이 밑바탕에 깔려 있다. 그는 이렇게 말했다. "제자도는 사제관계다. 교사는 그리스도 안에서 자신이 누리는 충만한 생명을 제자 속에서 재생산한다. 그렇게 함으로써, 그 제자는 다른 이들을 또다른 사람을 가르칠 수 있는 제자로 훈련시킬 수 있다."[4]

바울과 디모데의 관계를 성경이 제시하는 '유일한' 모델로 제시한다면, 다음과 같은 사항을 전제해야 할 것이다.

- 나이가 더 많은 사람과 적은 사람(아버지와 아들의 관계처럼)
- 영혼이 성숙한 사람과 미숙한 사람
- 교사와 학생(배운 사람과 배우지 못한 사람)

- 경험이 풍부한 사람과 부족한 사람
- 권위를 지닌 사람과 그 권위에 복종하는 사람

일반적인 제자훈련의 모델

바울과 디모데의 모델이 미치는 영향 때문에, 우리는 아무런 의심 없이 일대일 관계를 제자훈련 관계의 준거점으로 받아들인다. 그러나 지난 17년 동안 삼인조 형태로 진행해 온 제자훈련을 돌아보면서, 일대일 제자훈련에 다음과 같은 몇 가지 한계가 있음을 깨달았다.

일대일 관계에서는 제자를 양육하는 자가 제자로서 양육받는 자의 영적 안녕을 책임지게 된다. 제자 양육자는 둥지를 떠나 새끼새들에게 먹일 벌레를 찾는 어미새와 비슷하다. 새끼새들은 입을 벌린 채 둥지에서 어미새가 돌아오기만을 기다린다. 제자 양육자는 자신의 방대한 지식을 한정된 지식을 가진 사람들에게 전수할 역할을 부여받았다. 이 때문에 제자훈련 팀에서 초점 노릇을 해야 한다는 압박을 받게 된다. 다른 사람을 제자로 훈련시키려면, 제자 양육자는 딱히 정의할 수 없는 영적 완벽함에 이르러 있어야만 한다. 우리는 무의식중에 불과 극소수의 사람만이 감당할 수 있는 역할을 하나 만들어 놓은 셈이다. 제자 양육자는 자기 자신일 수 있는 자유를 누리지도 못한 채 그릇된 완벽주의에서 비롯된 자의식만 갖게 되는 것이다.

일대일 관계는 의존 성향을 불러일으킬 수도 있는 수직적 계급 체제를 만들어 낸다. 디모데 입장에 있는 사람들의 경우에서 볼 수 있듯이, 받는 위치에 있는 사람들은 자신을 주는 위치에 있는 사람으로 보지 못하는 경우가 종종 있다. 결국, 일대일 관계에서 만들어지는 것은 가르침을 받는 젊고 미성숙한 사람들이다. 그들이 그 관계 속에 있는 것은 자신들보다 신앙의 길을 더 오래 걸어온 사람들에게서 지혜를 얻으려는 목적 때문이다. 만일 바울과 디모데의 관계가 목사와 교구 신자의 관계라면, 둘 사이에 존재하는 틈은 더 커지게 된다. 성직자와 평신도 사이에는 성직자 안수라는 제도 때문에 늘 메워질 수 없는 틈새가 존재한다. 목사들은 다른 사람들을 제자로 양육할 수 있는 자격을 갖추고 있다(전통적 지혜도 그렇게 이야기한다). 그들은 여러 해 동안 성경과 신학 훈련을 받았으며, 그 길로 나아가도록 부르심을 받았다.

일대일 관계는 상호 소통이나 대화에 제약을 가한다. 나는 일대일 대화를 탁구 경기에 비유한다. 탁구공이 왔다 갔다 하는 것처럼, 제자 양육자는 상호 소통과 대화라는 공이 늘 왔다 갔다 하도록 만들어야 한다. 대화는 늘 상당히 높은 수준까지 진행되어야 한다. 나는 제자 양육자로서 상대방의 이야기를 주의 깊게 들어야 하는데도 그렇게 하지 못했다. 상대의 말을 경청해야 할 그 순간에 내 역할에 걸맞는 지혜로운 충고나 통찰이 무엇일지 생각하고 있었기 때문이다. 참가자의 수 때문에, 대화는 역동성 있는 상호 소통과 거리가 먼 경우가 잦았다.

그런가 하면, 일대일 관계는 한 사람을 본보기로 만드는 접근법을 만들어 낸다. 단 한 사람이 새 제자에게 큰 영향력을 행사하게 되는 것이다. 이 관계는 그 자체에 한계가 있을 뿐만 아니라, 제자의 발전을 왜곡하는 경향이 있다. 바울과 디모데 모델에서는 제자훈련에서 경험할 수 있는 범주가 한 개인의 능력에 좌우된다.

마지막으로 일대일 모델에는 너무나 중요한 약점이 있다. 제자의 재생산이 거의 이루어지지 않는다는 것이다. 이 모델에서는 제자로 양육 받은 자가 또 다른 제자를 길러 내는 일은 가뭄에 콩 나듯 드문 일이다. 자기 확신이 있고 내면에 투철한 동기를 가진 사람들만이 의존 성향을 깨부수고, 스스로 또다른 제자를 길러 낼 수 있다.

우리는 모르는 사이에 수직적 계급 구조를 가진 제자훈련 모델을 지지해 온 것이다. 이런 모델은 다음 세대에 물려줄 수 없는 것이다. 더 우월한 영적 권위를 가진 사람이 다른 사람보다 위에 있어야 마땅하다. 그러나 그렇게 따지면, 다른 사람들을 제자로 기를 만한 자격을 갖춘 사람은 소수에 불과하다. 우리는 이 배가 방법을 칭송할 수도 있다. 하지만, 이 방법 속에 자멸의 씨앗이 숨어 있다는 것을 간과하면 안 된다.

결국, 나는 내 경험에 비추어 수직적 계급 구조가 아닌 제자훈련 모델을 제안하는 바이다. 이 모델은 동반자가 서로 멘토 역할을 하는 과정을 제자훈련으로 본다. 다른 사람에게 의지하려는 함정을 피하려면, 제자훈련 관계를 한 사람이 다른 사람보다 우월한 권위를 갖는 관계라기보다 서로 대등한 관계라고 봐야 한다.

성경이 제시하는 대안 모델

성경이 바울과 디모데 모델의 대안으로 제시하는 제자훈련 방법은 대등한 관계를 통한 제자훈련 방법의 기초가 될 것이다. 바나바와 바울의 동반자 관계는 바나바의 생질(甥姪)인 마가 요한을 둘러싼 다툼 때문에 깨지고 말았다(행 15:39). 하지만 두 사람의 관계는 여전히 "쇠가 쇠를 날카롭게 만든다"는 원리를 보여 주며, 동반자 관계에 기초한 제자훈련의 모델 역할을 하고 있다. 건강해 보이는 이 모델은 선교에서 동반자 관계를 중시한 바울의 견해와 일치하는 것이기도 하다. 사도행전 전체에 걸쳐 나타나는 바나바와 바울의 관계를 추적하다 보면, 두 사람 사이에서 주도자의 위치가 수시로 변하는 것을 목격할 수 있다. 이런 변화는 그들의 은사와 사역 정황에 따라 일어난다.

바나바는 사도행전 4장 말미에서 처음 등장했다. 바나바는 '위로의 아들'이라는 뜻을 지닌 말로 사도들이 붙여 준 별명이다. 이런 별명이 붙은 것은 그의 삶이 위로자의 모습을 그대로 보여 주었기 때문이다(행 4:36). 바나바는 구브로 태생으로 본명은 요셉이고 레위 족속 사람이었다. 그는 교회 공동체에 속한 가난한 자들을 돕기 위해 재산 중 일부를 팔아 사도들에게 맡겼다. 바나바가 두 번째로 등장하는 곳은 사도행전

9장이다. 이곳에서 그는 불 같은 성정을 지닌 사울-나중에 사도 바울이 되었다-과 인연을 맺게 된다. 예루살렘의 제자들은 바울의 회심을 의심했다. 바울의 전력으로 보아 당연한 일이었다. 그들은 바울의 회심이 사도 무리에 침투하려는 술수나 위장일 수도 있다며 두려워했다. 이때, 바울의 삶에 진정한 변화가 일어났음을 보증하면서, 바울이 다메섹에서 목숨을 걸고 담대하게 예수님을 전한 일을 증언해 준 인물이 바로 바나바다(행 9:27).

바나바와 바울은 장기간 동안 떨어져 있다가 안디옥에서 재회했다(행 11:19-30). 당시 예루살렘교회는 안디옥에서 유대인들뿐만 아니라 이방들도 하나님의 은혜를 받았다는 이상한 소문을 듣고, 그 진위 여부를 조사할 사람으로 바나바를 보냈다. 터럭 하나도 집어 낼 능력을 지닌 바나바는 그 일의 적임자였다. 바나바는 하나님이 택하신 백성들에게 나타난 바로 그 은혜가 이방 신자들에게도 나타났음을 확인했다. 상황을 파악한 바나바는 안디옥에서 가르치는 것이 자기 혼자 감당하기에는 벅찬 일임을 깨달았다. 여러 해가 흐르기는 했지만 바나바는 예전에 하나님이 바울에게 주신 소명을 기억했다. 바울은 이방인에게 보내기 위해 주님이 사도로 세우신 사람이었다. 바나바는 바울의 고향인 다소로 갔다. 바울은 이미 바리새인들의 율법주의를 하나님의 은혜 안에서 자유를 얻었다는 신학으로 대치한 터였다. 바나바는 바울을 그 사역의 현장에 불러들이려고 하나님이 사용하신 도구였던 것이다.

바나바와 바울은 안디옥에서 나란히 동역했다. 동역은 성령이 그곳 교회 지도자들에게 말씀하심으로써 그 둘이 이른바 바울의 첫 번째 선교 여행에 나서게 될 때까지 이어졌다(행 13:1-2). 그런데, 이 두 사람의 사역 상황에 따라 그들의 이름도 '바울과 바나바' 또는 '바나바와 바울'로 바뀐다는 점은 흥미로운 일이다. 바울이 첫 번째 복음의 대변자로 등장하는 경우에도 바울이 바나바를 가리지 않는다는 점을 분명하게 알 수 있다. 어떤 때는 바나바가 먼저 등장하다가도(행 13:2, 7, 14:12, 14, 15:12, 25), 또 어떤 때는 바울이 먼저 등장한다(행 13:42, 46, 50, 14:1, 15:2, 22, 35).

제자훈련에 적합한 성경 모델이 바울과 디모데 모델에서 바나바와 바울 모델로 바뀌게 되었다는 것은, 의존성을 만들어 내는 수직적 계급 구조에서 제자훈련 참가자들이 서로 멘토 역할을 하는 동반자 모델로 바뀌어야 한다는 점을 강조하는 것이다. 이런 동반자 모델에서 제자의 배가가 일어날 가능성이 훨씬 더 크다. 여러분은 이 점에 대하여 다음과 같은 일리 있는 반문들을 제기할 수도 있다. "제자 양육자를 본보기로 삼는다는 게 뭐가 문제라는 겁니까?", "신앙의 여정을 오랫동안 걸어온 사람이 갓 신앙생활을 시작한 사람들의 본보기와 교사가 된다는 건 중요한 일 아닙니까?", "아니, 당신은 예수께서 소수에게 전심전력을 기울이셨으며 열두 제자를 빚는 데 가장 큰 영향을 미친 수단이 그분의 삶이라는 점을 이 책 전체를 할애하여 우리에게 주지시키지 않았나요? 그러면서, 왜 이제 딴소리를 합니까?", "당신은 분명 바울이 '내가 그리스도를 본받은 것처럼 너희도 나를 본받으라'고 담대히 말했다는 점을 우리에게 일러 주었습니다. 그런데 이제 보니, 사람을 본받는 일은 제자훈련의 기초가 될 수 없다고 발을 빼시는 것 같군요."

물론 제자로 훈련받는 사람은 제자 양육자를 본받을 수 있다. 그러나 그 경우에도 제자 양육자가 훈련받는 자보다 반드시 우월한 권위를 갖고 있을 필요는 없다는 것이 내 주장이다. 예수와 바울의 예를 다시 살펴보자. 예수님의 권위는 어디에서 유래했는가? 분명 예수님은 사람이 만든 감투를 쓰신 적이 없다. 권위를 뜻하는 희랍어 '엑수시아'(exousia)는 '존재(현존) 밖에', '존재가 미치지 않는 곳에'라는 의미를 지닌다. 예수님은 서기관이나 바리새인들과 달리, 권위 있는 분으로서 말씀하셨다. 예수님의 권위는 진리인 그분의 말씀 때문에 인정된 것이다. 일관된 그분의 삶이 그 권위를 뒷받침했으며, 그분이 나타내신 권능이 그 권위를 강조해 주었다. 이 세상의 칭호 중에서 예수께서 유일하게 인정하신 것은 랍비였다. 예수께서 권위를 가지신 것은 그분이 인정받는 랍비 학파와 관련을 맺고 있었거나 존경받는 랍비의 '인정'을 받으셨기 때문이 아니다. 바울도 그가 사도이기 때문에 권위를 인정받은 것이 아니었다. 도리어 바울의 권위는 그리스도께서 자기 안에 거하실 수 있도록 자신에 대하여 죽기를 열망한 데서 비롯된 것이다. 바울의 삶이 본받을 만한 가치를 지니게 된 것은 그가 지닌 갖가지 자격 때문이 아니라, 그의 삶 때문이었다.

제자를 양육하는 사람은 권위 있는 자리에 있을 필요가 없다. 다만, 훈련받는 지체들이 서로 동의한 언약을 잘 지키는지만 관리하면 된다. 권위나 영향력은 자리의 문제라기보다 역할의 문제다. 관계라는 정황 속에서는, 영향력 역시 자연스럽게 나타나기 마련이다. 어떤 사람의 신령한 삶과 통찰력, 그리스도를 섬기려는 분명한 열정, 성경을 실제로 삶에 적용하는 자세는 모두 역동적 상호 소통 속에서 저절로 넘쳐흐르게 되어 있다. 권위는 제자훈련에 참여하는 사람들이 동의한 상호 언약 속에 존재한다. 만일 제자훈련 관계(삼인조 관계)에 참여하는 사람들이 그리스도가 그들에게 바라시는 모든 것을 이루려는 소망을 품고 있다면, 그들 각자의 출발점이 어디든(아직 그리스도인이 아닌 사람이든, 아니면 신앙의 연조가 깊은 사람이든), 변화를 위한 환경이 조성된 것이다.

제자훈련의 대안 모델

나는 일대일 모델의 대안으로 세 사람이 한 조를 이룰 것을 제안한다. 이 규모가 제자훈련 그룹에 가장 적합하다고 생각하기 때문이다. 나는 네 명으로 한 그룹을 짜 보기도 했다. 그 경우도 적절한 규모였지만, 세 명으로 한 조를 짜는 것이 제자훈련 관계에서 변화의 역동성을 최대화할 수 있는 크기라고 생각한다(8장을 보라).
　내가 일대일 모델에서 삼인조 모델로 바꾼 것은 통찰력이 탁월해서

가 아니다. 서언에서 말했듯이, 그것은 학과 프로그램 속에 들어 있던 사역 경험에서 비롯된 것이다. 지금은 『제자도의 핵심』(낮은울타리, 2001)이라는 제목이 붙어 있는 교과 과정의 초기 저작을 저술할 때, 나는 그 효용성을 실험해 보고 싶었다. 그 실험은 목회학 박사 학위를 취득하기 위한 마지막 프로젝트의 기초가 되었다. 때문에 내 지도 교수는 서로 다른 정황 속에서 제자훈련 모델을 시험해 봄으로써 다양한 역동성을 살펴보도록 권유했다. 나는 전통적 방식인 일대일 방식, 열 명을 소그룹으로 묶는 방식, 그리고 세 명을 한 그룹으로 묶는 방식을 채택하여 내가 쓴 내용을 각각 사용해 보기로 했고, 지도 교수도 이에 동의했다. 뜻밖에도 내가 생명력이 넘치는 역동성을 체험한 것은 세 명을 한 그룹으로 묶은 삼인조 모델에서였다.

단 한 사람을 추가한 것이 어떻게 그 관계 전체의 분위기를 바꿀 수 있었을까? 목표는 바뀌지 않았다. 목표는 여전히 주님께 철저히 헌신하면서 또 다른 제자를 길러 낼 제자를 양육하는 것이었다. 달라진 게 있다면, 교과 과정이 제시하는 방향과 틀, 한 사람을 추가했다는 것뿐이었다. 그런데 그토록 활력이 넘치다니, 믿을 수가 없는 일이었다.

삼인조 제자훈련이 활력 있고, 기쁨이 충만하며, 다른 제자들을 양육할 정도로 성장하는 이유가 무엇인지 지금부터 설명해 보겠다.

양육자도 자연스럽게 참여한다

일대일 제자 양육에서 한 사람이 더 들어와 삼인조 제자훈련 팀이 되면, 초점은 자연스럽게 양육자에서 그룹 전체로 이동한다. 이런 과정 속에서 양육자는 동등한 참여자가 된다. 물론 삼인조 제자훈련 모임을 소집하는 사람은 제자 양육자다. 그러나 참여자들은 이내 그리스도 안에서 성숙한 신앙에 이르는 여정을 함께하는 동반자가 된다. 초점 노릇을 하는 데서 비롯된 양육자의 책임도 줄어든다. 참여자의 상호 동반 관계가 강조되기 때문이다. 양육자는 동반자로서 그 훈련을 준비하고 다른 참여자들과 서로 소통하게 된다. 대신에 지도자라는 위치 때문에 그의 통찰을 더 존중하는 권위는 사라진다.

수직적 계급 구조를 관계 중심으로 바꾼다

삼인조 모델은 자연스럽게 참여자들이 동반자로서 함께하는 여정으로 이어진다. 훈련의 초점은 제자 양육자가 아니라, 모든 참여자들의 삶에 푯대가 되시는 그리스도에게 맞춰진다. 제자훈련 관계를 시작할 때는 내가 성경 전문가라는 점을 의식할 수도 있다. 목사라는 내 직무와 내가 받은 신학 훈련 때문이다. 그러나 목사인 나도 처음 몇 주만 지나면 다른 제자들과 더불어 예수님을 따라가려고 노력하는 제자가 될 수 있다. 제자훈련 관계에서 중요한 부분은 믿음과 관련된 우리 개인의 도전들을 다른 이들과 함께 나누는 것이다. 목사인 나도 삶의 실제 문제들을 헤쳐 나가야 할 존재라는 것을 내 동반자들이 알게 되면, 나는 성인(聖人)의 반열에서 평범한 인간으로 내려올 수 있게 된다.

역동적으로 상호 소통한다

처음 삼인조 모델을 실험했을 때, 나는 내 자신에게 "무엇 때문에 상호 소통 시간이 이토록 활력 넘치게 된 거지?" 하고 묻는 경우가 종종 있었다. 성령님이 분명히 함께 계신 것 같았다. 생명과 활력은 그 변화를 보여 주는 지표였다. 내가 모임의 역동성이 무엇인지 깨달은 이상, 일대일 모임은 더 이상 모임이 아니다. 여러분이 일대일 관계에 세 번째 사람을 추가하면, 그제야 비로소 모임다운 모임을 갖게 될 것이다.

일대일 모델에서는, 의사소통의 방법으로 겨우 네 가지 조합만을 생각할 수 있다. 각 개인에게는 그 나름의 독특한 관점과 다른 사람의 관점을 바라보는 견해가 있다. 만일 여러분이 제3의 인물을 일대일 모델에 추가하게 되면, 서로 의사소통할 수 있는 경우의 수는 넷에서 열로 늘어나게 된다. 삼인조 모델에 참여하는 각자는 다른 두 사람과 제자훈련 관계에 놓인다($3 \times 2 = 6$). 이어서 각 사람은 다른 두 사람과 각각 한 쌍의 관계를 갖게 된다($3 \times 1 = 3$). 이렇게 되면, 가능한 관계가 아홉이 된다. 그리고 모임 전체가 하나의 인격체가 된다. 이 인격체가 곧 열 번째 관계로서 삼인조 모델이 보여 줄 수 있는 가장 강력한 역동성을 드러내게 된다. 세 번째 사람을 추가하면, 의사소통이 가능한 경우의 수가 배가 될 뿐만 아니라 한 몸이 된 하나의 인격체가 만들어지는 것이다.

모든 참가자의 지혜를 흡수할 수 있다

잠언에는 많은 조언자에게서 지혜가 나온다는 말씀이 있다(잠 15:22). 그 때문인지 나는 신앙의 성숙 정도가 각기 다른 사람들로 구성된 모임에서 강한 생명력을 느낀다. 신앙 면에서는 어린 사람들이 훌륭한 지혜나 신선한 생명의 불꽃을 제공하는 경우가 종종 있다. 켄은 내가 끼어 있던 삼인조 제자훈련에서 영적 감동을 불러일으킬 만한 소질이 가장 떨어지는 사람이었다. 그의 파트너는 목사인 나와 은퇴한 침례교 목사인 글렌이었다. 글렌은 나보다 더 탁월한 성경 지식을 갖고 있었다. 은퇴한 치과 의사였던 켄은 60대에 들어서 비로소 그리스도와 따뜻한 교제를 나누게 된 사람이었다.

그러나 그에게는 확신이 없었다. 특히, 그는 성경을 믿지 못했다. 처음 몇 주 동안 켄은 의자에 몸을 파묻은 채 고개를 숙이고 있었다. 제자훈련 교재는 끝부분이 그의 무릎 위에 걸쳐진 채 그의 품안에 안겨 있었다. 마치 누가 자신이 쓴 것을 들여다보기라도 할까 봐 두려워하는 것 같았다. 그는 선생님이 호명할까 봐 어떻게든 선생님과 시선이 마주치지 않으려는 초등학교 3학년짜리 아이 같았다.

우리 모임에 참여한 지 불과 몇 주 지나지 않았을 때, 켄은 암 선고를 받았다. 그는 매월 셋째 주에는 1주일 내내 병원에서 화학 요법 치료를 받았다. 그래서 매월 셋째 주에는 우리의 제자훈련 모임 장소가 내 사무실에서 켄이 치료받고 있던 병원 교회로 옮겨졌다. 켄은 역경에 굴하지 않았다. 도리어 큰 파도 같은 하나님의 은혜가 그의 삶 속으로 넘쳐흐르기 시작한 것 같았다. 한때 불안한 새신자에 불과했던 사람이 이제는 시련의 시기에 하나님의 임재가 어떻게 역사하시는지를 우리에게 열렬히 가르치고 있었다. 켄은 금세 자신의 링거 주사 스탠드를 끌고 이 방 저 방을 다니며 전도를 하는, 그 병원의 비공식 목사가 되었다. 그의 행실은 그리스도의 따뜻한 사랑을 그대로 보여 주었다. 선생이던 사람들(글렌과 나)이 이제는 가르침을 받게 되었다. 신앙의 이력이 문제가 아니었다. 우리는 켄의 발치에 앉아 그가 말하는 지혜를 경청했다.

단순한 증가를 넘어 배가한다

거의 20년 동안, 나는 삼인조 제자훈련 모델을 통하여 약 75퍼센트의 제자 재생산이 이루어지는 것을 목격했다. 1988년 협동 목사로 있던 교회에서 보낸 마지막 주일은 지금도 내 뇌리에서 떠나지 않는 즐거운 때다. 그 교회에서 나는 세 명으로 이루어진 제자훈련 관계 네트워크를 처음으로 전개했다.

교회를 떠나던 그 주일, 나는 교회 안뜰에 있는 무성한 무화과나무 아래에서 우연히 캐시라는 자매를 만났다. 캐시는 내가 '현대의 제자

지침서'(A Disciple's Guide for Today)라고 이름 붙였던 스프링 공책 형태의 교재를 품에 안고 있었다. 캐시는 들뜬 기분으로 케이가 다음 주부터 시작될 삼인조 제자훈련 팀에 자신을 초대했다고 말했다. 나는 순간 그런 생각이 들었다. '제자를 훈련시키고 그 제자가 다시 제자를 길러내는 사역이 이제 살아 움직이기 시작했구나. 우리 이름이 잊혀진 뒤에도 계속하여 제자가 배가될 터이니, 이 얼마나 기쁜 일인가!'

내가 더 기뻤던 점은 캐시를 삼인조 제자훈련에 초대한 케이는 내가 제자로 양육한 사람이 아니었다는 점이다. 내가 담임 목사로서 마지막으로 일했던 교회에서도 세대가 흘러가는 동안 똑같은 제자 재생산이 이루어지는 것을 목격했다. 우리가 '제자도 바이트'(Discipleship Bytes, 내가 있는 이곳이 실리콘 밸리임을 유념해 달라)라고 이름 붙인 제자훈련 소식지를 보면, 현재 이 의도적인 제자훈련 과정에 참여하고 있거나 이전에 참여했던 모든 사람의 이름이 열거되어 있다. 내가 담임 목사로서 마지막 시무를 마칠 무렵만 해도 얼추 100명이 넘는 사람들이 그 과정을 마치고 다음 세대의 제자들을 길러 냈다. 내 영적 자녀와 영적 손자들의 명단을 볼 때마다 나는 가슴이 뜨거워진다. 이들은 최초로 시작한 삼인조 제자훈련보다 한참 뒤에 시작한 사람들이었다.

요컨대, 삼인조 제자훈련 모델은 제자의 배가를 촉진한다. 이 모델은 수직적 계급 구조의 차원을 극소화하면서도, 제자훈련 참가자들이 동반자로서 서로 멘토가 되는 모델을 극대화가기 때문이다. 이렇게 친밀한 관계를 만들어 낼 수 있도록 특별히 고안된 제자훈련 교과 과정을 따르면, 성장하는 신자는 누구나 훈련 모임을 이끌 수 있는, 단순하고 제자의 재생산이 가능한 구조(틀)가 만들어진다. 이런 모임에서 지도자의 위치는 빨리 순환될 수 있다. 그 규모가 작은 탓에 비공식적 의사소통이 원활할 뿐만 아니라, 그 교과 과정이 따라야 할 지침을 제공해 주기 때문이다.

일대일 멘토링의 적절한 관계

제자훈련 연구 발표회를 열게 되면, 내가 일대일 모델을 부정적으로 평가하는 것에 반감을 드러내는 참가자들이 있다. 그들은 다른 사람과 오랫동안 관계를 유지하는 가운데 자신들의 삶이 그 사람으로부터 의미 있는 영향을 받았음을 근거로 이의를 제기한다. 그들은 암암리에 이런 반문을 던지고 있는 셈이다. '내가 일대일 모델에서 그토록 좋은 경험을 했는데도, 이 일대일 모델에 흠이 있다는 말씀인가요?' 나는 일대일 모델의 제자훈련에서 긍정적 경험을 한 것을 잘못으로 여겨 배척하려는 것도 아니요, 일대일 관계에는 소중한 열매가 없다는 이야기를 하려는 것도 아니다. 폴 스탠리와 로버트 클린턴은 '집중적 멘토링' 관계에 서로 다른 여러 유형이 있음을 밝혀 내는 데 크게 공헌했다.[5]

이런 관계들을 간략히 설명해 놓은 글 덕분에, 우리는 일대일 멘토링에 알맞는 자리가 어디인지 확인할 수 있을 뿐만 아니라, 이 책이 초점을 맞추고 있는 제자훈련의 적절한 자리도 이해할 수 있다. 일대일 관계가 알맞는 멘토링 관계에는 영적 인도자나 지도자, 코치, 그리고 후원자의 세 가지 유형이 있다.

영적 인도자

스탠리와 클린턴은 영적 인도자를 "삶의 모든 영역에서 그리스도의 형상을 점점 더 이뤄 간다는 것이 의미하는 바를 놓고, 지식과 기술과 기본 철학을 공유하는 경건하고 성숙한 그리스도의 제자"[6]라고 정의한다. 제자훈련 관계는 제자도의 초석을 놓고 그 기본 내용을 알려 주지만, 영적 인도자나 지도자는 하나님의 마음과 뜻을 더 깊이 파고들 수 있는 방편을 제공해 주며, 영적 훈련을 실시하고 전개할 수 있는 환경을 제공해 준다. 제자훈련 관계에서는 제자 양육자가 사람을 초대한다. 그러나 영적 인도자는 영적 인도를 원하는 사람이 찾게 된다.

나는 영적 인도자와 일대일 사귐을 통하여 유익을 얻었다. 나는 목회 현장을 떠나 학교로 옮겨 가면서, 내 정체성에 혼란을 겪고 있었다. 24년이 흐른 뒤에야, 교회 안에서 목사인 나의 존재를 발견했다. 그러나 나는 덕분에 학사 프로그램의 집행자요 학교 교수라는 안전지대 밖으로 밀려났다. 나에게는 도움을 줄 인도자가 필요했다. 내가 겪고 있는 혼란과 반추하는 속내를 경청해 주고 조언해 줄 수 있는 사람이 필요했다. 나는 나를 도와서 하나님이 내 삶에 정해 두신 것을 깨닫게 해 줄 노력한 영적 지도자를 찾았다. 제자훈련은 서로 주고받는 관계이지만, 영적 지도자와의 사귐은 일방통행이다. 영적 지도자는 대개 자신의 삶을 공개하지 않는다. 그러나 기도하는 마음으로 상대의 이야기를 경청하고, 자신의 의견을 들려주며, 삶 속에서 하나님의 음성을 분별할 수 있는 능력을 함양하는 방법을 일러준다.

코치

스탠리와 클린턴이 제시하는 일대일 멘토링의 또다른 역할은 코치다. 그들은 코치의 역할을 "동기를 부여하고 어떤 임무나 도전을 감당할 수 있는 기술과 응용력을 제공하는 것"[7]이라고 규정한다. 코치의 지도는 제자를 기르는 것보다 더 작은 범위에 국한되어 있다. 코치의 가르침은 어떤 임무에 필요한 특정 기술을 가르치고 그런 기술을 함양하도록 격려하는 것이기 때문이다. 제자훈련은, 영성 훈련처럼 특정 기술을 연마하는 훈련을 포함하고 있다. 하지만 사람들이 코치를 찾는 이유는 그의 전문지식(기술) 때문이다. 영적 인도자의 경우처럼, 코치의 경우에도 코치가 필요한 사람이 그를 찾아 나선다. 반면, 제자훈련 관계는 제자 양육자의 초대가 있음으로써 시작된다.

내가 마지막으로 담임 목사직을 맡고 있던 때에, 인사 위원회는 내게 참모들(부교역자들)을 감독할 수 있는 기술을 더 길러야 한다는 평가를 내렸다. 나는 이웃 교회의 그리스도인 사업가를 코치삼아 지도를 받게 되었다. 그는 자신의 사업에서 참모들을 조련하는 능력을 증명해 보인 사람이었다. 우리는 두 주에 한 번꼴로 만나 아침 식사를 함께 했다. 그때, 우리는 각 참모들의 발전 계획을 어떻게 만들며 해마다 당회에 제출할 참모들의 직무 준비 평가서를 어떻게 만들어야 할지 이야기했다. 덕분에 나의 감독 기술은 계발되었고, 그의 지혜를 발판삼아 유익을 얻었으며, 이 분야의 사역에서도 더 발전할 수 있다는 용기를 얻었다.

후원자

일대일 멘토링 역할 가운데 제자훈련과 대비되는 마지막 역할은 후원자의 역할이다. 스탠리와 클린턴은 후원자를 "신뢰성 및 지위에 따른 권위 내지 영적 권위를 가진 멘토로서, 그런 것을 갖고 있지 않은 사람과 어떤 조직 내에서 관련을 맺은 채, 그 사람이 능력을 계발하고 조직 내에서 영향력을 키워 갈 수 있도록 이끌어 주는 사람"[8]이라고 정의한다. 이를테면, 나는 내가 지도하던 대학의 학과 프로그램에서 칼의 후원자 역할을 했다. 칼은 여러 해 동안 규모 있는 엔지니어링 회사에서 관리자 일을 성공리에 수행하다가 내게 온 사람이었다. 그의 숙련된 기술은 그가 우리 프로그램에서 처음 맡은 역할보다 훨씬 더 탁월한 것이었다. 그러나 우리 사무실 밖에 있는 사람들은 칼의 숨은 능력을 간파하지 못했다. 나는 칼이 지도자와 관리자로서 뛰어난 능력과 기술을 갖고 있는 사람이라고 사방에 알렸다. 내가 칼의 능력과 기술을 보증한 덕분에, 칼은 대학의 학사 책임자로 옮겨 가는 내 뒤를 이어 관리 책임자가 되었다. 나는 조직 내에서 칼이 자신의 능력을 최대한으로 기여할 수 있도록 칼의 후원자 역할을 한 셈이다.

삼인조 제자훈련 관계의 본질은 영적 인도자와 코치, 후원자 같은 일대일 멘토링 관계와 확연하게 구별된다. 제자훈련은 근본적 차원을 다룬다. 그러나 앞에서 말한 일대일 멘토링 관계들은 더 특수하여 개개의 관계마다 그 내용이 다를 수 있다. 우리가 그리스도께 철저히 헌신하는 제자들을 길러 내지 못한 큰 이유는, 제자들을 길러 낼 수 있는 제자를 기르려는 의도를 가지고 그런 의도에 적합한 방법으로 사람들을 훈련시키지 않았기 때문이다. 만일 모든 신자들이 예수님의 제자들을 길러 내는 제자가 되고자 하는 둘 이상의 사람들과 1년 이상 집중적 관계를 가질 수 있다면, 하나님 나라가 얼마나 큰 영향력을 발휘하게 될지 상상해 보라. 교회는 전문 교역자들의 사역장에서, 제자들을 배가시키는 사람들의 조직체로 바뀌게 될 것이다.

더 친밀하고 목적 있는 소그룹이라는 환경은 변화가 일어날 수 있는 요소들을 담고 있다. 만일 우리의 목표가 스스로 그리스도께 철저히 헌신하면서 자신 같은 제자를 길러 낼 제자들을 양육하는 것이라면, 우리에게는 그리스도의 형상으로 바뀌어 가는 것이 평생 추구하는 목표가 될 수 있는 환경이 필요하다. 이것은 우리에게, '변화를 일으키려면, 세 명으로 이루어진 제자훈련 모임에는 어떤 요소들이 모여 있어야 하는가?' 라는 질문을 던진다. 다음 장에서는 이 주제를 다루어 보겠다.

8장

변화
세 가지 필수 요소들

물어 볼 필요도 없이, 내가 그리스도인들의 삶 속에서 가장 급속한 변화를 체험했던 경우는 삼인조 소그룹, 즉 자신들 같은 제자들을 또 만들어 낼 수 있는 제자훈련 소그룹이었다. 나는 그 소그룹들을 그리스도인을 성장하게 하는 온실이라고 부른다. 온실은 환경 조건을 최적 상태로 만들어 생물들이 보통 환경에 있을 때보다 더 빨리 자라게 한다. 우리 부부는 최근에 알래스카를 여행했다. 그때 우리는 접시만한 크기의 수선화를 보고 입을 다물지 못했다. 200킬로그램이 넘는 호박 이야기와 야구 방망이만한 주키니(오이 모양의 서양 호박)가 있다는 이야기도 들었다. 알래스카는 여름 내내 해가 거의 지지 않는다. 식물들이 자랄 수 있는 시기는 매우 짧다(5월부터 8월까지). 그러나 그 기간 동안 빠른 성장을 가능케 하는 최적의 조건이 제공된다. 바로 그런 일이 삼인조 소그룹에서 일어난다. 꾸준히 진보해 온 그리스도인도 일단 삼인조 그룹에 뛰어들기만 하면, 속도가 잘못 되지 않았나 싶을 정도로 빠르게 성장한다.

왜 이런 일이 벌어지는가? 세 명 또는 네 명으로 이루어진 제자훈련 그룹에서 온실 효과를 만들어 내는 기후 조건들에는 무엇이 있는가? 다음의 세 요소가 충족되면, 성령은 신자들을 그리스도의 형상에 이르기까지 급속도로 자라게 하신다. 그 세 요소는 다음과 같은 성경 원리로 요약될 수 있다. 우리가 (1) 투명한 신뢰 속에서 (2) 하나님 말씀의 진리를 중심으로 삼아 (3) 서로 상대에게 책임을 지는 정신으로 우리 마음을 연다면, 우리는 변화를 일으키는 성령의 온실 속에 있는 것이다.

이 세 가지 환경 요소 하나하나에 무엇이 들어 있는지 살펴보자.

기후 조건 1: 투명한 신뢰

이 책에서 반복했던 하위 테마인 근본 진리로 돌아가 보자. 신자끼리 서로를 책임지는 친밀한 관계가 제자도를 함양하는 기초라는 것이 근본 진리였다. 그렇다면, 이 관계는 어떤 종류의 관계인가? 삼인조 소그룹에서 조성되는 분위기는 개방성과 투명성이다. 이 분위기가 변화에 필요한 조건이 되는 이유는 무엇인가? 우리가 우리를 새롭게 하시는 성령을 우리 안에 얼마만큼 모시려고 하느냐는, 변화를 일으키시는 하나님의 손길이 필요한 우리 삶의 그늘진 구석을 얼마만큼 다른 사람들에게 드러내는가에 달려 있다. 우리가 다른 사람들과 대등하고도 친밀한 관계를 기꺼이 맺으려 한다는 것은 우리 삶을 변화시키시는 주님을 우리 마음에 모시고 싶다는 소망을 선언한 것이다.

여러분은 이미 하나님과 속이 훤히 들여다보일 정도로 정직한 관계를 맺고 있다는 이유로 내 제안을 거부할지도 모르겠다. 여러분의 삶은 하나님 앞에 훤히 드러나 있다. 여러분은 "나는 감출 게 없어요" 하고 말할지도 모르겠다. 여러분은 주님과 맺은 관계를 통하여 여러분 마음의 비밀을 드러내 주시는 주님을 모신다. 여러분은 가장 깊숙한 곳까지 꿰뚫어 보시는 그분의 눈길을 조금도 피할 수 없다. 따라서 여러분이 하나님을 속이지 않는 한, 여러분은 자신 속에 도사리고 있는 어둠과 싸워야 한다.

문제는 속임수다. 문제는 바로 거기에 있다. 인간은 자기를 속이고 자기를 정당화하는 데 거의 무한한 능력을 갖고 있다. 이 알 수 없는 인간의 마음을 간파한 선지자 예레미야는 이렇게 썼다. "만물보다 거짓되고 심히 부패한 것은 마음이라 누가 능히 이를 알리요마는"(렘 17:9). 가령, 우리는 다른 사람의 사소한 잘못은 혹독하게 질책하면서도 우리의 잘못에는 관대하기 이를 데 없다. 우리가 무심코 차선을 바꾸어 다른 차 앞을 가로막아도 그냥 덮어 준다. 우리 뒤에 오는 차의 운전자는 화난 표정을 짓고 있는데도, 우리는 얼른 못 본 체해 버린다. 그저 속으로만 '제발 화 풀어요. 미안해요!' 하고 생각할 뿐이다. 그러다가 다른 사람이 내 앞으로 갑자기 끼어드는 바람에 사고가 날 뻔했다고 치자. 자신에게는 한없이 관대했던 우리는 그 운전자에겐 털끝만큼의 관대함도 보여 주려 하지 않는다. "이런 바보 같으니라고!" 우리는 우리 자신도 모르게 이렇게 외친다.

미국 국세청은 다음과 같은 편지를 받았다. "국세청 귀중, 150불 수표를 보냅니다. 저는 작년에 소득세 환급을 받으면서 여러분을 속였습니다. 그 일 때문에 지금까지 잠을 이루지 못하고 있습니다. 이 수표를 보내고도 제가 여전히 불면증에 시달린다면, 여러분을 속인 나머지 금액도 마저 보내 드리겠습니다."[1] 이 편지를 보낸 사람은 나름대로 정직해지려고 했지만, 자기가 발 뻗고 잘 수 있을 정도까지만 정직해지려고 했다. 우리는 조금만 노력하면 괜찮아질 거라고 생각하며 우리 자신을 속인다. 그럼으로써 줄곧 우리를 훼방하는 삶의 그늘을 크게 축소시킨다. 우리 그리스도인이 성장하면서 겪는 투쟁을 오직 하나님만이 아실 수 있도록 우리 내면에 가둬 둔다면, 우리를 공격하는 죄의 요새는 우리를 무너뜨리고 말 것이다.

세 명으로 된 소그룹은 사람들이 친밀해지기에 알맞은 규모다. 자기를 다른 이들에게 드러내는 정도는 우리가 제자훈련 파트너들을 신뢰하는 정도에 정비례한다. 우리 중에는 자신의 내력을 감추고 싶은 사람도 있다. 하지만 오히려 그 내력을 드러내면 다른 사람들은 여러분을 더 자연스럽게 신뢰할 것이다. 한 세대 전에 존 파월은 조그만 책자를 펴냈다. 그 책에는 '나는 왜 내가 누구인지 밝히기를 두려워하는가(Why Am I Afraid to Tell You Who I Am)?'라는 자극적인 제목이 붙어 있었다. 그의 대답은 이랬다. "만일 내가 누군지 당신에게 말하면, 당신이 나를 싫어할 거 같으니까요. 그게 전부예요."[2] 우리 모든 사람의 내면에는 다른 사람에게 배척받거나 비난당하는 것을 두려워하는 마음이 숨어 있다. 인간이라는 독특한 피조물은 우리 모습을 그대로 드러내도 무방한 안전한 장소를 발견한 다음에야 비로소 자신의 모습을 완전히 드러낸다.

우리를 차츰차츰 변화라는 심연 속에 잠기도록 만드는 투명한 신뢰는 어떤 요소들로 이루어져 있는가?

- 격려함으로써 상대를 인정함(칭찬)
- 상대방이 어려움에 처해 있을 때 그와 동행함
- 사려 깊은 경청자가 되어 상대방이 고단한 삶 속에서 하나님의 음성을 들을 수 있도록 도와줌
- 서로 죄를 고백하고 치유받음

격려함으로써 상대를 인정한다

사도 바울은 골로새서에서 제자훈련 관계가 사랑을 바탕으로 하는 관계여야 한다는 점을 줄곧 이야기하고 있다. "그러므로 너희는 하나님이 택하사 거룩하고 사랑받는 자처럼 긍휼과 자비와 겸손과 온유와 오래 참음을 옷 입고 누가 누구에게 불만이 있거든 서로 용납하여 피차 용서하되 주께서 너희를 용서하신 것같이 너희도 그리하고 이 모든 것 위에 사랑을 더하라 이는 온전하게 매는 띠니라"(골 3:12-14). 요컨대, 우리와 제자훈련을 함께 하는 사람들은 우리가 하나님이 뜻하시는 모습

을 갖게 되길 바라는 마음을 기탄없이 피력하면서도, 먼저 우리가 하나님께 고유하고 귀중한 존재임을 인정해 주는 자세를 가져야 할 필요가 있다. 예수님의 공생애 사역도 아버지가 그분을 인정하시는 말씀, 곧 "너는 내 사랑하는 아들이라 내가 너를 기뻐하노라"(막 1:11)는 말씀과 더불어 시작되었다.

고든 맥도널드는 자신의 저서『영적인 열정을 회복하라』에서 꾸지람에는 사람을 순화하고 정결케 하는 힘이 있다고 말한다. 그는 이렇게 말했다. "준엄하나 사랑이 담긴 꾸지람은 백 번의 칭찬과 똑같은 가치를 지닌다."³⁾ 나는 종종 맥도널드의 취지와 정반대로 칭찬(인정) 쪽에 초점을 맞춰 이렇게 말한다. "한 번 꾸짖는 것은 백 번 칭찬하는 것과 같은 효과를 낸다." 문제는 우리 대부분이 한 번 질책을 들을 때 백 번 격려를 들으며 살지 않는다는 것이다. 어느 주일, 나는 예배를 드리러 예배당에 들어가기에 앞서 화장실에 들렀다. 우리 교회의 찬양단 소속으로 때로는 솔로 연주도 하는 성가대원과 세면대에 나란히 섰다. 나는 그 절호의 기회를 틈타 그에게 말을 건넸다. "크리스, 예배 때마다 우리를 축복해 줘서 고맙다는 말밖에 할 말이 없군요. 당신의 찬양은 분명 주님께 올리는 찬양입니다. 당신의 찬양 소리는 나를 당연히 있어야 할 찬양의 자리로 이끌어 줍니다. 당신이 예배 공동체인 우리를 위해 하는 모든 일에 주님이 복을 내려 주시길 바랍니다." 여러분이 거기에 있었다면, 내가 그에게 복권 당첨 소식을 알려 주기라도 한 것처럼 보였을 지도 모른다. 그가 감격하여 이렇게 말했기 때문이다. "목사님, 정말 정말 감사합니다. 기분이 날아갈 것 같습니다!"

우리는 남을 세워 주기보다 무너뜨리는 방법에 더 통달한 세상에서 순수하고 의미 있는 인정(칭찬)에 굶주려 있다. 친밀한 삼인조 그룹 속에 들어가면, 더불어 존재하며 하나님이 지으신 모든 것을 인정하도록 창조된 특별한 피조물들의 모습을 관찰할 좋은 기회를 갖게 될 것이다.

상대방이 어려움에 처해 있을 때 동행한다

여러분이 1년 이상 함께할 언약적 관계에 들어가면, 인생의 희노애락을 이야기할 기회를 갖게 될 것이다. 바울도 한 몸 된 지체들 속에서 고통과 기쁨의 리듬이 교차함을 이야기했다. "만일 한 지체가 고통을 받으면 모든 지체가 함께 고통을 받고 한 지체가 영광을 얻으면 모든 지체가 함께 즐거워하느니라"(고전 12:26). 이런 현상은 특히 삼인조 그룹의 경우에 더 그러하다. 살다 보면, 우리는 불가항력적인 상황들을 만나기도 한다. 그런 상황들은 우리를 파멸시킬 수도 있다. 친밀한 관계에서 향유하는 특권 가운데 하나는, 이렇게 힘든 시절을 겪은 이들과 함께 걸어갈 수 있다는 점이다. 바울은 데살로니가 교인들을 이렇게 격려했다. "주야로 심히 간구함은 너희 얼굴을 보고 너희 믿음이 부족한 것을 보충하게 하려 함이라"(살전 3:10). 나락까지 떨어진 우리를 지지해 주는 동반자들의 신실함을 보면서, 우리는 신뢰를 얻게 된다.

앞에서 내가 언급했던 마이크도 상업용 부동산 거래가 잘못되면서 재정적으로 큰 위기를 맞았다. 사무용 건물을 구입할 때 대출받은 돈을 갚지 못하고 세금도 연체돼서 연방세(聯邦稅)와 주세(州稅)를 합친 체납금액이 25만 달러에 이르게 된 것이다. 결국 그는 살던 집을 팔아 이것저것 해결하고 남은 돈으로 더 싼 집을 마련해 아내와 다섯 자녀들을 이사시킬 수밖에 없는 처지가 되었다. 우리는 매주 제자훈련 모임에 나올 때, 최근에 나온 법률 전략에 대한 최신 정보들, 희망찬 해결책, 그리고 우리가 도움을 줄 수 있는 방안들을 들고 나왔다. 우리는 교회 구성원들을 통해 마이크가 싼 이자로 대출받을 수 있도록 주선해 주었다. 덕분에 그는 체납 세금의 일부를 갚을 수 있었다. 제자도와 관련하여 오직 그리스도인의 공동체에서만 배울 수 있는 커다란 교훈이 있다. 하나님의 선하심을 믿을 수 없는 상황에서도 하나님의 선하심을 믿어야 한다는 것이 바로 그것이다.

내가 15년 넘게 참여해 온 삼인조 제자훈련 그룹들을 돌아보면, 그룹마다 최소한 한 명씩은 삶을 위협하는 심각한 상황에 직면해 있었다. 나는 앞에서 암 투병을 하던 켄 이야기를 했다. 그가 힘든 화학 치료를 받는 동안, 우리는 그를 위해 기도하고 성원했다. 나는 켄이 이 기도와 성원 때문에 의사가 예진한 생존 기간보다 더 오래 살 것이며, 그의 삶이 그리스도의 사랑을 온 세상에 전하는 증거가 될 것이라고 확신한다. 나는 불과 한 달 사이에 양친을 모두 여의었다. 나는 그때 내가 받은 성원에 대해 늘 깊이 감사한다. 내가 속한 제자훈련 그룹이 사랑과 격려를 담아 보내 준 음성 메일을 생각하면, 이 글을 쓰고 있는 지금도 마음이 따뜻해지고 미소가 흐른다. 프랭크도 나와 비슷한 경험을 했다. 그는 여느 때처럼 직장에 출근하자마자 자신의 책상을 치우라는 명령을 받았다. 그날이 회사에서 보내는 그의 마지막 날이었던 것이다. 실리콘밸리에서 그런 충격을 받고도 살아남을 사람이 있을까? 이곳 실리콘밸리에서는 직장이 곧 자기 존재의 의미다. 대책 없이 추락하는 프랭크를 붙잡은 우리는 그의 삶 속에 역사하시는 하나님의 사랑을 들려주었다. 지금 프랭크는 컴퓨터 시스템 상담 사업을 하면서, 고객들에게 봉사하는 동시에 하나님께 영광을 돌리고 있다.

다른 사람들의 신앙을 통해서 하나님을 신뢰하는 법을 배우기도 한다. 나는 삶이 나락으로 떨어진 사람들에게 종종 이런 말을 했다. "잠시나마 내 신앙을 여러분에게 펼치도록 허락해 주십시오. 언젠가는 여러분이 그 호의를 갚을 날이 올 것입니다." 이것이야말로 투명한 신뢰를 지향하는 제자훈련 그룹이 할 수 있는 일이다.

상대방이 하나님의 음성을 들을 수 있도록 도와준다

스코트는 고등학교 미술 교사인 동시에 축구 코치 일을 좋아하는 사람이다. 이렇게 두 가지 재주를 모두 가질 수 있다는 것은 흔한 일이 아니다. 그를 삼인조 제자훈련 그룹에 초대했을 때, 그는 아직도 고등학교 축구 팀의 1, 2학년 담당 코치직에서 쫓겨난 일 때문에 괴로워하고 있었다. 그의 존재에 위협을 느낀 운동부 감독이 그를 쫓아 낸 것이다. 스코트가 가르친 팀은 진 적이 없었다. 반면, 운동부 감독이 지도하던 대학팀은 전적이 형편 없었다. 코치직에서 밀려난 고통을 토로하는 스코트의 마음에는 분명 큰 구멍이 뚫려 있었다. 그는 어린이 축구팀의 코치가 되어 달라는 제안을 받았다. 이것이 바로 하나님이 그의 삶에 주신 소명이었다. 그러나 재주도 많고 매사에 바쁜 사람들이 그렇듯이, 스코트도 모든 일을 함께 하면서 균형을 잡아 가려고 애쓰고 있었다. 스코트에게는 아내와 청소년부터 유아에 이르는 세 자녀가 있었다. 양심 있는 교사였던 그의 일은 쉴새없이 이어졌다. 게다가, 그는 내가 목사로 있던 교회에서 장로직을 제안받은 상태였다. 스코트는 장로가 될 만한 자격을 충분히 갖추고 있었다. 뿐만 아니라, 나는 그를 우리 팀에 끌어들일 수 없을까 기회만 엿보고 있었다.

그러나 스코트의 삶에는 분명 그가 놓치고 있는 것이 있었다. 스코트는 자신이 살면서 해야 할 일과 코치로 와 달라는 초청 사이에서 고민하고 있었다. 지금은 조금 더 성숙해지고 안온한 인물이 된 운동부 감독은 자신의 잘못을 인정하고, 스코트에게 다시 1, 2학년 축구팀의 코치가 되어 줄 것을 요청했다. 스코트는 주저했다. 그는 다시 상처를 받고 싶지 않았다. 스코트에게는 교회의 장로직과 축구팀의 코치직을 함께 수행할 시간이 없었다. 교회에서 맡아야 할 사명과 하나님이 주신 소명이 충돌하고 있었다. 나는 하나님이 스코트에게 주신 소명이 무엇인지 스코트가 분별할 수 있도록 도와주었다. 너무나 기쁜 일이었다. 하나님은 스코트가 자신의 인생에서 중대한 시기를 맞이한 청소년들과 그들의 가족에게 전심전력을 기울이기를 바라고 계셨다. 그를 장로로 부르셨지만, 그 부르심은 나중에도 따를 수 있는 일이었다. 담임 목사였던 내가 스코트의 인생 진로를 이끌어 주었다는 것은 드문 사례였다. 내 이익만 철저히 따진다면, 나는 스코트처럼 유능하고 경건한 성품의 소유자를 교회를 이끌어 갈 동반자로 세우고 싶어했을 것이다. 그러나 우리가 속한 삼인조 그룹에서 이행해야 할 책임을 생각한다면, 스코트로 하여금 그의 인생에 하나님의 손길이 역사하고 계심을 깨닫도록 도와주는 것이 마땅했다. 그는 코치직을 선택했다.

우리 인생에는 하나님의 음성을 듣고 가려 내야 할 선택 사항이 셀 수 없이 많다. 그러나 하나님의 음성은 세상의 소음이나 수많은 선택 사항이 초래한 혼란에 쓸려 가 버릴 수도 있다. 주님의 인도를 받아야 할 문제는 끝없이 많다. 취업, 직장에서 부딪히는 윤리적 고민, 부부 간의 충돌, 그릇된 행위를 일삼는 10대 청소년, 구원받지 못한 가족이나 이웃, 어떤 것이 진정 하나님의 음성인지 아니면 내 마음의 열정인지 분별하는 문제 등이 그 예다. 우리에게는 우리와 함께하면서 끝까지 관심을 가져 줄 사람들과 이 난제들을 해결할 수 있는 공간이 필요하다. 이것이 우리를 얕은 물로부터 투명한 신뢰라는 심연 속으로 옮겨 줄 것이다.

죄와 탐닉하는 마음을 고백한다

투명한 신뢰라는 깊은 수영장은 자신의 죄와 자신의 마음이 탐닉하는 것들을 서로 고백하는 곳이다. 저 깊은 곳에 이르려면 먼저 얕은 물을 지나가야 한다. 그 얕은 물은 격려, 인생의 어려움을 도와주는 것, 그리고 기도하는 마음으로 상대의 말을 경청해 주는 것이다. 우리는 그 얕은 물을 통과해야 비로소 우리를 괴롭히는 여러 유형의 죄들을 서로 고백할 수 있다.

내 경험에 비추어 보건대, 우리 마음 깊숙한 곳에 감춰져 있는 것들을 다른 사람들에게 털어놓는 습관을 갖고 있는 그리스도인은 극소수다. 우리를 휘어잡고 있는 그것들을 다른 사람에게 상세히 말할 수 있을 때에야 우리는 비로소 우리를 억압하는 흑암의 폭정 아래에서 벗어날 수 있다. 야고보는 자신의 독자들에게 "너희 죄를 서로 고백하며 병이 낫기를 위하여 서로 기도하라"(약 5:16)고 권면한다. 야고보는 고백과 나음을 직접 연결짓고 있다. 이 문맥에서 보면, 나음은 육체에 대한 것처럼 보인다. 그러나 야고보는 우리 영혼의 건강이 우리 몸의 건강에 직접적인 영향을 미친다고 믿었다. 육체의 고통 가운데 많은 것들이 병든 영혼이나 감정에서 비롯된다. 만일 그리스도의 형상으로 변화되는 것이 우리를 타락시킬 수 있는 흑암에서 벗어나 자유를 얻는 것과 관련되어 있다면, 고백은 우리를 죄와 탐닉의 사슬에서 해방시키는 데 꼭 필요한 수단이다.

고백과 자유는 무슨 관계인가? 만일 그리스도의 몸을 이루고 있는 믿을 만한 지체에게 우리의 부끄러운 죄를 털어놓는다면, 우리는 해방을 누릴 수 있을 것이다. 일단 다른 이들이 어떤 것을 용납하게 되면, 그 죄는 고백한 이를 통제할 힘을 잃어버리게 된다. 어둠 속에서는 죄가 흥왕하지만, 빛 가운데에서는 죄의 세력이 죽어 버린다. 내가 함께했던 삼인조 제자훈련 그룹에서 일어난 일이다. 팀원이던 샘은 우리 두 사람을 믿고 털어놓아야 할 일이 있음을 넌지시 이야기했다. 머뭇거리는 목소리나 우리의 눈길을 피하는 태도, 신경을 곤두세운 채 극도로 몸을 사리는 태도 등은 뭔가 고백이 임박했다는 징조였다. 샘은 자신이 오랫동안 포르노에 사로잡혀 있다고 털어놓았다. 그것이 그의 삶을 지배하면서 부부 관계에도 악영향을 미치고 있었다. 샘의 동반자로서 온전한 그리스도인이 되고자 함께 노력하고 있던 우리는 그를 돕겠다고 약속했다. 동시에 이 문제에 맞서는 그의 용기를 칭찬했다. 그는 성적 탐닉에 맞서 싸우는 이들로 이루어진 12단계 그룹에 참여할 의향을 표명하면서, 이런 자신의 모습을 아내에게도 밝히겠다는 뜻을 피력했다. 샘 안에 구원이 있음이 명백했다. 타인에게 자신의 허물을 알렸으나 여전히 사랑받고 있다는 것은 해방의 표시였다. 낯선 방식이지만 이렇게 자신의 무능함을 인정하면, 흑암의 권세가 물러나기 시작한다. 그 뒤로 여러 주 동안, 우리는 그로부터 12단계 프로그램에 열심히 참여하고 있다는 이야기를 들었다. 아울러 샘의 아내도 그의 이런 투쟁에 격려를 보내 주었다. 샘의 담대함은 우리 모든 사람이 그리스도께 더 깊이 다가가며, 그리스도를 향한 우리의 순종을 가로막을 그 어떤 것도 붙잡아 두지 말라는 권면이 되었다.

마르틴 루터는 이렇게 말했다. "고백은 유익함을 넘어 정말 필요한 것이다. 따라서 나는 그것을 없애지 않을 것이다. 진실로 나는 고백이 그리스도의 교회 안에 있다는 것이 기쁘다. 고백은 고통받는 양심에겐 둘도 없는 치료약이기 때문이다. 만일 우리가 형제에게 우리 양심을 있는 그대로 드러내고 우리 안에 도사리고 있는 악을 털어놓는다면, 우리는 우리 형제의 입을 통해서 하나님이 위로하시는 음성을 듣게 될 것이다. 만일 우리가 이것을 믿음으로 받아들인다면, 우리는 형제를 통하여 우리에게 말씀하시는 하나님의 자비하심 가운데 평강을 누리게 된다."[4]

죄를 서로 고백하는 것은 오늘날 그리스도의 형상으로 변해 가는 과정에서 사라진 중요 요소 가운데 하나다. 요한일서에서 사도 요한은 이렇게 말하고 있다. "만일 우리가 하나님과 사귐이 있다 하고 어둠에 행하면 거짓말을 하고 진리를 행하지 아니함이거니와 그가 빛 가운데 계신 것같이 우리도 빛 가운데 행하면 우리가 서로 사귐이 있고 그 아들 예수의 피가 우리를 모든 죄에서 깨끗하게 하실 것이요"(요일 1:6-7). 우리가 우리 죄를 하나님 앞에서 숨기려고 애쓰는 한, 우리는 그리스도의 몸을 이루는 다른 지체로부터 떨어져 나갈 것이다. 반대로, 우리가 기꺼이 우리 죄의 관습을 신뢰받는 언약적 동반자 앞에서 인정한다면, 우리는 하나님과 사귀게 될 것이다.

투명한 신뢰라는 깊은 물속에서 헤엄치는 법을 배우는 것은 그리스도인의 삶에서 성장을 촉진시키는 데 꼭 필요한 요소다. 헤엄치는 법을 배우는 것은 두려운 경험일 수 있다. 그러나 일단 여러분을 지지해 줄 그 물을 신뢰하게 된다면, 여러분은 평안한 마음으로 새 활력을 체험할 수 있을 것이다. 투명한 관계는 변화에 필요한 첫 번째 조건이다.

기후 조건 2: 하나님 말씀의 진리

그리스도인의 성장을 촉진하는 조건들을 만들어 내는 세 가지 환경 요소 가운데 두 번째는 하나님 말씀의 진리다. 바울이 믿음 안에서 낳은 아들 디모데에게 보낸 말은 하나님 말씀의 본질과 가치를 가장 잘 요약 해 놓고 있다. "모든 성경은 하나님의 감동으로 된 것으로 교훈과 책망과 바르게 함과 의로 교육하기에 유익하니 이는 하나님의 사람으로 온전하게 하며 모든 선한 일을 행할 능력을 갖추게 하려 함이라"(딤후 3:16-17).

구약 성경과 신약 성경은 독특한 기록이다. 그 안에서 우리는 우리에게 말씀하시는 하나님의 음성을 온전히 들을 수 있다. 성경 이외에 그 어디에서도 우리는 하나님의 자기 계시를 완전하게 기록한 이야기를 발견할 수 없다. 말 그대로 하나님의 영감으로 기록된 이 문서는 하나님과 우리 자신, 신앙과 행위의 모든 문제에 관하여 진리의 다림줄이 된다. 바울은 성경의 유익을 교훈, 책망, 바르게 함, 의로 교육함, 이 네 가지로 이야기한다.

교훈

교훈에 해당하는 말은, '받아들이게 하다'(수동의 의미)처럼, 받아들이는 손을 뻗거나 그 손을 건네는 것을 말한다. 바울이 말하는 교훈은 손을 건넨다는 뉘앙스일 가능성이 아주 높다. 바울은 디모데가 지식의 총체, 곧 그에게 전해진 것을 향유하길 바라고 있다. 여기서 디모데에게 전해진 것을 우리는 대개 교리라고 일컫는다. 그러나 바울이 여기서 말하는 교훈은 머리 안에 들어 있는 지식 이상의 것이다. 그가 말하는 지식은 사물의 실체를 해석해 준다. 래리 리처즈는 내가 말한 성경 구절의 취지를 아주 훌륭하게 요약해 놓고 있다. "하나님의 영은 그분의 말씀 속에서 우리가 살고 있는 세상의 진정한 본질, 사람과 하나님의 진정한 본질, 역사의 궁극적 귀결점, 여러 관계의 귀감 그리고 하나님 및 '사물의 참된 실체'와 일치하는 삶에 대한 응답을 계시해 주셨다."

우리 시대에 제자가 그리스도인의 삶에 꼭 필요한 가르침들을 체계적이고 지속적으로 배울 수 있다는 것은 매우 중요한 일이다. 그것이 이 새 실체(성경의 가르침)를 연마하는 수단이기 때문이다. 우리는 보통 사람들이 기독교 신앙을 거의 기억조차 하지 않는 시대에 살고 있다. 제이 레노가 진행하는 '투나이트 쇼'(the Tonight Show)는 이런 기억상실을 증명할 증거를 찾아 낼 만한 장소는 아니다. 하지만 어느 날 밤, 리노는 마이크를 들고 거리에 나가 지나가는 사람들에게 성경 지식을 물어 보았다. 그는 대학생쯤 되어 보이는 여자 둘에게 다가가 이런 질문을 던졌다. "십계명 가운데 하나만 이야기해 보시겠어요?" 두 여자는 난처하고 멍한 표정을 짓더니, 이렇게 대답했다. "의사 표현의 자유?" 이어서 리노는 한 남자에게 또 이렇게 물었다. "성경에서 고래가 집어삼킨 사람이 누구죠?" 그 남자는 확신에 찬 모습으로 흥분하여 이렇게 외쳤다. "알아요, 알아요, 피노키오!"

이를 본 우리 기독교 지도자들은 사람들이 풍부한 성경 지식을 갖고 있을 것이라는 근거 없는 짐작을 할 수 없다. 사실, 제자가 될 가능성이 가장 큰 사람들도 현대 문화에서 비롯된 세계관이 드문드문 박혀 있는 기독교 교리의 파편들을 알고 있을 뿐이다. 이것은 사람들이 퍼즐 조각 같은 지식 조각들을 전혀 짜 맞추지 않은 채 갖고 있다는 것을 의미한다. 사람들은 이 퍼즐 조각들을 짜 맞추어 그리스도인의 삶이라는 큰 그림을 본 적이 없다. 내가 전에 이끌던 삼인조 제자훈련의 참가자들 가운데 나보다 열 살 위인 여자가 한 명 있었다. 그는 목사의 딸이었다. 우리 모임이 끝난 뒤, 그 여자는 내게 이런 말을 했다. "그레그, 고백할 게 하나 있어요. 당신이 나를 이 모임에 초대했을 때, 나는 배울 게 많을 거라는 생각을 하지 않았어요. 나는 평생 성경을 공부해 왔고, 성경이 중심인 가정에서 자랐기 때문이죠. 그런데 신앙을 체계 있게 계속하여 공부하다 보니, 내가 이해하고 있는 것들이 모자이크처럼 뒤섞여 있다는 것을 알게 되었어요. 나는 타일 조각만 잔뜩 모아 놓고 있었어요. 그러나 그 타일들 사이에는 빈 공간이 너무나 많았죠. 이 공부 방법 때문에 나는 그 빈 공간들을 메울 수 있었어요. 나는 이제야 기독교 신앙이 모든 것을 가르쳐 주고 있다는 것을 폭넓게 이해하게 되었어요." 성경은 진정으로 가르침에 유익한 책이다.

책망

우선 교훈의 책인 성경은 우리에게 실체를 들여다볼 수 있는 안경을 제공해 준다. 이어서 성경은 우리 삶 속에서 일어나야 할 변화를 통찰할 수 있는 능력을 가져다 준다. '책망'은 말 그대로 어떤 사람의 죄를 드러내거나 그 사람에게 회개를 촉구하는 것이다. 성경은 우리의 현재 모습 저편에 있는 참된 자아를 들여다보게 해 주는 거울이다. 그건 마치 말씀이라는 거울 속에서 두 개의 모습이 나란히 서 있는 것을 보는 것 같다. 첫 번째 모습은 우리의 현재 모습이요, 두 번째 모습은 하나님이 그리스도 안에서 이루어 가시려는 우리 모습이다. 성경은 서로 대비되는 이 두 개의 모습을 우리 마음이라는 화면에 비추고 있다. 우리가 현재의 우리 모습과 이루어야 할 모습이 대비된다는 것을 분명하게 간파할 때마다, 성경은 통렬한 가책으로 우리 영혼을 찌르는 송곳날 역할을 한다.

한 그리스도인 부부가 대림절 기간에 자신들의 네 아들을 여러 다른 교회에 데려가기로 결심했다. 아이들에게 다양한 예배 형태와 성탄 전통을 소개해 주기 위해서였다. 어느 주일, 그 가족은 아름다운 석조 예배당의 회중석 마지막 줄에 앉아 있었다. 교회 안에는 채색 유리를 통하여 들어오는 붉고 파란 빛깔이 영롱하게 빛나고 있었다. 그들은 행렬과 찬송, 온갖 성물이 등장하는 전례를 목격했다. 이어서 설교 시간이 되었다. 그날 아침 설교자는, 하나님이 많은 여인들에게 아기 그리스도를 그들의 태 속에 받아 줄 것을 요구했지만 여인들은 하나같이 하나님의 요구를 거부했다고 말했다. 설교자는 이어서, 마침내 가브리엘이 마리아를 발견하고 마리아가 아기 그리스도를 받아 주기로 했으며, 그 때문에 매우 기뻐했다고 말했다. 바로 그때, 자신의 속내를 좀처럼 숨길 줄 모르는 막내아들이 아주 큰 소리로 외쳤다. "성경에 그런 내용이 어디 있죠?" 그 소리가 얼마나 컸던지 멀리 떨어진 찬양대의 마지막 줄에 앉은 사람도 알아들을 정도였다. 이렇게 어린 소년도 성경을 근거삼아 진리를 밝혀 내어 거짓을 책망할 수 있게 되었다.

바르게 함

물론 책망의 목적은 우리를 정죄와 자기 저주 속에 빠뜨리는 것이 아니다. 사실, 성령의 참된 정죄는 우리를 즉시 용서하시는 하나님의 자비로 인도한다. 예수님은 간음하다 잡혀 온 여인에게, "나도 너를 정죄하지 아니하노니 가서 다시는 죄를 범하지 말라"(요 8:11)고 말씀하셨다. 예수님이 여인의 죄를 별것 아니라는 식으로 작게 여기신 것이 아니다. 다만 그 여인을 정죄하지 않고 자비를 베풀어 주신 것이다. "나도 너를 정죄하지 아니하노니." 진정으로 회개하면, 우리는 우리 죄를 깨끗이 씻어 주시는 하나님의 달콤한 자비를 맛볼 수 있다. 그리하면, 우리는 곧바로 바르게 된다. 바르게 한다는 것은 '올바른 상태로 돌아가게 하다' 또는 '다시 세우다'라는 의미를 갖고 있다. 책망이 성령의 꾸짖음이라면, 바르게 한다는 것은 바른 길로 되돌리는 것을 말한다.

의로 교육함(훈련시킴)

우리가 일단 바른 길에 들어서면, 우리는 그곳에 머물고 싶어한다. "의로 교육하다"(훈련시키다)는, 말 그대로 "의에 이르도록 교육하다"라는 뜻이다. 성경의 최종 목표는 우리를 경건한 삶으로 이끌어 갈 내면의 힘을 인도하고 제공하는 것이다. 여기서 '교육'이라는 말의 어원은 "어린아이를 훈련시키다"이다. 이 말을 들으면 잠언 22장 6절 말씀을 떠올리게 된다. "마땅히 행할 길을 아이에게 가르치라 그리하면 늙어도 그것을 떠나지 아니하리라." 성경은 의로운 삶을 가르치는 데 필요한 훈련 교재다.

존 오트버그는 그리스도인의 삶을 살아가려고 애쓰는 것과 그 삶을 훈련하는 것 사이에는 엄청난 차이가 있음을 일깨워 준다. 애쓴다는 것은 말 그대로 아무런 준비 없이 어떤 것을 해 보겠다고 시도하는 것을 말한다. 예수님의 제자로 생각되던 그 많은 사람들이 '애쓰다' 대 '훈련하다' 패러다임 아래에서 움직이고 있었다. 마라톤을 하려고 애쓰는 사람은 아무도 없을 것이다. 마라톤을 완주하려면 훈련이 필요하기 때문이다. 오랜 시간에 걸쳐 체력을 기르고 지구력을 키우며, 식사와 휴식 패턴을 조절하며 준비해야 한다. 오트버그는 이렇게 말했다. "준비나 훈련의 필요성은 용서의 기술 또는 기쁨이나 용기를 배우는 차원에 그치지 않는다. 다시 말해, 육체적, 지적 활동에 훈련이 필요한 것처럼, 건강하고 활력이 넘치는 영적 생활에도 훈련이 필요하다. 예수처럼 생각하고 느끼며 행동하기를 배우는 것은 최소한 마라톤이나 피아노 연주를 배우는 것만큼이나 훈련이 필요하다."[5]

제자훈련은 제자가 되고자 훈련(연단)받는다는 것을 의미한다. 모든 제자훈련 과정에는 공부, 묵상, 성경 암송과 같은 훈련 행위가 필요하다. 닐 콜은 여기서 기술한 삼인조 제자훈련 그룹들의 변형을 하나 제시하고 있다. 그는 그 그룹들을 '삶을 변화시키는 그룹들'(Life Transformation Groups)이라고 부르는데, 이것은 꽤 적절한 표현이다.[6] 그룹 참가자들에게 부여된 세 가지 훈련 가운데 하나는 매주 성경을 25장 내지 30장씩 읽는 것이다. 사실, 그 삼인조 그룹에 속한 사람들은 매주 그들에게 부과된 분량을 읽었는지 보고해야 한다. 만일 누군가가 목표량을 완수하지 못했을 경우에는, 모든 사람들이 그 다음 주에도 똑같은 본문을 다시 읽어야 한다. 콜은 설령 참가자들이 부과된 분량을 다 읽지 못하는 한이 있더라도 읽어야 할 성경 분량을 늘려 가기를 바라고 있다. 그렇게 하면, 참가자들은 똑같은 본문을 반복해서 읽어야 할 것이다. 1주일에 성경을 25장 내지 30장씩 읽으면, 하나님 말씀을 알고자 하는 욕구가 생겨날 것이다. 말씀은 새 생명의 씨앗이다. 때문에, 열매를 맺으려면 깊이 뿌려져야 한다. 『제자도의 핵심』의 성경 공부는 논리적 과정을 따라 그리스도인의 삶이라는 큰 그림을 점점 자세하게 그려 갈 수 있는 주제별 성경 암송과 성경 읽기로 이루어져 있다.7)

성경 공부와 더불어 성경 묵상과 성경 암송의 실천이 등장한다. 성경을 묵상한다는 것은 하나님 말씀의 진리를 머리로부터 마음으로 옮기는 것을 의미한다. 그렇게 진리를 깊이 생각하면, 비로소 하나님 말씀의 진리가 우리 존재의 일부가 된다. 성경 묵상을 소의 되새김질에 비유하는 사람도 있다. 우리는 하나님의 말씀이 다 소화될 때까지 거듭거듭 되씹기를 원한다. 그렇게 되새김질할 수 있는 방법 가운데 하나는 성경 암송이다. 성경을 암송하면 많은 유익이 있다. 우리의 마음을 두는 그것이 우리 모습이 되어 버린다. 성경은 "사람이 생각하는 바가 곧 그 사람의 모습"이라고 말한다. 바울은 로마 사람들에게 "마음을 새롭게 함으로 변화를 받으라"(롬 12:2)고 권면했다.

마음이 변화의 열쇠가 되는 이유는 무엇인가? 우리의 믿음과 가치관과 태도와 인식을 붙들어 두는 곳이 바로 마음이기 때문이다. 그리스도인의 삶에서 성장은 하나님을 영화롭게 해 드리지 못하는 믿음과 행위를 벗어 버리고 하나님께 영광을 돌리는 믿음과 행위로 갈아입는 것을 말한다. 바울은 에베소서 4장 25-32절에서 이른바 대체의 원리, 곧 "무엇을 벗어 버리고 무엇으로 갈아입나"라는 주제를 제시하고 있다. 에베소서 4장 25절은 거짓을 버리고 참된 것을 입으라고 요구한다. 에베소서 4장 28절은 도둑들에게 도둑질을 그치고 선한 일을 찾으라고 말한다. 우리 생각을 바꾸고 대체의 원리를 완수하는 과정을 도울 수 있는 가장 좋은 방법은 성경 암송에 심혈을 기울이는 것이다. 아울러, 성경을 암송하고 있으면 우리가 동료 신자들을 섬기는 데 도움이 될 수 있으며, 아직 그리스도인이 아닌 사람들에게 전하는 우리의 증거를 든든히 뒷받침할 수 있다.

바울은 디모데후서 3장 17절에서 성경 교육의 목적을 "하나님의 사람으로 온전하게 하며 모든 선한 일을 행할 능력을 갖추게 하려 함"이라고 설파한다. 이를 통해 바울은 성경이 곧 가르침의 재료요 가르칠 만한 가치가 있다는 결론을 피력하고 있다. 제자훈련의 목적은 성숙한 신자를 길러 내는 것이다. 여기서 정의한대로 따르자면, 완전한 신앙에 이르게 하는 것이다. 그 목표를 이룰 수 있는 방법은 투명하고 친밀한 정황 속에서 우리 자신을 성경 속에 푹 담가 버리는 것이다. 그렇게 되면, 이런 정황은 '모든 선한 일'을 할 수 있는 내면의 힘을 제공하게 된다. 내 친구 한 명은 이렇게 말했다. "하나님의 말씀은 정보만 일러 주는 것이 아니라 직접 행한다." 하나님의 말씀은 하나님의 능력[희랍어로 '뒤나미스'(dynamis)]이다. 따라서 하나님의 말씀은 그 안에 말씀의 의도를 실행할 수 있는 능력을 갖고 있다. 예수께서 하나님의 말씀을 새 생명의 씨앗과 동일시하신 것도 바로 그 때문이다. 우리는 그 씨앗을 우리 삶 속에 깊이 심어, 그 삶이 말씀 안에서 싹이 트고 열매를 맺도록 해야 할 책임을 지고 있다.

기혹 조건 3: 상대방에게 서로 책임을 짐

신자들의 성장을 촉진하는 데 적합한 세 번째 환경 요소는 상대방을 서로 책임을 지는 자세다. 다시 말해, 제자훈련의 여정을 함께 가는 사람들 사이에는 언약적 관계가 있어야 한다는 말이다. 언약이란 무엇인가? 언약이란 둘 혹은 그 이상의 당사자들이 서면으로 상호 약정한 것으로서, 그 관계에서 기대하는 것들과 그 관계에 헌신할 내용을 분명하게 선언한 것이다. 이 정의에는 언약 당사자들이 다른 당사자들에게 자신들이 서로 동의한 언약에 상대방 당사자들을 붙들어맬 수 있는 권위를 부여한다는 의미가 담겨 있다. 따라서 언약 당사자들의 책임을 정의한다면, "스스로 어떤 규준을 따르겠다는 결심이자 이 규준에 비추어 다른 사람들이 자신의 행위를 평가한 결과에 기꺼이 승복하는 것"이라고 말할 수 있겠다.

여기에 마찰의 소지가 있다. 우리로 하여금 다른 사람들에게 책임을 지게 할 권위를 자의로 타인에게 부여한다는 것은, 대부분의 서구인들이 보기에 우리가 가장 소중히 여기는 것을 침해하는 것이기 때문이다. 나는 이전에 로버트 벨라의 선구적 저서인 *Habits of the Heart*(마음의 습관)를 참조한 적이 있다. 벨라는 의무에서 벗어나 자유를 누리는 것이 미국인의 핵심 가치임을 발견했다. 우리는 철저한 독립 정신을 갖도록 양육받았다. 때문에 우리 안에 있는 거의 모든 것은 상호 복종이라는 말만 들어도 거부감을 느낀다. 우리는 우리 자신의 속내를 드러내려 하지 않는다. 우리는 우리 자신의 선택, 인생 진로, 인격 형성, 시간 계획 등등에서 우리 자신이 주도권을 행사하고 싶어한다.

그러나 책임은 우리를 예수님의 제자라는 말이 의미하는 핵심으로 되돌아가게 한다. 예수님의 제자는 우리의 삶을 형성하는 데 영향력을 행사하는 분이 예수님이심을 추호도 의심치 않는다. 예수님은 이렇게 말씀하셨다. "또 무리에게 이르시되 아무든지 나를 따라오려거든 자기를 부인하고 날마다 제 십자가를 지고 나를 따를 것이니라"(눅 9:23). 이 진리를 진지하게 받아들이는 길은 우리가 예수님과 맺은 언약 관계 속에서 그분의 권위 아래 들어가 행동하는 것이다.

그렇다면, 왜 언약이 필요한가? 첫째, 상호 복종이라는 분명한 규준을 갖고 있는 언약은 삼인조 그룹의 지도자에게 그 모임을 주도할 역할(그룹의 모든 참가자들이 언약을 지키는지 감독하는 역할)을 수행할 힘을 부여한다.

만일 그룹 참가자들이 그 모임에 헌신하기로 분명히 동의한 바가 없다면, 그룹의 지도자는 참가자들에게 책임 이행을 촉구할 근거를 갖지 못하게 된다. 언약이 없으면, 모든 지도자는 제자훈련 관계의 내용을 제멋대로 이해하게 될 것이다.

둘째, 언약의 규준은 그룹 참가자들에게 요구하는 제자도의 기준치를 높임으로써 훈련의 집중도를 높이게 된다. 오늘날 교회의 잘못 가운데 하나는 예수께서 요구하시는 수준까지 올라가도록 사람들을 독려하지 않는다는 것이다. 언약적 제자훈련 관계는 우리가 예수님의 말씀을 진지하게 따라가도록 도와줄 수 있다.

셋째, 언약이 마련되어 있으면, 우리는 우리의 제자훈련 파트너들에게 책임 있는 자세로 훈련에 참여할 것을 요구할 수 있다. 훈련 동반자들의 긍정적 압력이 있으면, 우리는 훈련 과정을 끝까지 마칠 수 있다. 만일 우리가 다른 사람들 앞에서 암송할 성경 구절이 있거나 성경의 명령을 실천하는 데 마음을 쏟아야 할 경우, 또는 우리가 훈련 파트너들에게 책임을 져야 한다면, 우리가 훈련 과정을 끝까지 마칠 가능성은 아주 높아진다.

넷째, 처음에 제자훈련 참가자들이 분명하게 맺은 언약이 있으면, 장차 그 삼인조 그룹의 구성원이 될 사람들은 자신들이 그 제자훈련에 참여하는 데 필요한 것들을 갖고 있는지 미리 자신을 평가하게 된다. 언약을 검토하는 것은 제자훈련이라는 여정을 함께할 사람을 초대할 때

거치는 첫 번째 과정이 될 것이다. 그 과정은 자신이 제자훈련에 전념할 수 있는 시간과 힘 그리고 헌신하는 자세를 갖고 있는지 냉철하게 검토하는 시간이 될 것이다.

제자훈련 참가자들이 서로를 책임진다는 언약의 예시로서, 다음 언약을 제안해 본다. 이는 『제자훈련의 핵심』에 들어 있는 것이다. 이 언약은 내가 사람들을 삼인조 제자훈련에 초대할 때 그들과 하나하나 이야기하는 것들이다. 괄호 안에 내 설명을 기록해 놓았다.

제자의 언약

그리스도 안에서 성숙한 신자로 자라 제자도의 요체를 완전히 이행하려면, 다음 규준들을 철저히 지켜야 한다.

1. 내가 속한 제자훈련 그룹에 철저히 이바지하려면, 그룹이 모이기로 한 날 이전에 그 주의 과제를 모두 끝낸다. (주별 과제를 모두 끝내려면 약 두 시간이 걸릴 것이다. 사람에 따라 정도의 차이는 있겠지만 성경을 암송하는 데 시간이 더 필요할 것이다.)

2. 매주 한 번씩 제자훈련 파트너들과 한 시간 내지 한 시간 반 정도 만나서 그 주에 끝낼 과제 내용을 놓고 이야기를 나눈다. (이 시간까지 포함하면, 매주 제자훈련 모임에 최소한 세 시간 내지 세 시간 반은 헌신해야 한다. 삼인

조 그룹이 열리는 곳까지 이동하는 시간은 따로 계산한다.)

3. 이 제자훈련을 받는 동안 나는 변화를 촉진할 시간에 들어서게 될 것이라는 기대를 품고 하나님께 철저히 헌신한다. (성장 과정이 온실 효과를 낼 거라고 사람들이 기대하길 바란다.)

4. 서로 상대방을 세워 주는 마음으로 정직과 신뢰가 넘치는 분위기, 개인의 약점도 드러낼 수 있는 분위기를 만드는 데 기여해야 한다. (이 삼인조 제자훈련이야말로 그리스도인들이 이제까지 겪었던 관계 중에 가장 정직하고 마음 편히 자신을 드러낼 수 있는 관계이자, 서로 자신의 허물을 털어놓을 수 있는 관계일 것이다. 나는 종종 팀원들에게 "어떤 느낌이 드세요?"라고 묻는다. 이 경우 두려움과 매력을 느끼는 마음이 서로 충돌하며 공존하는 것을 보게 된다.)

5. 1년에 적어도 두 사람에게 전심전력을 쏟음으로써 제자훈련 사슬을 계속 이어 갈 수 있는지 신중하게 고려한다. (제자가 그리스도 안에서 성숙한 신자로 자라 가면서 다른 이들을 제자로 훈련시킬 수 있는 능력을 갖추는 것이 제자훈련의 주요 목표 가운데 하나다. 그러나 "신중하게 고려한다"는 말은 "나는 제자훈련 사슬을 계속 이어 갈 것이다"라는 말을 존중하여 표현한 것이다. 이렇게 한 것은 그 삼인조 제자훈련 관계에 가입하는 사람이 아직 제자훈련 관계를 체험한 적이 없기 때문이었다. 여러분은 아직 경험하지 못한 것에 헌신할 수는 없겠지만, 기대를 품을 수는 있다.)

제자훈련의 힘

다른 제자훈련 관계와 비교하여 삼인조 제자훈련이 그리스도인의 성숙에 두드러지게 기여하는 점이 무엇인가? 왜 이 삼인조 훈련은 다른 관계들보다 신자들의 성장을 촉진하는 환경을 더 많이 만들어 내는가? 표 8-1이 그 답을 가장 잘 보여 줄 수 있을 것 같다.

표 8-1 제자훈련의 힘

	친밀성	진리	책임성
소그룹	✓		
가르침		✓	
설교		✓	
제자훈련	✓	✓	✓

나는 이 표에 제시된 통찰을 사람들에게 제시했던 때를 분명하게 기억하고 있다. 내가 목회학 박사 학위를 받으려면, 그 전에 필요한 프로젝트를 완수해야 했다. 그 프로젝트는 지도 교수인 로베르타 에스테네스 박사[8]를 교회 캠퍼스에 초청, 나와 더불어 이 제자훈련 실험에 참여한 사람들을 만나게 하는 것이었다. 여러분도 기억하겠지만, 내 프로젝트의 초점은 세 가지 상황 속에서 내가 이미 쓴 바 있는 제자훈련 교과과정을 시행해 보는 것이었다. 그 세 가지 상황은 일대일 모델, 열 명으로 이루어진 소그룹 그리고 삼인조 제자훈련 그룹이었다. 지도 교수가

할 일은 내가 그 프로젝트를 완성할 수 있도록 돕고 있던 사람들에게서 이야기를 듣고 각기 다른 세 상황에서 발견한 정보들을 입수하는 것이었다. 약 열 명의 사람들이 회의실 탁자에 둘러앉았고, 에스테네스 박사는 화이트보드 앞에 앉아 있었다. 그 토론이 어떻게 될지 다소 긴장되었지만, 에스테네스 박사는 사람들이 보여 준 반응과 제자훈련이 그들의 삶에 미친 영향을 전해 듣고 기뻐했다. 특히 더 작은 제자훈련 단위에 속한 사람들의 반응과 보고는 더 큰 기쁨을 주었다. 에스테네스 박사는 이 제자훈련 단위들의 힘을 목격했다. 박사는 흥분한 나머지 자리를 박차고 일어나 표 8-1을 화이트보드 위에 그렸다.

여섯 명 내지 열 명으로 이루어진 소그룹의 경우, 교제나 친밀함은 강조하면서도 진리와 그룹 구성원들의 책임성은 뒤로 밀려나는 경향이 있다고 박사는 말했다. 교실에서 가르치는 것이나 공중 예배 설교의 경우에는 진리가 우선순위를 차지하는 반면, 친밀함과 책임성은 뒷자리로 밀려난다. 박사는 제자훈련이 신자들의 변화를 가져오는 것은 이 세 가지 요소들을 모두 균형 있게 갖추고 있기 때문이라고 말했다.

동기를 불러일으키는 관계 속에서 하나님의 말씀을 탐구하고 적용하며, 나아가 마침내 상대에게 책임을 다하겠다는 언약을 진지하게 준수할 기회를 제공하는 친밀한 신뢰 관계에 모든 신자들, 참 도를 찾는 모든 이들이 초대되어야 한다.

만일 제자를 배가해 가는 제자훈련 그룹들이 교회 공동체 안에서 급

격히 늘어난다면, 앞으로 5년 내지 7년 이후에 여러분의 사역에는 어떤 일이 벌어질까? 마이크 드라워터 목사는 캘리포니아 엘크 그로브에 있는 찬양 생명 사역(Celebration Life Ministries)이 "우리 정체성의 정수인 교회 내에서 제자를 훈련하고 다시 제자들을 길러 낼 목적으로" 1997년에 창립되었다고 말한다. 마이크는 자신들의 사연을 다음과 같이 이야기한다.

"1997년 말, 우리는 우리 사역을 시작할 기존의 핵심 그룹도 없는 상태에서 그야말로 '서부의 황야를 개척하듯이' 찬양 생명 사역을 시작했습니다. 우리의 핵심 멤버들은 말 그대로 한 번에 몇 명씩 불어났습니다. 기초를 세우던 초기 단계에서는, 시급하게 해결해야 할 문제들이 몇 가지 있었습니다. 첫 번째 문제는 훈련받은 성숙한 지도자들이 없다는 것이었습니다. 두 번째 문제는 공통된 신앙의 전제와 공통된 신앙의 언어가 거의 없다는 것이었습니다. 우리의 핵심 일꾼들은 교회를 다닌 적이 없거나, 정말 어지러울 정도로 다양한 교파에서 온 사람들이었기 때문입니다. 세 번째 문제는 대다수의 사람들이 상처받고 곤고한 처지에 있었다는 것입니다.

우리 사역의 초창기에 저희 내외는 사역 시간의 대부분을 제자훈련 그룹들을 독려하는 데 할애했습니다. 우리는 삼인조 그룹을 편성하고 『제자도의 핵심』을 사용하면서, 또 다른 제자훈련 그룹들을 다시 만들어 가는 데 역점을 두었습니다. 저는 남자들을, 아내는 여자들을 맡았죠. 우리는 제자훈련 관계들을 만들어 낼 수 있었습니다. 그를 통해 깊은 상처를 안고 있던 사람들이 요구하는 목회를 할 수 있었죠.

우리는 하나의 교회라는 공통된 언어를 만들어 내기 시작했어요. 조화를 이룬 목표가 긍정적 영향을 미쳤죠. 우리는 새로 온, 더 젊은 그리스도인들을 비교적 짧은 시간에(약 6개월 만에) 그룹의 지도자와 조력자로 세울 수 있는 도구를 갖추고 있습니다. 지금, 우리 교회의 모든 장로들과 집사들은 제자훈련 그룹을 마친 사람들입니다. 게다가, 우리 사역의 지도자들 대다수도 제자훈련 그룹을 마쳤거나, 그 그룹에 참가하고 있거나 그 그룹들의 지도자들이죠. 사실, 새로운 사역은 제자훈련 그룹들 그 자체로부터 시작되는 게 지금의 추세지요."

여러분은 제자들을 길러 내는 이 조심스러운 접근법이 교회나 사역의 건강 상태에 어떤 영향을 미쳤는지 알 수 있는가? 여러분은 제자 배가의 효과가 3년에서 5년 또는 7년에 걸쳐 나타나는 모습을 생생히 그려 볼 수 있는가? 나는 제자들을 배가해 가는 이 제자훈련 그룹들이 한 교회에 미치는 효과를 목격했다. 시간이 흐르면서 교회 문화는 너무나 많이 변하여 새로운 공감대가 형성되었다. 사람들이 열망하는 새 목표는 스스로 예수께 철저히 헌신하면서 자신과 같은 제자들을 또 길러 내는 제자가 되는 것이다.

경첩

나는 6장을 시작할 때 경첩의 이미지를 사용했다. 현대 교회는 제 구실을 못하는 문짝이다. 성경이라는 문틀에서 떨어져 나가 비스듬히 기울어 있기 때문이다. 성경은 교회에 제자를 길러 낼 소명을 주었는데도, 교회는 이를 따르지 않았다. 문짝과 문틀을 이어 주는 경첩은 일종의 실천 전략이다. 교회에 기초를 두고 제자들을 길러 낼 수 있는 제자들을 만들어 내는 전략에 꼭 필요한 요소들은, 관계에 기초한 제자훈련 과정을 실시하는 것이다. 이 과정은 삶을 변화시키는 요소들을 모두 모아 놓은 제자 재생산 모델(삼인조 그룹 모델)에 그 뿌리를 두고 있다.

9장에서 나는 교회라는 문짝과 성경이 제시한 목표라는 문틀을 연결하는 마지막 경첩을 고정시키려고 한다. 그 경첩은 제자들을 배가하는 삼인조 제자훈련 네트워크를 만들어 내는 실행 조치들이다.

9장

제자훈련의 실제

여러분은 살면서 뭔가 하기는 해야 하는데 대체 무엇을 해야 할지 몰라 괴로워해 본 적이 있는가? 우리에게는 변화한 삶이라는 유산을 남겨야 할 의무가 있다. 그러나 이 의무는 이루어질 수 없는 이상으로만 남아 있다. 이상이 현실이 되게 할 실천 전략이 없기 때문이다. 바울은 이렇게 말했다. "너희는 우리의 편지라 우리 마음에 썼고 뭇 사람이 알고 읽는 바라 너희는 우리로 말미암아 나타난 그리스도의 편지니 이는 먹으로 쓴 것이 아니요 오직 살아 계신 하나님의 영으로 쓴 것이며 또 돌판에 쓴 것이 아니요 오직 육의 마음판에 쓴 것이라"(고후 3:2-3). 우리는 바울의 이 말을 우리 뒤에 올 사람들을 놓고 말할 수 있게 되기를 바란다. 나는 제인이 보내 온 편지 문구에 지금도 계속 감동받고 있다. 그녀는 이런 글귀를 보내 왔다. "저는 제 자신이 목사님이 맺으신 열매가 맺은 열매처럼 느껴집니다! 지금도 더 많은 열매가 만들어지고 있으니, 하나님을 찬양하지 않을 수 없습니다!"

여러분이 이 책을 통해서 유산을 남길 수 있는 방법을 얻게 되는 것이 내 소망이다. 많은 사람에게 문제가 되는 것은 동기가 아니라 실천 방법(know-how)이다. 우리에게는 예수님과 바울의 방법을 사역 현장과 교회에서 실제로 구현할 실천 모델이 없다. 나는 이 마지막 장에서 가능한 한 실천의 문제를 다루려고 할 것이며, 상상이나 관념에 머무는 것은 다루지 않을 참이다.

이 장에서 우리의 목표는 아래와 같은 실천적 문제들에 답을 제공하는 것이다.

- 실제로 운용할 수 있는 제자훈련 모델은 무엇인가?
- 그 제자훈련 과정에 누구를 초대해야 하는가?
- 그 훈련은 어떻게 시작해야 하는가?
- 여러 세대에 걸친 제자 네트워크를 자라게 할 방법은 무엇인가?
- 세대가 흘러가도 제자를 배가하려는 동기를 유지할 방법은 무엇인가?

실제적인 제자훈련 모델

내가 제안하는 제자훈련 모델은 한 사람이 성경에 근거한 교과 과정을 중심으로 형성된 언약적 관계에 두 사람을 초청하는 것이다. 약 1년 동안 그들은 매주 한 시간 반 정도 만난다. 그리고 이 모임은 다음 세대의 제자들을 또 만들어 낸다.

내가 대학에 다닐 때, 나치 수용소에서 살아남았던 화란의 위대한 그리스도인 코리 텐 붐이 우리 그룹에서 연설한 적이 있다. 그때 내가 그에게 질문한 내용은 확실히 기억나지 않지만, 그의 대답은 지금도 똑똑하게 기억하고 있다. 나는 다소 심오한 질문을 함으로써 내 제자훈련 동반자들에게 깊은 인상을 심어 주려고 했다. 그런데 붐은 그런 내게 제동을 걸었다. "키스(K. I. S. S.), 단순하고 어리석다 싶을 정도가 좋아요(Keep it simple, stupid)." 내가 여기서 제안하는 내용이 여러분을 놀리는 것이라고 느껴질 정도로 단순할지도 모르겠다. 그러나 내 경험에 비추어 보건대, 우리의 사역 틀이 너무 복잡하면, 그 틀은 아예 이륙조차 하지 못하거나 결국 그 무게에 못 이겨 땅으로 곤두박질치고 말 것이다.

그렇다면 어떻게 제자를 훈련시킬 것인가? 1년 동안 다른 두 사람과 주고받는 삼인조 제자훈련 속에서 그들에게 전심전력을 기울여 보라. 제자훈련 기간은 얼마든지 달라질 수 있다. 각 관계마다 그 운영 모습과 성장 과정이 독특하기 때문이다. 그런 다음 제자들을 배가하라. 각 사람이 다음 단계의 제자훈련 여정을 함께할 두 사람을 또 초대하라. 그리고 그 일을 다시 되풀이하라. 그 훈련 내용은 같지만, 관계는 각기 다르다. 사람들은 내게 이런 질문을 한다. "같은 훈련 내용을 반복하면 질리지 않겠어요?" 내 경험에 따르면, 그 질문의 정답은 "아니오!"다. 왜 그런가? 모든 제자훈련의 관계가 움직이는 모습은 항상 제각각이다. 이런 차이 때문에 그 과정은 늘 흥미롭게 이어진다. 사람들은 놀라울 정도로 천차만별이다. 삼인조 제자훈련 그룹에 참가하는 사람들은 그 그룹을 흥미롭게 만들고, 각 그룹마다 독특한 삶과 개성을 갖게 된다. 만일 여러분이 제자훈련 관계를 주도하는 사람이라면, 여러분 역시 또 하나의 발전 단계에 들어선 것이다. 제자훈련 네트워크가 유기체처럼 자라도록 만들자. 제자의 배가가 제자의 배가를 가져온다. 3년에서 5년 내지 7년이 지나면, 여러분은 제자들이 줄줄이 기록된 가계도를 보게 될 것이다. 가지마다 다섯 세대 또는 여섯 세대의 제자들이 달려 있는 모습을 보게 될 것이다. 여러분이 처음 시작했던 삼인조 그룹에서 뻗어 나간 사람들의 이름을 가계도에서 보게 되면, 큰 기쁨을 느낄 것이다(그림 9-1을 보기로 제시해 놓았다).

누구를 초대할 것인가?

여러분은 삼인조 제자훈련에 과감히 뛰어들어 그 훈련을 체험할 준비가 되었다. 그러나 그 훈련에 초대해야 할 사람들을 어떻게 알아 낼 것인가? 삼인조 제자훈련 관계는 다른 멘토링 관계와 달리 역동적이다.[1] 그 역동적인 모습은 제자 양육자가 훈련받을 제자들을 부른다는 점에서 찾을 수 있다. 예수님의 예를 따른다면, 우리가 제자훈련의 여정을 함께할 동반자를 불러모으는 일은 꼭 필요하다. 다른 한편으로, 이것은 사람들을 제자훈련에 초대하기 전에 기도하며 분별하는 시간이 필요하

그림 9-1 한 제자 양육자로부터 뻗어 나간 가계도

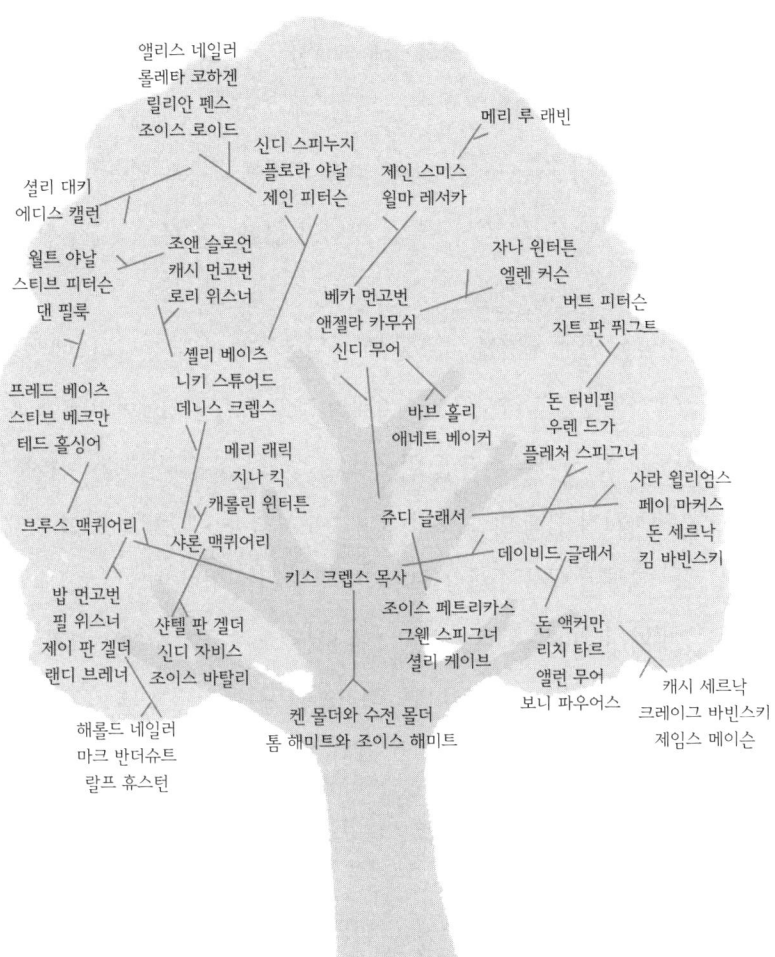

9장 제자훈련의 실제

다는 것을 의미한다. 우리가 초대하려는 사람들에게 우리를 이끌어 주시는 분은 하나님이라는 든든한 확신을 갖는 게 중요하다.

우리는 우리의 제자훈련 여정에 동참할 사람들을 위해 기도할 때, 어떤 기준을 따라야 하는가? 우리는 예수께서 열두 제자에게서 발견하신 것과 똑같은 자질들, 또는 바울이 다음 세대에 복음을 위탁하면서 디모데에게 권면한 바로 그 자질들을 찾아야 한다. 그것은 곧 신실함과 신뢰성이다(딤후 2:2).

예수님은 열두 제자를 부르실 때 서두르시지 않은 것 같다. 예수님은 공생애 사역을 시작하시고 나서 6개월 정도가 흐른 뒤에야 비로소 자신의 사도가 될 사람들을 대중 앞에서 지목하신 것 같다. 그분은 열두 제자를 택하시기 전에 밤을 새워 가며 기도하셨다. 예수님의 사역 전체의 성패는 그분이 택하신 사람들의 자질에 달려 있었다. 만일 여러분이 제자를 배가하겠다는 목적을 품고 1년 또는 그 이상의 시간을 다른 두 사람에게 전심전력으로 쏟는다면, 여러분이 초대하는 그 두 사람은 필경 아주 중요한 사람이다. 예수님은 자신이 부르신 제자들 속에서 어떤 자질을 찾으셨는가? 또 이 자질들은 우리에게 어떤 지침을 제공해 주는가? 나는 으뜸이 되는 두 가지를 꼭 갖춰야 할 자질로 제시하고 싶다. 그 두 가지는 성실성과 가르칠 수 있는 능력이다.

성실성

예수님은 놀라운 유머 감각을 가지신 분이었다. 예수님이 베드로를 부르신 날은 그가 어부로서 가장 큰 성공을 거둔 날이었다. 베드로는 밤새 그물을 던졌지만 고기 한 마리 건지지 못했다. 그는 그물을 말리려고 걷어올리고 있었다. 그때 예수님은 그에게 다시 그물을 던지라고 말씀하셨다. 그는 주저했다. 어쩌면 그는 이렇게 중얼거렸을지도 모른다. "고기잡이의 '고'자도 모르는 일개 랍비가 감 놔라, 배 놔라 난리네!" 그러나 베드로는 바다에 그물을 던졌고, 그 결과 자신의 생애에서 가장 많은 물고기를 잡았다. 베드로가 이전에 들었거나 모닥불 주변에서 나누었던 그 어떤 고기잡이의 무용담도 이 수확에 비하면 새발의 피였다. 예수께서 베드로와 다른 이들에게 "이제 후로는 네가 사람을 취하리라"(눅 5:10)고 말씀하셨을 때, 그들이 예수님의 말씀에 꼼짝없이 순종할 수밖에 없었던 것은 바로 그 사건 때문이었다. 베드로와 다른 이들은 자신들의 생업, 가족 그리고 눈에 익은 고향산천을 떠나, 유대교를 저버린 이 목수와 함께 이 마을 저 마을 정처 없이 떠돌았다. 예수님이 제자들에게 구하셨던 것은 그 무엇보다도 충성이었다.

물론 우리는 생업과 가족을 떠나 예수님의 뒤를 좇아서 이리저리 떠돌며 사역하라는 소명을 받지 않았다. 하지만 예수님이 여전히 우리 속에서 찾으시는 것은 예수님을 그 무엇보다 가장 소중한 존재로 여기는 마음이다. 이런 마음의 여부는, 우리가 기꺼이 우리의 행실과 삶의 방식을 예수께서 요구하신 것에 맞추려고 하느냐, 마음 문을 열고 우리 자신을 점검하려고 하느냐, 진정 우리 자신의 삶을 예수님의 처분에 맡기려고 발버둥치는 마음이 있느냐에 따라 판가름날 것이다. 나는 이렇게 기도한다. "주님, 당신이 원하시는 그대로 살려는 간절한 소망을 품은 이들이 있나이다. 내 눈을 열어 그들을 보게 하시고 내 마음을 그들에게 인도해 주소서. 그들의 소망이 내 소망이 되기를 바라나이다."

가르칠 수 있는 능력

예수님은 제자들을 부르실 때, 그들의 현재 모습이 아니라 훗날의 모습을 보셨다. 우리가 4장에서 보았듯이, 제자들은 세상의 기준에 비추어 보면 탁월한 점이 하나도 없는 평범한 어부들이었다. 영향력을 행사할 만한 고위직에 있는 사람도 전혀 없었다. 제자들은 레위 지파 출신의 제사장이나 산헤드린 의원처럼 명망 있는 성직자 출신도 아니었다. 그들은 글줄깨나 읽은 사람임을 증명해 줄 만한 박사 학위도 받지 못했다. 바울은 고린도 사람들을 두고 "육체를 따라 지혜로운 자가 많지 아니하며 능한 자가 많지 아니하며 문벌 좋은 자가 많지 아니하도다"(고전 1:26)라고 말했는데, 이 말은 제자들에게도 여지없이 들어맞는 표현이었다.

그러나 우리는 이 점에 유의해야 한다. 우리는 세상의 문화 규범에 비추어 다른 사람보다 뛰어난 사람들을 고르려는 경향이 있다. 현대 교회는 세상에 속한 지도력, 활달한 성품, 명망 있는 직업, 평판, 영향력 있는 지위나 부를 보고 교회의 지도자들을 고르는 경우가 잦다. 그러나 예수님의 생각은 우리와 달랐다. "내게 가르칠 수 있는 능력을 지닌 충성된 사람들을 주소서. 그리고 내가 그들을 통하여 세상을 바꾸는 것을 지켜보소서." 이것이 바로 예수님의 기도였다. 세상에 착념하는 것이 덜한 사람일수록 예수님에게는 더 쓸모 있는 사람이었다. 우리는 세상의 눈으로 보기에 고귀한 인물이 아니라는 이유로 위대한 잠재력을 가진 제자들을 쉬이 간과해 버린다.

내가 대학생들을 상대로 목회자로서의 첫 사역을 시작했을 때, 말도 없고 수줍어하며 탁월하지도 않던 학생들이 3, 4학년이 되면 가장 주목받고 영향력 있는 예수님의 제자가 되는 사례를 종종 보았다. 제인 스미스는 피츠버그 대학교를 졸업하고 8년이 지나서 내게 편지를 보내 왔다. 스미스는 그 편지에서 자신의 삶에 가장 큰 영향을 미친 세 학생의 이름을 들었다. 나는 그 세 학생(둘은 남학생, 하나는 여학생)과 가까이 지내는 특권을 누렸다. 1학년 때만 하더라도 그들은 과묵하고 두드러진 인물이 아니었다. 그러나 그들에게는 예수께서 부르신 길을 따라 모험의 삶을 살아가려는 열망이 있었다. 그들은 스스로 제자들을 길러 내는 예수님의 제자들로 자라났다. 그와 반대로, 가장 자신 있어 하고, 활달하며, 매력 있는 인물들은 제자도의 대가를 치르지 않으려는 일이 잦았다. 군중들의 환호만을 먹고 살았던 그들은 자연스레 사람들 눈에 띄는 지도자의 자리만 찾았다. 그러나 그들 중에 지도자의 특권을 누리는 대가로 제자의 길을 따르려는 사람은 아무도 없었다.

예수님은 어부와 세리와 테러리스트(경건한 열심당원)를 통해서 세상을 뒤집어 버리셨다. 생각만 해도 기막힌 일이 아닌가! '성실함과 배울 능력밖에 없는 사람들이 무슨 일을 할 수 있겠느냐고 비하하지 말라. 배울 수 있다는 것은 배움에 굶주려 있다는 뜻이요, 누구에게 배우든 개의치 않는다는 겸손을 뜻한다.

이 책을 쓸 때, 나는 30대 초반의 한 남성과 삼인조 제자훈련을 하고 있었다. 내가 그에게 끌린 것은 하나님이 자신의 삶에 정해 두신 뜻을 알고자 하는 그의 열망을 보았기 때문이다. 그는 하나님이 자신의 마음에 심어 주신 열정을 어떻게 사용해야 할지를 다룬 책을 읽고 있었다. 그는 자신의 영적 은사를 분별하고 자신의 소명을 발견하도록 도와줄 수 있는 사람들과 약속을 맺었다. 그는 현재 냉난방 시스템을 설계하는 엔지니어로 일하고 있다. 그러나 그는 어린이들에게 관심이 많아서 교사가 될 길을 모색하고 있다. 그는 매주 하룻밤을 '확신에 찬 어린이들'(Confident Kids)이라는 프로그램에서 상담자로 자원봉사하고 있으며, 매주 하루 중 오전은 유치원에서 보조 교사로 자원하여 일하고 있다. 이것이 하나님이 자신의 삶에 주신 소명인지 아닌지 알아보려는 것이다. 그는 가르칠 능력이라는 게 무엇인지 보여 주는 상징적 인물이다.

제자들을 길러 낼 제자훈련 그룹을 만들어 내는 첫 번째 단계는 적합한 사람을 발견하는 것이다. 적합한 사람은 예수님께 기꺼이 충성하면서 가르칠 수 있는 능력을 가진 사람이다. 하나님이 이미 그런 사람으로 낙점해 두신 사람들을 여러분 마음에 비춰 주시도록 하나님께 간구하라. 하나님이 마음에 비춰 주시는 사람들의 이름을 일기에 적어 보라. 성령이 나와 그들의 삶을 함께 묶으신다는 확신이 설 때까지 그들을 두고 계속하여 기도하라.

어떻게 시작할 것인가?

지금부터 말하는 단계별 지침은 여러분이 다른 사람들을 제자훈련에 초대하고자 다가갈 준비가 된 다음에 따를 수 있는 것들로, 여러분에게 청사진 역할을 해 줄 것이다.

초청하라

초청하기로 결심한 사람에게 다가가라. 그리고 기도의 결과, 그리스도 안에서 장성한 분량에 이르러 가는 제자도의 여정에 함께하도록 초대하고 싶다고 말하라. 이때, 여러분은 이 초청이 무작정 이루어진 것이 아니라 기도의 열매임을 강조할 필요가 있다. 예수님이 제자들을 길러 내신 모델은 '자신과 함께할' 몇 사람을 얻는 것이었으며, 의도적 관계를 형성하는 것은 주께서 제자들을 길러 내신 방법이었음을 밝히는 것도 도움이 될 수 있다.

제자훈련 교과 과정을 살펴보라

제자훈련 교재의 목차와 그 내용 가운데 한 과의 개요를 살펴보라. 그러면 제자훈련을 받을 사람은 그 교과 내용이 무엇인지 감을 잡을 것이다. 아울러 나는 제자훈련이 한 교과서의 한 과를 마치는 것이 전부가 아니라는 사실을 강조하고 싶다. 교과 과정은 제자훈련 관계에 필요한 어떤 구조를 제공하는 도구다. 도구가 제자들을 만들어 주지는 않는다. 하나님은 사람들을 사용하셔서 제자들을 만드신다. 그 도구(곧, 교과 과정)는 제자도에서 중요한 것들을 제시하지만, 제자 양육자는 원리와 확신을 삶 속에서 구현한다.

한 줄 한 줄 언약을 검토해 보라

제자로 양육 받을 사람에게는 훈련 과정 안에서 자신이 헌신할 범위를 깊이 생각할 기회를 주어야 한다. 이것은 그 사람이 제자훈련에 투자할 수 있는 시간(모임을 준비하고 그 모임을 갖는 데 매주 약 다섯 시간이 필요하다. 소요 시간은 모임 장소로 이동하기 위해 어떤 교통수단을 이용하는가와 관련되어 있기도 하다)과 참여함으로써 감내해야 할 위험(손실), 그리고 삶의 변화와 관련되어 있다. 여러분은 제자훈련에 참여하는 사람들에게 이런 질문을 던지고 싶을 것이다. "당신 삶의 모든 영역에서 일어날 진지한 변화를 깊이 생각해 보시겠습니까?" 이 질문은 여러분이 제자훈련에 초대할 사람에게 높은 기대치를 요구하고 있음을 보여준다.

초청하려는 사람에게 기도하면서 생각할 시간을 주라

삼인조 제자훈련에 초청하면서 즉답을 요구하지 말라. 여러분은 그 사람이 제자훈련에 얼마나 시간을 낼 수 있는지, 제자훈련을 하려면 시간 계획을 조정해야 하는 것은 아닌지 숙고할 수 있게 해 주어야 한다. 게다가, 초대할 사람이 스스로 내면의 준비가 되어 있는지, 다시 말해 그 훈련에 참여할 경우 앞으로 일어날 수도 있는 일들을 두려워하는 마음에 맞설 준비가 되어 있는지 생각할 시간도 주어야 한다.

초청하려는 사람에게 세 번째 참가자의 합류를 알리라

만일 여러분이 세 번째 사람을 아직 결정하지 못했다면, 지금 초청하려는 사람에게 도움을 받으라.

첫 번째 만날 시간을 정하라

제자훈련 그룹이 처음 모이게 되면, 여러분 자신을 포함하여 모든 팀원은 지금까지 살아온 이력을 함께 나누도록 하라. 혹시 시간 계획을 조정해야 했는가? 그 모임에 참가하기까지 내면의 장애물에 맞서야 했는가? 나는 첫 만남에서 언약식을 갖는 것을 좋아한다. 각 사람이 보는 앞에서 언약에 서명하는 것은 모든 사람 앞에서 그 언약을 지키겠다고 천명하는 것이요, 각 사람이 다른 이에게 그 언약을 지키도록 요구할 수 있다는 것을 말한다. 이 기회는 필경 언약이 요구하는 규준에 비추어 자기를 평가하는 계기가 될 것이며, 그날 그날 이루어진 삼인조 훈련에 여러분이 얼마나 만족하는지 성찰하는 기회를 제공해 줄 것이다. 각 사람은 제자훈련에 대한 이상향을 품고 훈련에 참가한다. 따라서 각 사람이 제자훈련 모임에 실망한 점이 있다면 이를 함께 나누고 바로잡을 수 있는 장치가 필요하다. 아울러 이 검토 시간은 제자훈련에서 얻은 유익을 나누는 좋은 기회가 될 것이다. 제자훈련 그룹에 초대받은 두 사람은 삼인조 그룹에 초대한 자의 주요 역할이 언약을 지키는지의 여부를 감시하는 것임을 알아야 한다. 이 점은 매우 중요하다. 지도자는 구성원들이 혼신의 힘을 다하여 이루겠다고 말한 것을 완수할 수 있도록 도와야 한다.

모임이 진행되는 동안 참가자들을 인도하라

한 번 모일 때마다 1시간 30분 정도를 소요한다. 나는 약 30분 정도를 할애하여 각 사람들이 개인적 교제를 나누고, 이전 모임에서 나눴던 내용, 각 사람의 삶에서 일어난 즐거운 일, 기도 제목을 함께 나눈다. 나머지 시간은 각 사람이 미리 준비해 온 내용에서 의문 나는 것의 답을 찾아보는 데 할애한다. 한 번 모일 때마다 그룹 전체가 편안하게 느낄 정도만큼만 앞으로 나아가야 한다. 너무 빡빡하게 시간을 편성하여 숨 돌릴 틈이 없을 정도로 진행하는 것은 곤란하다. 여러분은 참가자들이 의문점을 자유롭게 제시할 수 있도록 독려해야 한다. 아울러 그날 나눈 내용을 삶의 다양한 차원에 적용해 보도록 조급하게 닦달하지 않는 것도 중요하다. 질문을 다룰 때도 제자훈련에 참가한 파트너들이 진리를 깨달을 수 있도록 조심스럽게 해야 한다.

참가자들이 돌아가면서 모임을 이끌도록 하라

지도자 역시 다른 참가자들과 더불어 자신이 얻은 통찰을 그룹 내 토의에서 나누어야 한다. 토의 형식은 아주 단순하여 누구라도 쉽게 이끌 수 있다. 첫 모임 때는 그룹의 지도자가 먼저 시간 배분과 진행 방식의 본을 보여 준다. 그 다음에는 돌아가면서 모임을 이끌어 가도록 한다. 그룹 지도자의 첫 번째 역할은 첫 모임에서 함께 나누는 시간을 인도하고, 모임이 시작할 때 약속되었던 진도를 다 마치도록 이끄는 것이다.

모임을 이끄는 역할을 돌아가며 맡는 것은 가치 있는 일이다. 참여자에게 자신들도 언젠가는 그런 그룹을 이끌 수 있다는 확신을 주기 때문이다.

양육자는 투명함의 본을 보이라

제자 양육자는 고난 앞에서 투쟁하는 일과 염려 속에 기도하는 일, 죄를 고백하는 일에 솔선수범해야 한다. 리더가 얼마만큼 하느냐에 따라 그 그룹의 인격적 교제의 깊이와 구성원들이 모험을 감내하려는 의지의 정도가 결정된다. 신뢰도 점차 자라 간다. 자기를 드러내는 정도는 구성원들 사이의 신뢰도와 비례해야 한다. 제자 양육자는 성경 및 신학과 관련한 모든 의문에 해답을 갖고 있어야 할 필요는 없다. 부담 없이, "잘 모르겠는데요, 하지만 제가 알아보죠", 또는 "이번 주에 각자 그 질문의 답을 찾아보고 다음 시간에 각자가 얻은 통찰을 나누도록 할까요?" 하고 말하면 족하다. 제자도의 내용에는 진리를 찾는 일에 스스로 책임을 부담하고 그 일을 주도하는 것도 포함된다.

여러 세대에 걸친 제자 네트워크 만들어 가기

스스로 제자를 길러 내는 예수님의 제자들이 배가되는 꿈이 현실로 이루어진 장면을 상상해 보자. 우리는 세포의 재생산을 그려 본다. 그 그림 속에는 첫 번째 세포의 DNA가 인접 세포 속에서 자기 복제를 일으키고 있다(그림 9-2를 보라). 우리는 어떤 방법으로 이런 종류의 재생산이 이루어질 기초를 마련할 것인가?

내가 이 부분에서 말하는 내용은 거의 모두 복제 과정을 촉진하려는 우리의 시도에 도움을 주는 것들이다.

그림 9-2 배가

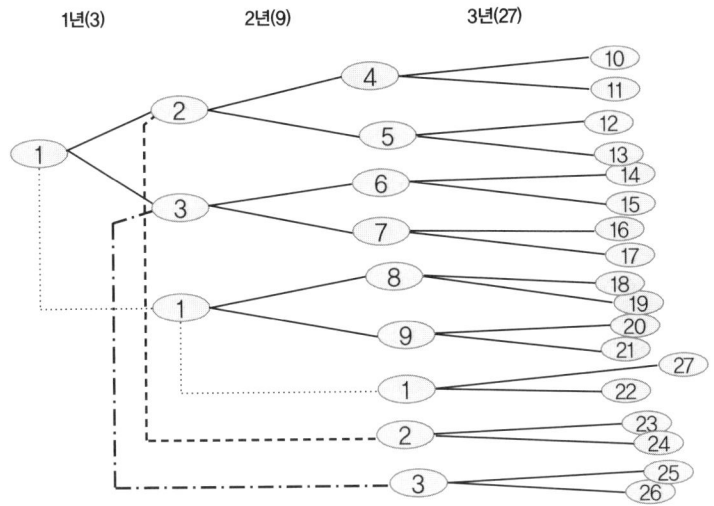

삼인조 그룹 하나로 시작하라

내가 역동성 넘치는 이 삼인조 제자훈련을 막 시작한 사람들에게 건네는 충고가 있다. 처음 1년은 "하나의 모임에만 전념하라"는 것이다. 제자훈련 모임 안에서 벌어질 일을 상상해 보라. 제자훈련 파트너들을 여러분의 기도 제목 맨 위에 올려놓으라. 성장이 필요한 영역이 눈에 뜨이거든 때를 정해 놓고 그들을 위해 중보하라. 나아가, 여러분이 제자로 양육하는 사람들이 그들을 빚어 가시는 하나님의 영향력 안에서 어떤 사람이 될지 보여 달라고 하나님께 간구하라. 예수님은 정말 아무것도 아니었던 베드로가 장차 '반석'이 될 것을 내다보셨다. 마찬가지로, 여러분의 상상력에 불을 붙여 하나님이 그들의 삶에 정해 두신 목적과 소명을 보게 해 달라고 기도하라.

교재를 사용할 때는 교재의 내용을 철저히 숙지하는 것이 좋다. 그렇게 했다면, 평생 마음대로 부릴 수 있는 제자훈련 도구를 하나 얻은 셈이다. 책은 내 가르침의 정보원일 뿐만 아니라, 내가 그룹의 구성원들에게 제공하는 충고의 공급원이요, 세상에 속한 말씀을 걸러 내는 필터가 되어 준다.

나는 잠시 틈을 내서 '우리에게 부탁한 아름다운 복음'을 전하는 전문적 역할을 감당하는 목사들이나 기독교 지도자들에게 하고 싶은 말이 있다. 나는 우리가 쓰임 받을 양이 더 남아 있는 자원이라고 생각한다. 우리가 받은 신학 훈련의 내용을 우리의 경험이라는 필터를 통하여 전달할 수단을 갖고 있지 않기 때문이다. 제자훈련의 도구를 철저히 숙지하는 것은 우리 지식의 보고를 전달할 수 있는 신학적 격자를 확보하는 셈이다. 제자훈련 그룹은 "우리에게 부탁한 아름다운 것"(딤후 1:14)을 우리 자신의 마음 속에 간직할 수 있는 동기와 정황을 제공한다.

단 하나의 삼인조 제자훈련 그룹으로 제자훈련을 시작하는 것은 미약하게 출발하는 것처럼 보일 수도 있다. 그러나 여러분은 어디에서 시작하든지 사람들을 순식간에 변화시킬 큰 계기를 만들어야 한다는 생각을 버려야 한다. 조급함 때문에 오늘날의 제자훈련이 엉망이 되었다. 물론 제자훈련의 필요성은 여러분이 단기에 그 필요성을 충족시킬 수 있는 능력보다 더 앞서 달려갈 것이다. 그런 경우에도 프로그램은 삶에 필요한 변화를 가져오지 못한다는 점을 명심하라. 한 세대 전에 리로이 아임스는 이런 질문을 던졌다. "그렇다면 대체 오늘날 문제가 무엇이란 말인가? 우리는 왜 제자훈련이 어디로 가는지 더 많은 것을 간파하지 못하는 걸까? 열매를 많이 맺고 헌신하는 성숙한 제자들이 이토록 드문 이유는 대체 무엇인가? 가장 큰 이유는 우리가 너무나 자주 프로그램이나 교재 또는 다른 것에 의지해 왔다는 점이다. 사역은 사람으로 이루어지는 것이지, 프로그램으로 이루어지는 것이 아니다."[2]

장기 목표를 가지라

예수님은 느긋하게 사역하셨다. 그분은 결코 서두르시지 않으셨다. 하지만 시선은 늘 목표 지점을 향했다. 예수님은 자신이 죽으려고 태어나신 분임을 아주 잘 알고 계셨다. 자기희생과 만나는 그 시간이 늘 눈앞에 아른거렸다. 그분이 오신 것은 '그때' 때문이었다. 그러나 그때로 나아가시는 동안, 예수님은 그분이 떠난 뒤에도 그분이 하신 일을 이어갈 제자들을 훈련시키셨다. 예수님은 제자들을 훈련시키는 프로그램이 자신이 십자가에서 돌아가심으로써 사명을 완수하시는 순간 끝날 것임을 알고 계셨다. 그 순간부터 제자들이 예수님의 사명을 떠맡게 될 것이다. 배턴은 제자들에게 넘어가야 했다. 예수님은 그 목표를 앞에 두시고 동요하신 적이 없었다.

여러분은 앞으로 얼마나 시간이 흐르면 사역 현장을 떠나게 되는가? 3년, 5년, 7년, 아니면 그보다 더 오래? 여러분은 무엇을 남기고 싶은가? 변화와 관련하여 이런 말이 있다. "여러분은 여러분이 단기에 이루기를 원하는 것들이 이루어지는 것을 다 볼 수는 없다. 그러나 장기적인 목표를 염두에 둔다면, 여러분이 상상할 수 있는 것보다 훨씬 더 많은 것이 이루어지는 것을 볼 수 있을 것이다." 하나의 제자훈련 네트워크를 만드는 일부터 시작하라. '우리는 한 달 내에 승부를 봐야 해' 또는 '반 년 내에 뭔가 성과를 거둬야 해' 라는 마음이 일어날 때마다, 그것에 맞서 싸워야 한다. 목적을 갖고 사람을 기르는 일에는 시간이 걸린다. 여러분의 바람대로 단기에 이룰 수 있는 일이 아니다. 그러나 장기전을 치를 각오를 한다면, 여러분이 상상하는 것보다 훨씬 더 많은 열매를 볼 수 있을 것이다.

내가 혹독한 교훈을 얻고 하나님의 은혜로 겨우 빠져 나온 실수 가운데 하나는 제자들을 조급하게 배가하려는 시도와 연관되어 있었다. (만일 여러분이 아주 빨리 제자들을 길러 낼 수 있는 방도를 갖고 있다고 말하는 사람을 보거든, 그 사람을 중고차 장수처럼 여기라. 아주 그럴싸하게 들리는 것은 참된 것이 아니다. 마찬가지로 아주 반드르르해 보이는 것은 진리가 아닐 가능성이 크다.) 내가 처음으로 삼인조 제자훈련을 시작할 때 오직 남자들로만 네트워크를 구축해 갔다. 이 사역을 처음 시작한 내가 남자였기 때문이다. 몇몇 삼인조 그룹을 통하여 그룹의 복제가 이루어지자, 여자 회중에게도 비슷한 훈련 그룹을 만들어 달라는 요구가 빗발쳤다. 나는 고민하다가 존경을 받고 성숙한 영혼을 지닌 약 15명의 여성들을 토요일 아침에 있는 제자훈련 모임에 초청하기로 마음먹었다. 그 시간에 제자훈련이 던지는 도전과 목표를 그들에게 제시할 요량이었다. 토요일 아침이 되었다. 나는 그토록 훌륭한 사람들이 시간을 할애하여 내가 제시하는 도전을 경청해 준 사실에 아주 만족했다. 내 생각에, 그날 내가 한 연설은 내가 "목표를 성취하기 위해 모든 것을 희생하자"(win one for the Gipper)는 취지로 한 연설 가운데 최고였다. 나는 성경이 우리에게 명령하는 바를 일러 주고자, 소수의 인원에 전심전력을 기울이신 예수님의 방법을 대략적으로 설명했다. 나는 회중이 거기 모인 여성들을 예수님의 매력 있는 제자들로서 존경하고 있다고 이야기했다. 이제 그들에게 본론을 이야기할 시간이 되었다. 나는 이렇게 말했다. "나는 여러분이 제자의 길을 가는 데 동반자가 될 수 있는 여성 둘을 더 발견하시길 요청합니다. 여러분이 그들의 인도자가 되어 그리스도 안에서 더 성숙한 신앙으로 이끌어 가십시오. 그리하면, 우리는 이 제자훈련 네트워크를 여자 성도들 속에서도 발전시킬 수 있을 것입니다."

나는 이 여자 성도들이 선수 휴게실을 박차고 뛰어나가, 운동장에서 각기 제자리를 차지하길 바랐다. 그러나 그들의 대답을 듣고 완전히 기가 꺾여 버렸다. 그들은 이렇게 말했다. "코치님, 이런 말을 하기가 좀 그렇습니다만, 우리가 경기를 뛸 수 있으려면, 기본기를 알아야 할 것

아닙니까? 우리는 코치님이 말씀하신 그런 종류의 관계는 생전 들은 적도 본 적도 없거든요. 그런데 우리가 겪어 보지도 못한 것으로 사람들을 인도하라고 말씀하시니 당황스럽습니다. 서두르시지 말고 천천히 하시는 게 어떨까요? 먼저 우리 중에 두 사람을 골라 코치님이 생각하고 계신 과정을 다 끝내시죠. 그렇게 그들의 삶에 견고한 기초를 구축한 다음에, 거기서부터 시작하기로 하죠." 나는 여자 성도들 사이에서 일거에 제자들을 길러 내려고 시도했던 것이다. 나는 삼인조 그룹을 한꺼번에 열다섯 개나 시작하려고 했다. 나는 제자들을 빨리 길러 낼 수 있는 완벽한 계획을 갖고 있다고 생각했다. 그러나 그날 나는 그야말로 중고차 장수가 되어 버렸다. 여자 성도들은 정곡을 찔렀다. "장기 목표를 가지세요. 그리고 천천히 하십시오. 그게 옳은 겁니다." 그들의 말이 옳았다.

제자훈련 네트워크가 성장하는 것은 마치 누룩이 반죽 속에 서서히 스며들어 아무도 모르는 사이에 그 반죽을 부풀게 하는 것과 똑같다. 삼인조 그룹으로 제자훈련을 실시하는 첫해에는, 그룹 구성원들이 더 친밀해지고 변화가 일어나는 것에 만족하게 된다. 둘째 해가 되면, 사람들을 독려하여 두 개의 삼인조 그룹을 만들도록 지도하고, 여러분 자신이 속한 그룹에 세 번째 참가자를 가입시키게 된다. 셋째 해에는, 삼인조 그룹이 아홉으로 늘어나는 등 여러 변화가 일어난다. 5년이 흐르면, 이 제자훈련을 비판하던 대중들의 마음이 움직이게 된다. 앞에서도 말했지만, 회중 가운데 20퍼센트도 안 되는 이들이 나머지 사람들의 보폭을 결정한다. 확고한 가치를 지닌 소수의 사람들이 한 교회나 사역 현장의 모든 것을 결정하는 셈이다. 5년째가 되면, 삶이 변화되었다는 이야기를 자주 듣게 될 것이며, 삼인조 제자훈련이 참가자들에게 어떤 의미를 주는지에 대한 이야기가 들려올 것이다. 그 결과 이 그룹들에 참여시켜 달라고 간청하는 사람들이 생기게 될 것이다.

나는 요즘도 이런 이야기를 듣는다. "5년이라고요? 나는 5년이나 기다릴 수 없어요!" 5년 뒤에도 그 자리에 그대로 있을 것인가? 만일 그 자리를 떠나게 된다면, 무얼 남기길 원하는가? 이 책을 읽는 여러분이 목사라면, 여러분의 사역이 설교와 예배, 가정 심방, 병원 심방, 상담의 빈도로 평가받기를 원하는가, 아니면 스스로 예수께 철저히 헌신하면서 자신 같은 제자를 또 길러 내는 제자의 수로 판단받길 원하는가? 거듭 말한다. 오늘날 예수 그리스도의 교회는 위기를 맞고 있다. 적은 수의 생명을 생각하는 지도자들이 충분하지 않기 때문이다.

나는 로버트 콜먼이 던진 도전을 여러분에게 되새겨 주고 싶다. "사역자는 자신의 사역 중점을 어디에 둘 것인지 결정해야 한다. 잠시 동안 대중들의 인정을 받으며 갈채를 받는 자리에 둘 것인가, 아니면 자신이 떠난 뒤에도 자신의 일을 이어갈 소수의 선택된 사람들 속에서 재생산될 것인가. 이것은 우리가 어느 세대를 염두에 두고 살고 있는가에 대한 문제다."

신중하고 지혜롭게 선택하라

여러 세대에 걸친 제자훈련의 핵심 요소는 적합한 사람들과 함께 시작하는 것이다. 건축물을 지을 때 가장 중요한 것은 기초 공사다. 마찬가지로 제자훈련을 시작할 때 여러분이 고른 사람이 누구인가에 따라 제자의 배가가 일어날 것인지 일어나지 않을 것인지를 결정한다.

제자훈련에 초대할 사람은 여러분이 사용하는 제자훈련 모델과 사역 형편에 따라 달라진다. 내가 이 책 전체에서 염두에 둔 주요 무대는 목적 있는 제자훈련을 실시한 적이 거의 없는 대다수 기성 교회들이다. 만일 이런 교회의 모습이 여러분의 상황이라면, 나는 여러분의 교회 공동체 내에서 가장 건실하고 존경받는 예수님의 제자들을 데리고 제자훈련을 시작할 것이다. 자격조건을 덧붙인다면 이 훈련의 첫 멤버들은 여러분의 공동체에 꾸준히 참여한 구성원들이어야 할 것이다. 다시 말해 잠시 동안이라도 주위에서 지켜볼 수 있는 사람들을 찾아야 한다는 것이다.

공동체 내의 다른 사람들이 보기에 이미 꽤 성숙한 신앙을 지닌 사람들과 제자훈련을 시작해야 하는 이유는 무엇인가? 첫째, 그들은 제자훈련을 받지 않았지만 다른 사람들을 제자로 양육하라는 가르침은 받았을 개연성이 크기 때문이다. 내가 앞에서 말한 여자 성도들도 그 영적 깊이 때문에 대단한 존경을 받는 사람들이었지만, 목적 있는 제자훈련을 받은 사람은 한 명도 없었다. 이미 하나님을 향한 마음을 보여 준 사람들을 취하여 제자들을 길러 내는 제자들로 바꿔 놓는다면, 여러분에게는 큰 도움이 될 것이다. 둘째, 여러 가지 타당한 이유로 좋은 평판을 얻고 있는 사람들이 제자훈련이라는 이 새 모험에 동참하게 되면, 사람들은 이 훈련을 신뢰하게 될 것이다. 셋째, 여러분은 여러분이 투자한 만큼 최대한 많은 것을 거두고 싶을 것이다. 여러분이 다른 두 사람에게 약 1년을 투자한다고 할 때, 이것이 그만한 가치가 있는 일인지 알고 싶을 것이다. 여러분은 사람들이 스스로 예수님을 따르는 제자가 되는 동시에 다른 사람을 제자로 삼아 길러 내는 것을 보고자 애쓸 것이다. 여러분은 제자 양육자를 길러 내는 데 전념하고 있다. 건실하고 흔들림이 없는 사람들, 자신의 신뢰성과 신실함을 이미 증명해 보인 사람들이야말로 제자를 다시 길러 내는 사역에서 여러분이 투자할 만한 최고의 사람들이다.

지금까지 쓴 내용은 갱신을 통해 교회를 이끌어 가려고 시도하는 사람들을 주로 염두에 둔 것이다. 여러분이 건사할 수 있는 사람들보다 더 많은 사람들이 그리스도께 나아오는 행복한 상황이라면, 여러분은 또다른 도전을 하게 된다. 여러분은 5년을 기다릴 수 없다. 만일 이런 상황에서 5년을 기다린다면, 영적 영아를 방치하는 셈이 된다. 이런 상황에서는 두 가지 방법을 동시에 채택해야 한다. 먼저, 사람들을 모아 여러 개의 소그룹(약 열 개)을 편성하여 교제를 나누게 하고, 그들에게 영적 기본 지식을 제공해야 한다. 동시에 내가 앞에서 제자훈련과 관련하여 말한 모든 것을 실행하면서 제자훈련 네트워크 양육을 시작해야 한다. 5년에서 7년이 지나면, 여러분은 모든 새신자들을 책임질 만한 제자들을 길러 내게 될 것이다. 그러나 그 동안에 여러분은 더 커진 양육 그룹과 교제 그룹을 감당해야 할 것이다.

만일 여러분이 교회를 개척하고 있는 상황이라면 어떻게 해야 하는가? 이런 상황이야말로 제자훈련을 회중의 삶의 일부로 만들 수 있는 절호의 기회다. 모든 교역자의 임무 목록에는 적어도 늘 다른 두 사람에게 전심전력을 쏟아 제자로 양육하는 일이 포함될 것이다. 8장의 결론부에서 제자훈련의 실천과 목표를 토대로 시작된 한 교회의 개척 이야기를 했다.

내가 여기서 제시한 것의 대안이 될 만한 제자훈련 모델로서 닐 콜의 『LTG 삶을 변화시키는 소그룹』3)을 추천한다. 콜은 다른 목표를 지닌 그룹에 초점을 맞춘다. 그는 이 '삶을 바꾸는 소그룹들'을 전도의 도구로 사용한다. 그의 바람은 가장 믿을 것 같지 않았던 불신자들의 삶 속에서 일어난 변화를 증언하는 것이다. 그의 그룹들은 몸에 문신을 새기거나 신체의 일부를 뚫거나 요상한 색깔로 머리를 물들인 친구들을 만날 수 있는 카페에서 모임을 갖는다. 그가 미래의 사역 지도자들로 세우려는 사람들은 하나님께 드러내 놓고 반역하면서 살다가 부르심을 받아 예수 그리스도 안에서 변화된 사람들이다.

'신중하고 지혜롭게 선택하라'는 주제를 다루는 이 부분에서 내 실수

담을 털어놓는 게 적절하겠다. 돌아보면, 내가 제자훈련 파트너들을 고를 때 저지른 실수들은 늘 사람들이 먼저 다가와 자신들을 제자로 양육해 줄 수 있는지, 아니면 그들이 내가 속한 삼인조 그룹의 일원이 될 수 있는지 물어 보았을 때 일어난 것들이다. 이런 경우를 왜 조심해야 하는가? 첫째, 여러분과 시간을 보내고 싶어하는 사람들은 아첨꾼이기 때문이다. 둘째, 사람들을 불쾌하게 하는 일은 힘들기 때문이다. 그리스도 안에서 성장하는 것이 자신의 목표라고 말하는 사람을 어찌 매몰차게 물리칠 수 있겠는가? 이런 두 가지 이유 때문에, 이 사람이 주께서 여러분에게 주신 사람인지를 놓고 기도할 때 객관성을 유지하기가 힘들다. 제자훈련에서는 제자 양육자가 제자로 훈련받을 사람을 부르는 것이 필수요소이자 특징이다. 그런데 이 상황에서는 먼저 어떤 사람이 제자 양육자에게 자신을 훈련시켜 달라고 요청하고 있다. 그러나 이것은 예약 같은 게 아니다. 여러분에게 접근하는 사람의 동기 역시 의심스럽다.

나도 삼인조 제자훈련과 관련하여 아주 위험한 경험을 두 차례 겪었다. 두 번 다 다른 사람들이 먼저 내게 접근해 왔으나, 그들이 나와 함께 하려는 이유를 꼼꼼히 살피지 않은 탓에 일어난 일이다. 여기에 정말 중요한 문제가 있다. 그들이 제자훈련에 참여하고 싶어하는 이유가 무엇인가? 진정 그리스도의 형상을 이루어 가는 데 주된 목적이 있는 것인가, 아니면 다른 숨은 의도가 있는가?

첫 번째 사례의 경우, 어느 교회의 목사로 갓 부임한 내게 두 남자가 접근해 왔다. 그들은 애송이 사역자였던 내가 신임을 얻을 수 있도록 돕고 싶다고 말했다. 그러나 나를 돕고 나와 더불어 삼인조 제자훈련 그룹을 만들어 보겠다던 계획은 이내 물거품이 되었다. 내가 보기에, 그 두 사람은 예수님의 제자가 되려는 열의로 가득한 사람들이었다. 한 사람은 유럽에서 여러 해 동안 교회 개척 사역을 한 사람이었고, 다른 한 사람은 기업가로서 평판이 자자한 인물이었다. 그러나 나는 불만투성이인 이 전직 장로 두 사람이 교회의 가장자리로 옮겨 간 사람들이었다는 사실을 미처 간파하지 못했다. 나는 매주 교회의 본질, 예배 방식, 전도하지 않는 교회의 모습을 불평하는 그들에게 시달렸다. 몇 달 뒤, 나는 그들에게 그들의 부정적 태도가 내가 교회를 이끌어 갈 지도력에 해를 끼치고 있다고 말했다.

두 번째로 실패한 삼인조 그룹의 경우에도, 나와 시간을 보내고 싶다고 다가온 사람에게서 일어났다. 샘은 활달하고 경쾌한 사람으로서 소규모 사업체를 경영하고 있었다. 그와 그의 가족들은 태도가 분명한 사람들이었고, 교회 봉사에 열심히 참여했다. 그의 자녀들은 청소년 프로그램이라면 모두 참여했고, 샘의 아내는 교회의 10대 청소년 중 절반에게 '엄마' 노릇을 하고 있었다(최소한 그렇게 보였다). 샘은 특출 난 세일즈맨이었다. 그는 내게 이런 유형의 관계를 갖고 싶어하는 자신의 열의를 팔았다. 당연히 초반부터 문제가 터지기 시작했다. 샘은 늘 그 주의 과제를 끝내지 않은 채 우리 모임에 왔다. 지각하는 경우도 있었는가 하면, 이런저런 핑계를 대고 먼저 가 버리는 경우도 있었다. 그는 이 훈련을 받을 준비가 되어 있지 않은 게 분명했다. 그는 자신의 모든 삶을 주님 되신 그리스도 아래에서 통합해야 한다는 것을 진지하게 생각하지 않고 있었던 것이다.

샘과 나의 갈등은 회중 가운데 일부가 샘이 제자훈련 그룹의 일원이라는 사실에 놀라움을 표시하면서 더 심해졌다. 그들은 샘의 사업체에서 일하는 사람들이었다. 그들이 일터에서 본 샘의 행실은 그가 교회에서 보여 주는 사람의 모습과는 아주 판판이었다. 그들에 따르면, 샘은 독재자 같은 사업주였다. 그의 감정이 한번 폭발하기라도 하면, 모든 사람들은 쥐 죽은 듯이 조용히 있어야 했다. 나는 결국 샘이 교회에서 보여 주는 모습과 교회 밖에서 보여 주는 모습이 일치하지 않는다는 말이 진실인지 그에게 물어 볼 수밖에 없었다. 진정 예수님의 제자가 되고자 하는 사람이라면, 회개하는 마음으로 예수님의 가르침을 따라야 한다(처음에는 그렇지 못할 수도 있으나 결국 나중에는 반드시 그렇게 해야 한다). 만일 그가 진정으로 예수님의 제자가 되고 싶었다면, 자신의 이중생활이 그리스도가 바라시는 것에 어긋나는 것임을 인정하고, 그룹 전체에 자신이 그리스도의 뜻에 합당한 삶을 일관되게 살 수 있도록 도와 달라고 요청했을 것이다. 그러나 그는 그렇게 하지 않았다. 오히려 내가 그 문제를 제기하자 화를 내며 훈련을 탈퇴해 버렸다.

삼인조 제자훈련에 초청하는 사람의 속내를 확실히 알 수 있는 방도가 있는가? 내가 알기로 그런 방법은 없다. 그러나 여러분과 시간을 보내고 싶다면서 다가오는 사람들에게는 적절한 주의를 기울일 필요가 있다. 만일 여러분이 목사이거나 그리스도인의 공동체 내에서 두드러진 인물이라면, 여러분이 속한 모임에 끼어듦으로써 덩달아 중요한 인물이라도 된 것처럼 굴려는 사람이 있을 수도 있다. 이런 환경은 제자들이 만들어질 수 있는 기름진 토양이 아니다.

만일 여러 세대에 걸친 제자훈련 네트워크를 만들고 싶다면, 단 하나의 삼인조 그룹에서 시작하라. 구성원을 고를 때는 장기적인 목표를 세워서 신중하고 지혜롭게 해야 한다. 네트워크를 시작하는 초창기에는 특히 더 그러해야 한다.

제자 배가를 향한 동기 유지하기

제자훈련 네트워크가 배가하기 시작하면 자연스럽게 사람들의 관심이 생겨난다. 삼인조 제자훈련의 네트워크가 목표의 중심에서 멀어질 경우에는 어떻게 그 시스템에 에너지를 불어넣을 것인가? 꿈을 가진 사람은 여러 세대에 걸친 제자훈련 네트워크의 가능성을 내다본다. 그는 스스로 예수님께 헌신하면서 제자를 길러 내는 것이 삶 자체인 제자를 만드는 데 헌신하는 사람이다. 그러나 일단 첫 번째 제자훈련 그룹이 탄생하면, 제자의 재생산이라는 목표를 유지하는 방법이 문제로 등장한다. 다시 말해 목사인 여러분이 어떤 방법으로 모든 지체를 사역의 주체로 세울 것인가 하는 문제가 등장하는 것이다.

여러분이 피해야 할 한 가지 유혹이 있다. 이 문제를 해결하고자, 제자훈련을 하나의 프로그램으로 전환하려는 시도는 하지 말아야 한다는 것이다. 그렇게 되면, 결국 스스로 제자를 재생산해 낼 수 있는 유기체를 죽여 버리는 꼴이 된다. 내가 이전에 교회에서 목사로 재직할 때, 우리는 삼인조 제자훈련에 대하여 공개 모집 광고를 내지 않았다. 모든 교회가 연간 사역을 시작하는 9월이 와도, 우리는 다른 수많은 사역과 더불어 제자훈련 그룹에 들어올 기회가 있다는 공고를 내지 않았다. 우리는 9월에 시작하여 다음 해 6월에 끝나는 미국 일반 학교의 학사력과 제자훈련 그룹의 일정이 동시에 진행되는 것을 피했다. 가끔씩 우리는 삼인조 그룹의 유익을 예배나 수련회, 다른 사역에서 간증했다. 그러나 그런 일 이후에도 사람들에게 제자훈련 그룹이 참여할 수 있는 기성 통로(손쉬운 통로)를 제공하지는 않았다. 사람들이 제자훈련 그룹에 참여하려는 열망과 호기심을 갖게 되기를 바랐던 것이다. 나는 이 제자훈련이 상부 구조(관리조직)를 만들어 유지해야 하는 하나의 프로그램으로 만들어지는 것을 피했다. 이 삼인조 그룹에는 숨겨진 특징이 있다. 여러분은 이 그룹을 시작하기 위해 여러 위원회가 주관하는 호된 청문 절차를 거칠 필요가 없다. 여러분이 이루려고 애쓰는 것에 조금도 관심이 없는 그들에게 여러분의 생각을 털어놓을 필요가 없다는 것이다. 여러분이 삼인조 네트워크를 유지하기 위해 필요한 것은 이 제자훈련이 계속하여 배가하는 것을 보고 싶어하는 소수의 사람뿐이다. 내가 지금까지 이 제자훈련에서 돌본 최대 인원은 세 사람이다. 이것은 제자훈련 과정에 참여한 사람이 150명이 넘을 때에도 마찬가지였다.

이런 감독 그룹들은 제자 배가의 목적과 에너지를 계속 유지하고자 무엇을 했는가? 다음 사항들은 우리가 에너지 주입과 관련하여 경험한 몇 가지 다양한 방법들을 소개한 것이다.

다른 팀과 만남의 시간을 가지라

일정한 시기를 정해 놓고 제자훈련 네트워크 전체를 불러모아 나눔과 동기 부여, 지도 시간을 가지라.

우리는 가끔씩 당시 삼인조 제자훈련 그룹에 참여하고 있는 사람들을 모두 초청하여 다른 삼인조 그룹들과 접촉하게 했다. 각 삼인조 그룹은 다른 그룹과 동떨어져 단절된 느낌을 가질 수 있다. 때문에 우리는 모든 훈련 참가자들이 하나의 제자훈련 운동에 참여하고 있다는 느낌을 가질 수 있는 방법을 늘 모색했다. 이렇게 사람들이 모이면, 우리는 삼인조 그룹 참가자들을 뒤섞어 함께 나누는 그룹을 만들었다. 사람들은 서로 제자훈련을 받으라는 초청에 응한 이유와 그 그룹의 독특한 모습을 이야기했다. 우리는 늘 두세 사람을 지명하여 이 훈련이 그들의 삶에 미친 영향을 이야기하게 했다. 그 다음에는 성경을 토대로 제자훈련 사슬을 다음 세대까지 이어 가야 한다고 권면했다.

외부 강사를 초청하라

제자훈련에 헌신하면서 열정을 갖고 연설해 줄 수 있는 외부 강사를 청빙하는 것도 변화를 주는 방법이다. 우리 제자훈련 네트워크가 월드 임팩트 주식회사의 케이스 필립스 박사를 초청한 것은 잊을 수 없는 특권이었다. 그는 『제자 양육론』(도서출판 솔로몬, 1996)이라는 책의 저자요, 제자훈련 전략을 미국의 도심지에 철저히 적용한 인물이었다.

제자훈련 그룹의 지도자인 여러분이 말하는 것과 똑같은 내용을 외부 강사가 이야기하면, 그룹 내에서 여러분의 신뢰도가 높아질 것이다. 외부 연사는 똑같은 것도 신선하게 이야기할 수 있는 경우가 종종 있으며, 삶에 영향을 미칠 만한 이야기를 끄집어 내 제자 배가라는 목표에 다시 불을 붙일 수도 있다.

제자훈련 모임의 리더들끼리 만나라

더 큰 제자훈련에 압도되는 상황에서는, 삼인조 그룹의 지도자 서너 사람을 한데 모아 자신들의 경험을 나누게 하는 것이 유익하다. 이런 모임을 소집하는 것은 여러분의 제자훈련을 감독하는 사람들의 역할이다. 우리는 제자훈련 그룹의 지도자들이 자신들의 경험과 문제 해결담, 시간 운영 방법 등 좋은 발상을 얻는 일이 매우 귀중한 것임을 알게 되었다. 나아가 이런 지도자들의 모임은 그룹 구성원들에게 제자의 재생산을 독려해야 한다는 것을 지도자들에게 일깨워 주는 좋은 계기가 된다.

삼인조 그룹에 참여할 세 번째 사람을 만나라

여러분은 제자도의 여정을 걸어가고 있는 사람들이 어디쯤 와 있는지 알고 싶어한다. 그런 이유 때문에, 제자훈련 교과 과정을 3분의 2이상 마친 사람들을 만나고 싶어할 수도 있다. 만일 제자훈련 모임들이 그 시점에 다가가고 있다면, 모임들을 방문해서 다음 과정(그들이 새로 만들게 될 삼인조 제자훈련에 합류할 사람들을 놓고 기도하면서 뽑는 과정)을 따라가도록 독려할 수도 있다. 이런 만남은 사람들이 제자를 다시 길러 내는 일을 주저하는지의 여부, 주저한다면 왜 주저하는지 그 이유를 아는 데 도움이 된다.

제자훈련 소식지를 펴내라

내가 마지막으로 시무했던 두 교회에서는 삼인조 제자훈련의 모든 참가자를 대상으로 하는 정기 소식지를 발행했다. 그 소식지의 이름은 *Discipling Network News*(제자훈련 네트워크 뉴스: 남 캘리포니아)와 *Discipleship Bytes*(제자도 바이트: 실리콘 밸리)였다. 이 소식지의 주된 목적은 제자훈련 참가자들이 성장하는 유기체의 일원임을 느끼도록 돕는 데 있었다. 그룹 참가자들이 글로 써 놓은 간증은 다른 참가자들에게 용기를 주었다. 성경이 제시하는 제자훈련의 목표를 다룬 글들은 사람들이 제자훈련에 처음 뛰어들 때의 동기를 잊지 않도록 자극하는 방편이 되었다. 삼인조 그룹에 참가한 사람들의 이름을 그 소식지에 다 실은 것은 하나님이 뭔가 큰일을 이루신다는 느낌을 갖도록 하려는 목적에서였다.

내 경험에 비추어 볼 때, 이런 제자훈련 방법은 첫 세대의 경우만 놓고 보면, 약 75퍼센트의 제자 재생산을 이루어 냈다.

유산 남기기

미국이 올림픽 역사상 가장 큰 좌절을 겪은 사건이 1988년 서울 올림픽에서 일어났다. 미국의 400미터 계주 팀은 세계 기록을 깰 준비를 하고 있었다. 사람들은 이 계주 팀을 세계 최고라고 추켜세웠다. 맞수는 없었다. 설마 이 팀이 우승을 놓칠 거라고 생각하는 사람은 아무도 없었다. 다만 이 팀이 세계 기록을 갱신할 것인지가 사람들의 관심사였다. 그러나 계주 마지막 구간에서 생각지도 못한 일이 벌어지고 말았다. 미국 선수들이 배턴을 떨어뜨린 것이다. 배턴 터치를 실패한 것이다. 계주는 순식간에 끝나고 말았다. 흥분에 들떠 있던 군중들은 순식간에 정적 속으로 빠져들었다. 미국 팀은 거만하게 자신들의 스피드를 믿고 있었다. 하지만 배턴 터치를 제대로 하지 못하는 바람에 그 계주를 마칠 수 없었다.

윌리엄 바클리는 이렇게 썼다. "모든 그리스도인은 자신들을 이 세대와 다음 세대를 이어 주는 연결고리로 여겨야 한다." 그러나 모든 방법이 실패했다면 성경을 읽어 보라. 예수님의 방식을 따랐다면 모자람이 없었을 것이다. 우리는 이래저래 말은 많이 했지만 정작 실천은 없었다. 작은 관계, 즉 제자들을 다시 길러 낼 수 있는 장기적인 관계로 돌아가라. 그 관계가 복음을 한 세대에서 다음 세대로 전해 주는 방법이다.

유산을 남긴다는 것은 많은 돈을 우리 자녀들에게 남겨 준다는 의미가 아니다. 우리 이름을 건물에 새겨 넣어 영원히 기억되게 만든다는 말도 아니다. 해변에 가면, 거기서 한 척의 배가 우리를 기다리고 있을 것이다. 그 배는 우리를 저편으로 데려가 예수님과 함께 있도록 해 줄 것이다. 진정 중요한 것은 스스로 예수님께 헌신하면서 제자를 길러 내는 제자가 된 가족, 친구 그리고 다른 사람들의 이름이다. 왜냐하면, 우리가 그들과 더불어 그리스도 안에서 장성한 분량에 이르러 가는 일에 우리 삶의 최우선 목표를 두었기 때문이다. 그런 제자들을 남기는 것보다 더 확실한 투자, 더 영원한 유산은 없다.

윌리엄 앨런 드롬굴의 시 한 편이 이런 생각을 잘 표현하고 있다.

다리를 짓는 이

한 순례자가 홀로 큰길을 걸어가고 있었지.

그는 땅거미가 질 무렵에야

거대하고 깊은 계곡에 도착했어.

음울한 물만이 흐르고 있었지.

그는 어둑한 황혼을 이미 가로질러 왔기에

음울하게 흐르는 물도 두렵지 않았어.

그러나 반대편에 이른 노인은

그 물을 가로지르는 다리를 지었어.

"어르신." 지나가던 순례자가 말했지.

"공연히 헛심만 쓰셨어요.

여기에 이런 다리를 만드시다니.

필경 어르신의 여정도 끝날 테죠.

어르신은 이 길을 다시는 지나가지 않으실 테죠.

그 깊은 계곡을 이미 건너셨잖아요.

그런데 왜 황혼의 나이에 이런 다리를 지으시는 거예요?"

다리를 짓던 노인이 백발을 올리며 이렇게 말했어.

"그래, 자네 말대로 나는 이미 그 길을 지나 왔지.

그런데 오늘 내 뒤를 따라온 사람이 있었단 말이야.

또 이 길로 지나갈 젊은이가 분명 있을 테고.

물론 내겐 이 틈이 아무것도 아니지.

그러나 새파란 젊은이에겐 깊은 구덩이가 될 수도 있지.

자네도 황혼녘에 이 틈을 건너야 하지 않겠나?

나는 자네 때문에 이 다리를 짓는 거라네."

TRANSFORMING DISCIPLESHIP

부록

자주 하는 질문들

제자훈련 그룹을 짤 때, 남녀를 따로 편성해야 하는가, 아니면 같은 조에 편성해야 하는가?

진정으로 성숙한 관계는 남녀가 서로 다른 점들을 이해할 수 있는 관계라고 말할 수 있다. 그러나 나는 남자는 남자끼리, 여자는 여자끼리 삼인조를 이루어 친밀함을 도모하는 것이 가장 좋다고 생각한다. 나는 두 여자와 한 조가 되어 본 적도 있고, 부부들로 훈련 그룹들을 편성해 보기도 했다. 그러나 그 경우, 남자들만의 괴로움을 여자들이 있는 곳에서 솔직히 털어놓는 것이 어렵다는 것을 알았다. 여자들의 경우도 마찬가지였다. 또 하나 염려되는 것은, 이성 간에 친밀하게 지내다 보면 자칫 부적절한 관계가 생겨날 수도 있다는 점이다. 역사적으로도 영혼이 고도로 성숙한 상태에서 마음의 전선이 이어지는 경우가 종종 있었다. 영적 열정은 성적 열정으로 쉽게 넘어간다.

서너 명이 적절한 이유는 무엇인가? 열 명으로 꾸려진 그룹에서도 같은 효과를 거둘 수 있지 않나?

나는 삶에 변화를 가져오는 환경을 구성하는 세 가지 요소로서, 투명한 관계, 하나님 말씀의 진리, 삶의 변화를 향한 책임감을 들었다. 이 세 요소가 가지고 있는 상호작용적 본질을 극대화하려면 그룹의 구성원이 적을수록 좋다.

사람들이 많아지면, 이 세 요소의 효과가 약해진다. 많은 사람들이 그룹에 참여하다 보면, 신뢰에 기초하여 투명한 관계를 이루려 할 때에도 더 많은 시간이 소요되고 더 큰 어려움이 따른다. 하나님의 말씀을 놓고 상호소통하며 그 말씀에서 얻은 통찰들을 함께 나눌 수 있는 기회는 그룹의 참가 인원이 많을수록 줄어든다. 숫자가 많아지다 보면, 삶의 변화를 위한 헌신이 아니라, 겉에 나타난 잣대와 헌신 정도로 훈련에 임하는 책임감의 정도를 평가하는 경향이 생겨난다.

만일 제자훈련 참가자가 모임의 언약을 따르지 않을 경우, 지도자는 어떻게 해야 하는가?

모임에 언약이 필요한 이유 중 하나는 그 모임의 지도자에게 힘을 실어 주기 위해서다. 분명한 언약이 없으면, 지도자는 참가자들에게 책임 이행을 촉구할 방법을 갖지 못한다. 삼인조 그룹의 구성원을 모집하고 그 그룹을 모이게 할 기초가 되는 성문 언약이 있기 때문에 지도자의 이런 어려움이 줄어드는 것이다. 또 모임의 언약은 지도자가 그 언약에 동의한 사람들에게 그들이 헌신을 다짐했다는 점을 일깨워 주는 도구로 사용된다.

언약을 검토하고 갱신할 기회를 만드는 것도 좋다. 그 과정은 참가자들에게 자기 평가의 역할을 한다. 사람들은 동반자들이 자기 자신에게 내리는 평가보다 더 혹독한 자기 평가를 하는 경향이 있다. 지도자는 그룹 전체가 자기 평가를 실시하고 다시 헌신할 기회를 가질 때까지 기다리길 바랄 수도 있다. 물론 이것은 그 언약의 평가와 자신의 현재 위치에 따라 달라질 수 있다. 만일 그 문제가 더 급박해 보이면, 그룹 지도자는 삼인조 그룹의 각 구성원과 일대일 면담을 요청하는 것이 바람직하다. 나는 지도자들에게 "뭔가 어려움이 있으신 것 같습니다. 제 말이 맞지요? 제가 뭐 도울 방도가 있을까요?"와 같은 질문을 구성원들에게 해 보도록 제안하곤 했다. 도움을 준 뒤에도 그 문제가 계속된다면 지도자는 냉철하게 "지금은 당신이 이런 종류의 훈련을 받을 시기가 아닌 것 같습니다" 하고 이야기해 줄 필요가 있다.

뒤떨어지는 구성원들에게 어떤 도움을 줄 수 있을까?

지도자는 바로 이 부분에서 그룹의 본보기이자 코치가 될 수 있다. 이를테면, 나는 성경 암송이 어렵다는 불평을 자주 듣는다. 나이를 핑계삼아 암송이 잘 안 된다고 말하는 이들도 있다. 그들은 "젊었을 때는 안 그랬는데, 이제는 잘 잊어버려" 하고 말한다. 그럴 때는 그들을 그냥 내버려 두는 대신 지도해 줄 기술을 궁리하는 것이 낫다. 성경 구절들을 독서 카드에 적은 다음, 지갑이나 주머니에 넣고 다니면서 꾸준히 들여다보게 하면 도움이 될 것이다. 이런 방식으로 그 과의 내용을 준비해 보라. 하루에 20분 내지 30분씩 투자하여 조금씩 그 과의 내용을 살펴보는 것이 그룹 모임을 갖기 전날 밤 벼락치기를 하는 것보다 백 번 더 낫다. 여러분 각자가 전체 모임을 준비할 때 사용하는 방법이 있다면, 전체 모임 시간에 이야기해 보라. '삶의 변화 일기장'을 꾸준히 적는 것도 좋은 방법이다. 제자훈련 과정을 거치면서 일어난 습관, 사고방식, 인생의 진로, 하나님에 대한 이해, 여러 관계의 변화를 기록해 보라. 이 기록이야말로 하나님이 '만물을 새롭게 하시는' 과정에 역사하신 모습을 담은 놀라운 기록이 될 것이다.

제자훈련 네트워크가 성공을 거두려면, 교회 지도자들도 훈련에 참여해야 하는가?

한 교회나 사역 현장에 영향을 미칠 새 문화를 창출하려는 장기 목표가 있는 지도자들이라면, 제자훈련이 제시하는 철학과 삶의 방식을 공유할 필요가 있다. 결국 교역자들과 의사 결정권을 쥔 지도자들 역시 제자훈련의 철학을 받아들이고 사람을 키워 가는 일에 전념하는 것이 궁극적 목표가 될 것이다. 만일 여러분이 한 개인으로서 제자들을 길러 내려는 목표를 세웠지만 아직 교회 지도자들과 그런 목표를 나누지 않았을 경우에는, 여러분이 시작한 제자 양육을 멈출 필요가 없다. 이런 사역을 조용히 펼치면서도, 교회라는 몸 안에서 성장시켜 갈 수 있기 때문이다. 그러나 교회 내에서 불화의 소지를 미연에 방지하려면, 교회의 목사나 당회로부터 미리 허락을 받든지, 아니면 그들에게 미리 여러분의 의도를 알리는 것이 좋다고 본다. 그렇게 하면, 그것은 밑으로부터 일어나는 변화의 초석이 될 것이며, 교회 지도자들과 조화를 이루는 가운데 여러분의 바람을 실천할 수 있을 것이다.

주

들어가는 말: 변화의 이야기

1. 이 교과 과정은 『제자도의 핵심』(낮은울타리, 2001)으로 출간되었다. 내가 자비로 출판한 책인 *A Disciple's Guide for Today*(현대인을 위한 제자훈련 가이드)를 기억하는 사람들도 있을 것이다. 목회학 박사는 목회자로 일하면서도 계속 교육을 받고자 하는 이들을 생각하여 만든 것이다.

2. 빌 헐, 박경환 역, 『목회자가 제자삼아야 교회가 산다』(요단출판사, 1994).

1장: 참 제자를 볼 수 없다

1. 맥스 드프리, 윤종석 역, 『리더십은 예술이다』(한세, 1997).

2. The Eastbourne Consultation, *Joint Statement on Discipleship*, (September 24, 1999).

3. 존 스토트가 이스터번협의회(The Eastbourne Consultation)에 참가했을 때 인용한 부분.

4. 바나는 거듭난 그리스도인들을 '오늘날도 여전히 중요한 분이신 예수 그리스도께 전 인격을 헌신한' 사람들이요, '자신들의 죄를 고백하고 그리스도를 구주로 영접했기에' 천국에 들어갈 것이라고 확신하는 사람들이라고 정의했다. 이것은 실제에서도 유용한 정의다.

5. Barna Research Online, "Born-Again Christians," research archives ⟨www.barna.org.⟩

6. The Gallup Organization, Religion, "Would you describe yourself as 'born-again' or evangelical?" ⟨www.gallup.com⟩.

7. 1994년 4월 25일자 Christianity Today에 실린 칼 토머스의 인터뷰 기사.

8. George Barna, Growing True Disciples(Ventura, Calif.: Issachar Resources, 2000), 62쪽.

9. Barna Research Online, "More Than Twenty Million Church Adults Actively Involved in Spiritual Growth Efforts," May 9, 2000 ⟨www.barna.org.⟩.

10. Barna, Growing True Disciples, 2쪽.

11. 같은 책, 11쪽.

12. 달라스 윌라드, 윤종석 역, 『하나님의 모략』(복있는 사람, 2000).

13. Martin Luther, Three Treatises: An Open Letter to the German Nobility(Philadelphia: Fortress, 1960), 14-17쪽.

14. 오스 기니스, 이종석 역, 『무덤파기 작전: 문화를 통한 교회 전복 전략』(낮은울타리, 1997).

15. 조지 바나가 빌 헐의 『목회자가 제자삼아야 교회가 산다』에서 인용한 말.

16. 레이 스테드먼, 보이스사 편집부 역, 『생명력 있는 교회의 비결』(보이스사, 1983).

17. George Gallup Jr. and Jim Castelli, *The People's Religion*(New York: Macmillan, 1989), 60쪽.

18. Alec Gallup and Wendy W. Simmons, The Gallup Organization, poll releases, October 20, 2000.

19. Barna Research Online, "American Bible Knowledge Is in the Ballpark but Often Off Base," July 12, 2000 〈www.barna.org.〉.

20. Barna, *Growing True Disciples*, 52쪽.

21. 같은 책, 같은 쪽.

22. Bill Hybels, *The Contagious Evangelism Conference*, (Willow Creek Community Church, October 16-18, 2000).

23. Joel Barker, Future Edge: Discovering the New Paradigms of Success(New York: William Morrow, 1992), 147쪽.

24. 존 코터, 한정곤 역, 『기업이 원하는 변화의 리더』(김영사, 1999).

25. Barna Research Online, "Barna Addresses Four Top Ministry Issues of Church Leaders," September 25, 2000 〈www.barna.org.〉.

2장: 제자도의 침체

1. Greg Ogden, *Unfinished Business: Returning the Ministry to the People of God*(Grand Rapids, Mich.: Zondervan, 2003). 이 책은 본디 *The New Reformation*이라는 제목으로 출간되었으나 Zondervan에서 개정판을 출간했다.

2. 같은 책, 6장.

3. Rick Warren, *Purpose-Driven Church*, 382쪽.

4. George Barna, *Growing True Disciples*(Ventura, Calif.: Issachar Resources, 2000), 79쪽.

5. 같은 책, 같은 쪽.

6. 같은 책, 같은 쪽.

7. 달라스 윌라드, 윤종석 역, 『하나님의 모략』(복있는사람, 2000).

8. 같은 책.

9. 같은 책.

10. 마이클 윌킨스, 이억부 역, 『제자도』(은성, 1995).

11. 같은 책 14쪽을 인용한 Dwight Pentecost의 말.

12. Wade Clark Roof and William McKinney, American Mainline Religion: Its Changing Shape and Future(New Bruswick, N. J.: Rutgers University Press, 1987), 18-19쪽.

13. Rick Warren, *Purpose-Driven Church*, 109쪽.

14. George Barna, *Growing True Disciples*, 41쪽.

15. The Eastbourne Consultation, *Joint Statement on Discipleship*, (September 24, 1999).

16. George Barna, *Growing True Disciples*, 42쪽.

17. 빌 헐, 박경환 역, 『목회자가 제자삼아야 교회가 산다』(요단출판사, 1994)에서 인용된 조지 오웰의 말.

3장: 예수님은 왜 소수의 인원에 전력투구하셨는가?

1. A. B. 브루스, 김영봉 역, 『열두 제자 훈련』(생명의 말씀사, 1984).

2. Lawrence Richards, *Christian Education: Seeking to Become Like Jesus*(Grand Rapids, Mich.: Zondervan, 1975), 83쪽. 사회과학자들은 내면의 태도에 변화를 일으키는 사회적 영향을 세 단계로 나누어 이야기했다. 가장 피상적 변화는 승낙을 통해 일어난다. 권위를 가진 자가 어떤 개인을 통제하게 되면, 그 개인은 그에 맞추어 변하게 된다. 두 번째

단계는 모방의 단계다. 이때는 한 사람이 다른 사람을 닮고 싶어해서 그 사람을 닮아 가려는 욕구를 갖게 된다. 이것은 동일시로 이어져서 삶과 감정까지 어느 정도 공유하게 된다. 마지막으로 내면화 단계가 등장한다. 이 단계에서는 수용자가 받아들인 태도와 행실이 고유의 성질처럼 되어 버린다.

3. Alicia Britt Chole, "Purposeful Proximity-Jesus' Model of Mentoring," *Enrichment Journal: A Journal of Pentecostal Ministry*(spring 2001) 〈www.ag.org/enrichmentjournal/2001102/062_proximity.cfm〉.

4. A. B. 브루스, 김영봉 역, 『열두 제자 훈련』(생명의말씀사, 1984).

5. 리로이 아임스, 네비게이토출판사 역, 『제자삼는 사역의 기술』(네비게이토출판사, 1994).

6. A. B. 브루스, 김영봉 역, 『열두 제자 훈련』(생명의말씀사, 1984).

7. Eugene Peterson, *Traveling Light*(Downers Grove, Ill: InterVarsity Press, 1982), 182쪽.

8. Robert Coleman, *The Masterplan of Evangelism*(Old Tappan, N. J.: Revell, 1963), 21쪽.

9. David Watson, *Called and Committed*(Wheaton, Ill: Harold Shaw, 1982), 53쪽에서 인용한 George Martin의 말.

10. Coleman, *The Masterplan of Evangelism*, 21쪽.

4장: 사전에 준비시켜 권한을 부여하신 예수님의 모델

1. Robert Coleman, *The Masterplan of Evangelism*(Old Tappan, N. J.: Revell, 1963), 117쪽.

2. David Watson, *Called and Committed*(Wheaton, Ill: Harold Shaw, 1982), 9쪽.

3. Servany Quarters〈www.servant.org/pa_m.htm〉.

4. A. B. 브루스, 김영봉 역, 『열두 제자 이야기』(생명의말씀사, 1984).

5. 같은 책.

6. John Claypool, *Opening Blind Eyes*(Nashville: Avingdon, 1983), 75쪽에서 인용한 말.

7. 마이클 윌킨스, 이억부 역, 『제자도』(은성, 1995).

8. Paul Hersey and Ken Blanchard, *Situational Leadership: A Summary*(Escondido, Calif.: Center for Leadership Studies, 2000), 2쪽.

9. Thomas Schirrmacher, "Jesus as Master Educator〈www.visi.com/~m/ab/schirrmacher/educator.html〉.

10. Coleman, *The Masterplan of Evangelism*, 39쪽.

11. 같은 책, 38쪽.

12. B. Gerhardsson, *The Origins of the Gospel Tradition* (Philadelphia:

Fortress, 1979), 17쪽.

13. 예수님은 자신의 선하심을 부인하시지도 않았고, 그렇게 불리는 것을 겸손히 물리치시지도 않았다. 예수께서 꾸짖으신 것은, 하나님만이 선하신 분인데도, 젊은 부자 관원이 '선하다'는 말을 함부로 썼기 때문이다.

14. Coleman, *The Masterplan of Evangelism*, 110쪽.

15. 같은 책, 112쪽.

5장: 바울의 양육 모델

1. 바울에게 제자가 있었다는 기록은 단 한 번 등장한다. 그러나 이것도 바울 자신의 말이 아니다. "그 계교가 사울에게 알려지니라 그들이 그를 죽이려고 밤낮으로 성문까지 지키거늘 그의 제자들이 밤에 사울을 광주리에 담아 성벽에서 달아 내리니라"(행 9:24-25).

2. 잭 볼스윅, 주디 볼스윅 공저, 황성철 역, 『크리스천 가정』(두란노, 1995).

3. 같은 책.

4. 같은 책.

5. Linda L. Belleville, *Partners of Discipleship in the New Testament* (Grand Rapids, Mich.: Eerdmans, 1996), 121쪽.

6. L. Douglas DeNike and Norman Tiber, "Neurotic Behavior,"

Foundations of Abnormal Psychology(New York: Holt, Rinehart and Winston, 1968), 355쪽.

7. 빌 헐, 박경환 역, 『목회자가 제자삼아야 교회가 산다』(요단출판사, 1994).

8. Elton Trueblood, The Incendiary Fellowship(New York: Harper & Row, 1967), 43쪽.

9. 잭 볼스윅, 주디 볼스윅 공저, 황성철 역, 『크리스천 가정』(두란노, 1995).

10. 같은 책.

6장: 삶에 투자하라

1. Frank Tillapaugh, The Church Unleashed(Ventura, Calif.: Regal Books, 1982), 71쪽.

2. 그레그 옥던, 박혜란 역, 『제자도의 핵심』(낮은울타리, 2001).

3. Alicia Britt Chole, "Purposeful Proximity-Jesus' Model of Mentoring," Enrichment Journal: A Journal of Pentecostal Ministry(spring 2001) 〈www.ag.org/enrichmentjournal/2001102/062_proximity.cfm〉.

4. Paul D. Stanley and J. Robert Clinton, Connecting: The Mentoring Relationships You Need to Succeed in Life(Colorado Springs, Colo.: NavPress, 1992), 167쪽.

5. *Discipleship Bytes*, the discipleship newsletter of Saratoga Federated Church, Saratoga, California(April 1996)에서 인용한 Dick Wolden의 말.

6. Robert Coleman, *The Masterplan of Evangelism*(Old Tappan, N. J.: Revell, 1963), 37쪽.

7. 빌 헐, 박영철 역, 『모든 신자를 제자로 삼는 교회』(요단출판사, 1993).

8. International Leaders for Discipleship 〈www.cookministries.com〉, 강조 부분은 추가한 것이다.

9. 그레그 옥던, 박혜란 역, 『제자도의 핵심』(낮은울타리, 2001).

10. 마이클 윌킨스, 이억부 역, 『제자도』(은성, 1995).

11. 폴 스탠리, 로버트 클린터 공저, 네이게이토출판사 역, 『인도: 삶으로 전달되는 지혜』(네비게이토출판사, 2000).

12. 키스 필립스, 전요섭 역, 『제자양육론』(솔로몬, 1996).
13. 하워드 스나이더, 권영석 역, 『참으로 해방된 교회』(IVP, 2005).

7장: 배가(倍加)

1. Gary W. Kuhne, "Follow-up-An Overview," in *Discipleship: The Best Writing from the Most Experienced Disciple Makers*(Grand Rapids, Mich.: Zondervan, 1981), 117쪽.

2. 같은 책, 같은 쪽.

3. 폴 스탠리, 로버트 클린터 공저, 네이게이토출판사 역, 『인도: 삶으로 전달되는 지혜』(네비게이토출판사, 2000).

4. 키스 필립스, 전요섭 역, 『제자양육론』(솔로몬, 1996).

5. 폴 스탠리, 로버트 클린터 공저, 네이게이토출판사 역, 『인도: 삶으로 전달되는 지혜』(네비게이토출판사, 2000).

6. 같은 책.

7. 같은 책.

8. 같은 책.

8장: 변화

1. 찰스 스윈돌, 권명달 역, 『인생 겨울 준비』(보이스사, 1988).

2. 존 파웰, 보이스사 편집부 역, 『왜 나 자신을 밝히기를 두려워하는가?』(보이스사, 1986).

3. 고든 맥도날드, 박가영 역, 『영적인 열정을 회복하라』(하늘사다리, 1995).

4. Keith Miller, *Sin: Overcoming the Ultimate Deadly Addiction*(San Francisco: Harper & Row, 1987), 29쪽에 인용된 Martin Luther의 말.

5. 존 오트버그, 김주성, 윤관희 공역, 『평범 이상의 삶』(사랑플러스, 2005).

6. 닐 콜, NCD 편집부 역, 『LTG 삶을 변화시키는 소그룹』(NCD, 2004). 삶을 변화시키는 그룹들은 세 가지 훈련을 실시한다. 1주일에 25-30장의 성경을 읽기, 서로 대화하고 질문하는 시간을 통해 고백 나누기, 그리고 불신자인 친구들이 그리스도께 돌아오기를 기도하는 전략적 기도가 그 세 가지다.

7. 그레그 옥던, 박혜란 역, 『제자도의 핵심』(낮은울타리, 2001). 24개 과는 네 범주로 나뉜다. 1) 그리스도 안에서 자라 가기(기본이 되는 영적 훈련들을 행하기 시작하는 것이다), 2) 그리스도의 말씀을 이해하기(하나님의 본질에 대한 핵심적 가르침과 그리스도의 인격과 사역과 은덕에 관하여 이해하는 것이다), 3) 그리스도를 닮아 가기(성령께서 변화시켜 가시는 과정으로 변화된 성품이 나타난다), 4) 그리스도를 섬기기(그리스도를 섬기는 사역에 전념하게 된다)가 그 넷이다.

8. 당시 헤스테네스 박사는 풀러 신학대학원에서 그리스도인의 변화와 제자도를 가르치는 조교수였다.

9장: 제자훈련의 실제

1. 영적 인도자와 코치, 후원자의 실제적 정의는 7장을 참조하라.

2. 리로이 아임스, 네비게이토출판사 역, 『제자 삼는 사역의 기술』(네비게이토출판사, 1994).

3. 닐 콜, NCD 편집부 역, 『LTG 삶을 변화시키는 소그룹』(NCD, 2004).